ÁRABE
VOCABULARIO

PALABRAS MÁS USADAS

ESPAÑOL-ÁRABE

Las palabras más útiles
Para expandir su vocabulario y refinar
sus habilidades lingüísticas

9000 palabras

Vocabulario Español-Árabe - 9000 palabras más usadas
por Andrey Taranov

Los vocabularios de T&P Books buscan ayudar en el aprendizaje, la memorización y la revisión de palabras de idiomas extranjeros. El diccionario se divide por temas, cubriendo toda la esfera de las actividades cotidianas, de negocios, ciencias, cultura, etc.

El proceso de aprendizaje de palabras utilizando los diccionarios temáticos de T&P Books le proporcionará a usted las siguientes ventajas:

- La información del idioma secundario está organizada claramente y predetermina el éxito para las etapas subsiguientes en la memorización de palabras.
- Las palabras derivadas de la misma raíz se agrupan, lo cual permite la memorización de grupos de palabras en vez de palabras aisladas.
- Las unidades pequeñas de palabras facilitan el proceso de reconocimiento de enlaces de asociación que se necesitan para la cohesión del vocabulario.
- De este modo, se puede estimar el número de palabras aprendidas y así también el nivel de conocimiento del idioma.

Copyright © 2017 T&P Books Publishing

Todos los derechos reservados. Ninguna porción de este libro puede reproducirse o utilizarse de ninguna manera o por ningún medio; sea electrónico o mecánico, lo cual incluye la fotocopia, grabación o información almacenada y sistemas de recuperación, sin el permiso escrito de la editorial.

T&P Books Publishing
www.tpbooks.com

ISBN: 978-1-78716-733-9

Este libro está disponible en formato electrónico o de E-Book también.
Visite www.tpbooks.com o las librerías electrónicas más destacadas en la Red.

VOCABULARIO ÁRABE
palabras más usadas

Los vocabularios de T&P Books buscan ayudar al aprendiz a aprender, memorizar y repasar palabras de idiomas extranjeros. Los vocabularios contienen más de 9000 palabras comúnmente usadas y organizadas de manera temática.

- El vocabulario contiene las palabras corrientes más usadas.
- Se recomienda como ayuda adicional a cualquier curso de idiomas.
- Capta las necesidades de aprendices de nivel principiante y avanzado.
- Es conveniente para uso cotidiano, prácticas de revisión y actividades de auto-evaluación.
- Facilita la evaluación del vocabulario.

Aspectos claves del vocabulario

- Las palabras se organizan según el significado, no según el orden alfabético.
- Las palabras se presentan en tres columnas para facilitar los procesos de repaso y auto-evaluación.
- Los grupos de palabras se dividen en pequeñas secciones para facilitar el proceso de aprendizaje.
- El vocabulario ofrece una transcripción sencilla y conveniente de cada palabra extranjera.

El vocabulario contiene 256 temas que incluyen lo siguiente:

Conceptos básicos, números, colores, meses, estaciones, unidades de medidas, ropa y accesorios, comida y nutrición, restaurantes, familia nuclear, familia extendida, características de personalidad, sentimientos, emociones, enfermedades, la ciudad y el pueblo, exploración del paisaje, compras, finanzas, la casa, el hogar, la oficina, el trabajo en oficina, importación y exportación, promociones, búsqueda de trabajo, deportes, educación, computación, la red, herramientas, la naturaleza, los países, las nacionalidades y más ...

TABLA DE CONTENIDO

Guía de pronunciación 11
Abreviaturas 12

CONCEPTOS BÁSICOS 13
Conceptos básicos. Unidad 1 13

1. Los pronombres 13
2. Saludos. Salutaciones. Despedidas 13
3. Modos del trato: Como dirigirse a otras personas 14
4. Números cardinales. Unidad 1 14
5. Números cardinales. Unidad 2 15
6. Números ordinales 16
7. Números. Fracciones 16
8. Números. Operaciones básicas 16
9. Números. Miscelánea 16
10. Los verbos más importantes. Unidad 1 17
11. Los verbos más importantes. Unidad 2 18
12. Los verbos más importantes. Unidad 3 19
13. Los verbos más importantes. Unidad 4 20
14. Los colores 20
15. Las preguntas 21
16. Las preposiciones 22
17. Las palabras útiles. Los adverbios. Unidad 1 22
18. Las palabras útiles. Los adverbios. Unidad 2 24

Conceptos básicos. Unidad 2 26

19. Los días de la semana 26
20. Las horas. El día y la noche 26
21. Los meses. Las estaciones 27
22. La hora. Miscelánea 29
23. Los opuestos 30
24. Las líneas y las formas 31
25. Las unidades de medida 32
26. Contenedores 33
27. Materiales 34
28. Los metales 35

EL SER HUMANO 36
El ser humano. El cuerpo 36

29. El ser humano. Conceptos básicos 36
30. La anatomía humana 36

31.	La cabeza	37
32.	El cuerpo	38

La ropa y los accesorios   39

33.	La ropa exterior. Los abrigos	39
34.	Ropa de hombre y mujer	39
35.	La ropa. La ropa interior	40
36.	Gorras	40
37.	El calzado	40
38.	Los textiles. Las telas	41
39.	Accesorios personales	41
40.	La ropa. Miscelánea	42
41.	Productos personales. Cosméticos	42
42.	Las joyas	43
43.	Los relojes	44

La comida y la nutrición   45

44.	La comida	45
45.	Las bebidas	46
46.	Las verduras	47
47.	Las frutas. Las nueces	48
48.	El pan. Los dulces	49
49.	Los platos al horno	49
50.	Las especias	50
51.	Las comidas	51
52.	Los cubiertos	51
53.	El restaurante	52

La familia nuclear, los parientes y los amigos   53

54.	La información personal. Los formularios	53
55.	Los familiares. Los parientes	53
56.	Los amigos. Los compañeros del trabajo	54
57.	El hombre. La mujer	55
58.	La edad	55
59.	Los niños	56
60.	Los matrimonios. La vida familiar	57

Las características de personalidad. Los sentimientos   58

61.	Los sentimientos. Las emociones	58
62.	El carácter. La personalidad	59
63.	El sueño. Los sueños	60
64.	El humor. La risa. La alegría	61
65.	La discusión y la conversación. Unidad 1	61
66.	La discusión y la conversación. Unidad 2	62
67.	La discusión y la conversación. Unidad 3	64
68.	El acuerdo. El rechazo	64
69.	El éxito. La buena suerte. El Fracaso	65
70.	Las discusiones. Las emociones negativas	65

La medicina 68

71. Las enfermedades 68
72. Los síntomas. Los tratamientos. Unidad 1 69
73. Los síntomas. Los tratamientos. Unidad 2 70
74. Los síntomas. Los tratamientos. Unidad 3 71
75. Los médicos 72
76. La medicina. Las drogas. Los accesorios 72
77. El fumar. Los productos del tabaco 73

EL AMBIENTE HUMANO 74
La ciudad 74

78. La ciudad. La vida en la ciudad 74
79. Las instituciones urbanas 75
80. Los avisos 76
81. El transporte urbano 77
82. La exploración del paisaje 78
83. Las compras 79
84. El dinero 80
85. La oficina de correos 81

La vivienda. La casa. El hogar 82

86. La casa. La vivienda 82
87. La casa. La entrada. El ascensor 83
88. La casa. La electricidad 83
89. La casa. Las puertas. Los candados 83
90. La casa de campo 84
91. La villa. La mansión 84
92. El castillo. El palacio 85
93. El apartamento 85
94. El apartamento. La limpieza 86
95. Los muebles. El interior 86
96. Los accesorios de la cama 87
97. La cocina 87
98. El baño 88
99. Los aparatos domésticos 89
100. Los arreglos. La renovación 89
101. La plomería 90
102. El fuego. El Incendio 90

LAS ACTIVIDADES DE LA GENTE 92
El trabajo. Los negocios. Unidad 1 92

103. La oficina. El trabajo de oficina 92
104. Los métodos de los negocios. Unidad 1 93
105. Los métodos de los negocios. Unidad 2 94
106. La producción. Los trabajos 95
107. El contrato. El acuerdo 96
108. Importación y Exportación 97

109.	Las finanzas	97
110.	La mercadotecnia	98
111.	La publicidad	98
112.	La banca	99
113.	El teléfono. Las conversaciones telefónicas	100
114.	El teléfono celular	101
115.	Los artículos de escritorio	101
116.	Diversos tipos de documentación	101
117.	Tipos de negocios	103

El trabajo. Los negocios. Unidad 2 — 105

118.	El espectáculo. La exhibición	105
119.	Los medios masivos	106
120.	La agricultura	107
121.	La construcción. Los métodos de construcción	108
122.	La ciencia. La investigación. Los científicos	109

Las profesiones y los oficios — 110

123.	La búsqueda de trabajo. El despido del trabajo	110
124.	Los negociantes	110
125.	Los trabajos de servicio	111
126.	La profesión militar y los rangos	112
127.	Los oficiales. Los sacerdotes	113
128.	Las profesiones agrícolas	113
129.	Las profesiones artísticas	114
130.	Profesiones diversas	114
131.	Los trabajos. El estatus social	116

Los deportes — 117

132.	Tipos de deportes. Deportistas	117
133.	Tipos de deportes. Miscelánea	118
134.	El gimnasio	118
135.	El hóckey	119
136.	El fútbol	119
137.	El esquí	121
138.	El tenis. El golf	121
139.	El ajedrez	122
140.	El boxeo	122
141.	Los deportes. Miscelánea	123

La educación — 125

142.	La escuela	125
143.	Los institutos. La Universidad	126
144.	Las ciencias. Las disciplinas	127
145.	Los sistemas de escritura. La ortografía	127
146.	Los idiomas extranjeros	128

147.	Los personajes de los cuentos de hadas	129
148.	Los signos de zodiaco	130

El arte 131

149.	El teatro	131
150.	El cine	132
151.	La pintura	133
152.	La literatura y la poesía	134
153.	El circo	134
154.	La música. La música popular	135

Los restaurantes. El entretenimiento. El viaje 137

155.	El viaje. Viajar	137
156.	El hotel	137
157.	Los libros. La lectura	138
158.	La caza. La pesca	140
159.	Los juegos. El billar	141
160.	Los juegos. Las cartas	141
161.	El casino. La ruleta	141
162.	El descanso. Los juegos. Miscelánea	142
163.	La fotografía	142
164.	La playa. La natación	143

EL EQUIPO TÉCNICO. EL TRANSPORTE 145
El equipo técnico 145

165.	El computador	145
166.	El internet. El correo electrónico	146
167.	La electricidad	147
168.	Las herramientas	147

El transporte 150

169.	El avión	150
170.	El tren	151
171.	El barco	152
172.	El aeropuerto	153
173.	La bicicleta. La motocicleta	154

Los coches 155

174.	Tipos de carros	155
175.	Los carros. Taller de pintura	155
176.	Los carros. El compartimento de pasajeros	156
177.	Los carros. El motor	157
178.	Los carros. Los choques. La reparación	158
179.	Los carros. La calle	159
180.	Las señales de tráfico	160

LA GENTE. ACONTECIMIENTOS DE LA VIDA	161
Acontecimentos de la vida	161

181.	Los días festivos. Los eventos	161
182.	Los funerales. El entierro	162
183.	La guerra. Los soldados	162
184.	La guerra. Las maniobras militares. Unidad 1	164
185.	La guerra. Las maniobras militares. Unidad 2	165
186.	Las armas	166
187.	Los pueblos antiguos	168
188.	La edad media	169
189.	El líder. El jefe. Las autoridades	170
190.	La calle. El camino. Las direcciones	171
191.	Violar la ley. Los criminales. Unidad 1	172
192.	Violar la ley. Los criminales. Unidad 2	173
193.	La policía. La ley. Unidad 1	174
194.	La policía. La ley. Unidad 2	175

LA NATURALEZA	177
La tierra. Unidad 1	177

195.	El espacio	177
196.	La tierra	178
197.	Los puntos cardinales	179
198.	El mar. El océano	179
199.	Los nombres de los mares y los océanos	180
200.	Las montañas	181
201.	Los nombres de las montañas	182
202.	Los ríos	182
203.	Los nombres de los ríos	183
204.	El bosque	183
205.	Los recursos naturales	184

La tierra. Unidad 2	186

206.	El tiempo	186
207.	Los eventos climáticos severos. Los desastres naturales	187
208.	Los ruidos. Los sonidos	187
209.	El invierno	188

La fauna	190

210.	Los mamíferos. Los predadores	190
211.	Los animales salvajes	190
212.	Los animales domésticos	191
213.	Los perros. Las razas de perros	192
214.	Los sonidos de los animales	193
215.	Los animales jóvenes	193
216.	Los pájaros	194
217.	Los pájaros. El canto y los sonidos	195
218.	Los peces. Los animales marinos	195
219.	Los anfibios. Los reptiles	196

220.	Los insectos	197
221.	Los animales. Las partes del cuerpo	197
222.	Las costumbres de los animales	198
223.	Los animales. El hábitat	199
224.	El cuidado de los animales	199
225.	Los animales. Miscelánea	200
226.	Los caballos	200

La flora 202

227.	Los árboles	202
228.	Los arbustos	202
229.	Los hongos	203
230.	Las frutas. Las bayas	203
231.	Las flores. Las plantas	204
232.	Los cereales, los granos	205
233.	Los vegetales. Las verduras	206

GEOGRAFÍA REGIONAL 207
Los países. Las nacionalidades 207

234.	Europa occidental	207
235.	Europa central y oriental	209
236.	Los países de la antes Unión Soviética	210
237.	Asia	211
238.	América del Norte	213
239.	Centroamérica y Sudamérica	213
240.	África	214
241.	Australia. Oceanía	215
242.	Las ciudades	215
243.	La política. El gobierno. Unidad 1	216
244.	La política. El gobierno. Unidad 2	218
245.	Los países. Miscelánea	219
246.	Grupos religiosos principales. Las confesiones	219
247.	Las religiones. Los sacerdotes	221
248.	La fé. El cristianismo. El islamismo	221

MISCELÁNEA 224

249.	Varias palabras útiles	224
250.	Los modificadores. Los adjetivos. Unidad 1	225
251.	Los modificadores. Los adjetivos. Unidad 2	227

LOS 500 VERBOS PRINCIPALES 230

252.	Los verbos A-C	230
253.	Los verbos D-E	233
254.	Los verbos F-M	235
255.	Los verbos N-R	237
256.	Los verbos S-V	239

GUÍA DE PRONUNCIACIÓN

T&P alfabeto fonético	Ejemplo Árabe	Ejemplo español
[a]	[ṭaffa] طَفَى	radio
[ā]	[ixtār] إختار	contraataque
[e]	[hamburger] هامبورجر	verano
[i]	[zifāf] زفاف	ilegal
[ī]	[abrīl] أبريل	destino
[u]	[kalkutta] كلكتا	mundo
[ū]	[ʒāmūs] جاموس	nocturna
[b]	[bidāya] بداية	en barco
[d]	[saʿāda] سعادة	desierto
[ḍ]	[waḍʿ] وضع	[d] faríngea
[ʒ]	[arʒantīn] الأرجنتين	adyacente
[ð]	[tiðkār] تذكار	[th] faringealizado
[ẓ]	[ẓahar] ظهر	[z] faríngea
[f]	[xafīf] خفيف	golf
[g]	[gūlf] جولف	jugada
[h]	[ittiʒāh] إتجاه	registro
[ḥ]	[aḥabb] أحب	[h] faríngea
[y]	[ðahabiy] ذهبي	asiento
[k]	[kursiy] كرسي	charco
[l]	[lamaḥ] لمح	lira
[m]	[marṣad] مرصد	nombre
[n]	[ʒanūb] جنوب	sonar
[p]	[kaputʃīnu] كابتشينو	precio
[q]	[waθiq] وثق	catástrofe
[r]	[rūḥ] روح	era, alfombra
[s]	[suxriyya] سخرية	salva
[ṣ]	[miʿṣam] معصم	[s] faríngea
[ʃ]	[ʿaʃāʾ] عشاء	shopping
[t]	[tannūb] تنوب	torre
[ṭ]	[xarīṭa] خريطة	[t] faríngea
[θ]	[mamūθ] ماموث	pinzas
[v]	[vitnām] فيتنام	travieso
[w]	[waddaʿ] ودّع	acuerdo
[x]	[baxīl] بخيل	reloj
[ɣ]	[taɣadda] تغدّى	amigo, magnífico
[z]	[māʿiz] ماعز	desde
[ʿ] (ayn)	[sabʿa] سبعة	fricativa faríngea sonora
[ʾ] (hamza)	[saʾal] سأل	oclusiva glotal sorda

ABREVIATURAS
usadas en el vocabulario

Abreviatura en Árabe

du	-	sustantivo plural (doble)
f	-	sustantivo femenino
m	-	sustantivo masculino
pl	-	plural

Abreviatura en español

adj	-	adjetivo
adv	-	adverbio
anim.	-	animado
conj	-	conjunción
etc.	-	etcétera
f	-	sustantivo femenino
f pl	-	femenino plural
fam.	-	uso familiar
fem.	-	femenino
form.	-	uso formal
inanim.	-	inanimado
innum.	-	innumerable
m	-	sustantivo masculino
m pl	-	masculino plural
m, f	-	masculino, femenino
masc.	-	masculino
mat	-	matemáticas
mil.	-	militar
num.	-	numerable
p.ej.	-	por ejemplo
pl	-	plural
pron	-	pronombre
sg	-	singular
v aux	-	verbo auxiliar
vi	-	verbo intransitivo
vi, vt	-	verbo intransitivo, verbo transitivo
vr	-	verbo reflexivo
vt	-	verbo transitivo

CONCEPTOS BÁSICOS

Conceptos básicos. Unidad 1

1. Los pronombres

yo	ana	أنا
tú (masc.)	anta	أنتَ
tú (fem.)	anti	أنتِ
él	huwa	هو
ella	hiya	هي
nosotros, -as	naḥnu	نحن
vosotros, -as	antum	أنتم
ellos, ellas	hum	هم

2. Saludos. Salutaciones. Despedidas

¡Hola! (form.)	as salāmu 'alaykum!	السلام عليكم!
¡Buenos días!	ṣabāḥ al xayr!	صباح الخير!
¡Buenas tardes!	nahārak sa'īd!	نهارك سعيد!
¡Buenas noches!	masā' al xayr!	مساء الخير!
decir hola	sallam	سلّم
¡Hola! (a un amigo)	salām!	سلام!
saludo (m)	salām (m)	سلام
saludar (vt)	sallam 'ala	سلّم على
¿Cómo estás?	kayfa ḥāluka?	كيف حالك؟
¿Qué hay de nuevo?	ma axbārak?	ما أخبارك؟
¡Chau! ¡Adiós!	ma' as salāma!	مع السلامة!
¡Hasta pronto!	ilal liqā'!	إلى اللقاء!
¡Adiós!	ma' as salāma!	مع السلامة!
despedirse (vr)	wadda'	ودّع
¡Hasta luego!	bay bay!	باي باي!
¡Gracias!	ʃukran!	شكرًا!
¡Muchas gracias!	ʃukran ʒazīlan!	شكرًا جزيلًا!
De nada	'afwan	عفوًا
No hay de qué	la ʃukr 'ala wāʒib	لا شكر على واجب
De nada	al 'afw	العفو
¡Disculpa!	'an iðnak!	عن أذنك!
¡Disculpe!	'afwan!	عفوًا!
disculpar (vt)	'aðar	عذر
disculparse (vr)	i'taðar	إعتذر
Mis disculpas	ana 'āsif	أنا آسف

¡Perdóneme!	la tu'āxiðni!	!لا تؤاخذني
perdonar (vt)	'afa	عفا
por favor	min faḍlak	من فضلك
¡No se le olvide!	la tansa!	!لا تنس
¡Ciertamente!	ṭab'an!	!طبعًا
¡Claro que no!	abadan!	!أبدًا
¡De acuerdo!	ittafaqna!	!إتفقنا
¡Basta!	kifāya!	!كفاية

3. Modos del trato: Como dirigirse a otras personas

señor	ya sayyid	يا سيّد
señora	ya sayyida	يا سيدة
señorita	ya 'ānisa	يا آنسة
joven	ya ustāð	يا أستاذ
niño	ya bni	يا بني
niña	ya binti	يا بنتي

4. Números cardinales. Unidad 1

cero	ṣifr	صفر
uno	wāḥid	واحد
una	wāḥida	واحدة
dos	iθnān	إثنان
tres	θalāθa	ثلاثة
cuatro	arba'a	أربعة
cinco	xamsa	خمسة
seis	sitta	ستّة
siete	sab'a	سبعة
ocho	θamāniya	ثمانية
nueve	tis'a	تسعة
diez	'aʃara	عشرة
once	aḥad 'aʃar	أحد عشر
doce	iθnā 'aʃar	إثنا عشر
trece	θalāθat 'aʃar	ثلاثة عشر
catorce	arba'at 'aʃar	أربعة عشر
quince	xamsat 'aʃar	خمسة عشر
dieciséis	sittat 'aʃar	ستّة عشر
diecisiete	sab'at 'aʃar	سبعة عشر
dieciocho	θamāniyat 'aʃar	ثمانية عشر
diecinueve	tis'at 'aʃar	تسعة عشر
veinte	'iʃrūn	عشرون
veintiuno	wāḥid wa 'iʃrūn	واحد وعشرون
veintidós	iθnān wa 'iʃrūn	إثنان وعشرون
veintitrés	θalāθa wa 'iʃrūn	ثلاثة وعشرون
treinta	θalāθīn	ثلاثون
treinta y uno	wāḥid wa θalāθūn	واحد وثلاثون

treinta y dos	iθnān wa θalāθūn	إثنان وثلاثون
treinta y tres	θalāθa wa θalāθūn	ثلاثة وثلاثون
cuarenta	arbaʿūn	أربعون
cuarenta y uno	wāḥid wa arbaʿūn	واحد وأربعون
cuarenta y dos	iθnān wa arbaʿūn	إثنان وأربعون
cuarenta y tres	θalāθa wa arbaʿūn	ثلاثة وأربعون
cincuenta	χamsūn	خمسون
cincuenta y uno	wāḥid wa χamsūn	واحد وخمسون
cincuenta y dos	iθnān wa χamsūn	إثنان وخمسون
cincuenta y tres	θalāθa wa χamsūn	ثلاثة وخمسون
sesenta	sittūn	ستّون
sesenta y uno	wāḥid wa sittūn	واحد وستّون
sesenta y dos	iθnān wa sittūn	إثنان وستّون
sesenta y tres	θalāθa wa sittūn	ثلاثة وستّون
setenta	sabʿūn	سبعون
setenta y uno	wāḥid wa sabʿūn	واحد وسبعون
setenta y dos	iθnān wa sabʿūn	إثنان وسبعون
setenta y tres	θalāθa wa sabʿūn	ثلاثة وسبعون
ochenta	θamānūn	ثمانون
ochenta y uno	wāḥid wa θamānūn	واحد وثمانون
ochenta y dos	iθnān wa θamānūn	إثنان وثمانون
ochenta y tres	θalāθa wa θamānūn	ثلاثة وثمانون
noventa	tisʿūn	تسعون
noventa y uno	wāḥid wa tisʿūn	واحد وتسعون
noventa y dos	iθnān wa tisʿūn	إثنان وتسعون
noventa y tres	θalāθa wa tisʿūn	ثلاثة وتسعون

5. Números cardinales. Unidad 2

cien	miʾa	مائة
doscientos	miʾatān	مائتان
trescientos	θalāθumiʾa	ثلاثمائة
cuatrocientos	rubʿumiʾa	أربعمائة
quinientos	χamsumiʾa	خمسمائة
seiscientos	sittumiʾa	ستّمائة
setecientos	sabʿumiʾa	سبعمائة
ochocientos	θamānimiʾa	ثمانمائة
novecientos	tisʿumiʾa	تسعمائة
mil	alf	ألف
dos mil	alfān	ألفان
tres mil	θalāθat ʾālāf	ثلاثة آلاف
diez mil	ʿaʃarat ʾālāf	عشرة آلاف
cien mil	miʾat alf	مائة ألف
millón (m)	milyūn (m)	مليون
mil millones	milyār (m)	مليار

15

6. Números ordinales

primero (adj)	awwal	أوّل
segundo (adj)	θāni	ثان
tercero (adj)	θāliθ	ثالث
cuarto (adj)	rābi'	رابع
quinto (adj)	χāmis	خامس
sexto (adj)	sādis	سادس
séptimo (adj)	sābi'	سابع
octavo (adj)	θāmin	ثامن
noveno (adj)	tāsi'	تاسع
décimo (adj)	'āʃir	عاشر

7. Números. Fracciones

fracción (f)	kasr (m)	كسر
un medio	niṣf	نصف
un tercio	θulθ	ثلث
un cuarto	rub'	ربع
un octavo	θumn	ثمن
un décimo	'uʃr	عشر
dos tercios	θulθān	ثلثان
tres cuartos	talātit arbā'	ثلاثة أرباع

8. Números. Operaciones básicas

sustracción (f)	ṭarḥ (m)	طرح
sustraer (vt)	ṭaraḥ	طرح
división (f)	qisma (f)	قسمة
dividir (vt)	qasam	قسم
adición (f)	ʒam' (m)	جمع
sumar (totalizar)	ʒama'	جمع
adicionar (vt)	ʒama'	جمع
multiplicación (f)	ḍarb (m)	ضرب
multiplicar (vt)	ḍarab	ضرب

9. Números. Miscelánea

cifra (f)	raqm (m)	رقم
número (m) (~ cardinal)	'adad (m)	عدد
numeral (m)	ism al 'adad (m)	إسم العدد
menos (m)	nāqiṣ (m)	ناقص
más (m)	zā'id (m)	زائد
fórmula (f)	ṣīγa (f)	صيغة
cálculo (m)	ḥisāb (m)	حساب
contar (vt)	'add	عدّ

calcular (vt)	ḥasab	حسب
comparar (vt)	qāran	قارن
¿Cuánto?	kam?	كم؟
suma (f)	maʒmūʻ (m)	مجموع
resultado (m)	natīʒa (f)	نتيجة
resto (m)	al bāqi (m)	الباقي
algunos, algunas ...	ʻiddat	عدّة
poco (adv)	qalīl	قليل
resto (m)	al bāqi (m)	الباقي
uno y medio	wāḥid wa niṣf (m)	واحد ونصف
docena (f)	iθnā ʻaʃar (f)	إثنا عشر
en dos	ila ʃaṭrayn	إلى شطرين
en partes iguales	bit tasāwi	بالتساوي
mitad (f)	niṣf (m)	نصف
vez (f)	marra (f)	مرّة

10. Los verbos más importantes. Unidad 1

abrir (vt)	fataḥ	فتح
acabar, terminar (vt)	atamm	أتمّ
aconsejar (vt)	naṣaḥ	نصح
adivinar (vt)	χamman	خمّن
advertir (vt)	ḥaððar	حذّر
alabarse, jactarse (vr)	tabāha	تباهى
almorzar (vi)	taɣadda	تغدّى
alquilar (~ una casa)	istaʼʒar	إستأجر
amenazar (vt)	haddad	هدّد
arrepentirse (vr)	nadim	ندم
ayudar (vt)	sāʻad	ساعد
bañarse (vr)	sabaḥ	سبح
bromear (vi)	mazaḥ	مزح
buscar (vt)	baḥaθ	بحث
caer (vi)	saqaṭ	سقط
callarse (vr)	sakat	سكت
cambiar (vt)	ɣayyar	غيّر
castigar, punir (vt)	ʻāqab	عاقب
cavar (vt)	ḥafar	حفر
cazar (vi, vt)	iṣṭād	إصطاد
cenar (vi)	taʻaʃʃa	تعشّى
cesar (vt)	tawaqqaf	توقّف
coger (vt)	amsak	أمسك
comenzar (vt)	badaʼ	بدأ
comparar (vt)	qāran	قارن
comprender (vt)	fahim	فهم
confiar (vt)	waθiq	وثق
confundir (vt)	iχtalaṭ	إختلط
conocer (~ a alguien)	ʻaraf	عرف

T&P Books. Vocabulario Español-Árabe - 9000 palabras más usadas

contar (vt) (enumerar)	'add	عدَّ
contar con …	i'tamad 'ala …	إعتمد على …
continuar (vt)	istamarr	إستمرَّ
controlar (vt)	taḥakkam	تحكَّم
correr (vi)	ʒara	جرى
costar (vt)	kallaf	كلَّف
crear (vt)	χalaq	خلق

11. Los verbos más importantes. Unidad 2

dar (vt)	a'ṭa	أعطى
dar una pista	a'ṭa talmīḥ	أعطى تلميحًا
decir (vt)	qāl	قال
decorar (para la fiesta)	zayyan	زيَّن
defender (vt)	dāfa'	دافع
dejar caer	awqa'	أوقع
desayunar (vi)	afṭar	أفطر
descender (vi)	nazil	نزل
dirigir (administrar)	adār	أدار
disculparse (vr)	i'taðar	إعتذر
discutir (vt)	nāqaʃ	ناقش
dudar (vt)	ʃakk fi	شكَّ في
encontrar (hallar)	waʒad	وجد
engañar (vi, vt)	χada'	خدع
entrar (vi)	daχal	دخل
enviar (vt)	arsal	أرسل
equivocarse (vr)	aχta'	أخطأ
escoger (vt)	iχtār	إختار
esconder (vt)	χaba'	خبأ
escribir (vt)	katab	كتب
esperar (aguardar)	intaẓar	إنتظر
esperar (tener esperanza)	tamanna	تمنَّى
estar de acuerdo	ittafaq	إتفق
estudiar (vt)	daras	درس
exigir (vt)	ṭālib	طالب
existir (vi)	kān mawʒūd	كان موجودًا
explicar (vt)	ʃaraḥ	شرح
faltar (a las clases)	ɣāb	غاب
firmar (~ el contrato)	waqqa'	وقَّع
girar (~ a la izquierda)	in'aṭaf	إنعطف
gritar (vi)	ṣaraχ	صرخ
guardar (conservar)	ḥafaẓ	حفظ
gustar (vi)	a'ʒab	أعجب
hablar (vi, vt)	takallam	تكلَّم
hacer (vt)	'amal	عمل
informar (vt)	aχbar	أخبر

18

| insistir (vi) | aṣarr | أصرّ |
| insultar (vt) | ahān | أهان |

interesarse (vr)	ihtamm	إهتمّ
invitar (vt)	da'a	دعا
ir (a pie)	maʃa	مشى
jugar (divertirse)	la'ib	لعب

12. Los verbos más importantes. Unidad 3

leer (vi, vt)	qara'	قرأ
liberar (ciudad, etc.)	ḥarrar	حرّر
llamar (por ayuda)	istaɣāθ	إستغاث
llegar (vi)	waṣal	وصل
llorar (vi)	baka	بكى

matar (vt)	qatal	قتل
mencionar (vt)	ðakar	ذكر
mostrar (vt)	'araḍ	عرض
nadar (vi)	sabaḥ	سبح

negarse (vr)	rafaḍ	رفض
objetar (vt)	i'taraḍ	إعترض
observar (vt)	rāqab	راقب
oír (vt)	sami'	سمع

olvidar (vt)	nasiy	نسي
orar (vi)	ṣalla	صلّى
ordenar (mil.)	amar	أمر
pagar (vi, vt)	dafa'	دفع
pararse (vr)	waqaf	وقف

participar (vi)	iʃtarak	إشترك
pedir (ayuda, etc.)	ṭalab	طلب
pedir (en restaurante)	ṭalab	طلب
pensar (vi, vt)	ẓann	ظنّ

percibir (ver)	lāḥaẓ	لاحظ
perdonar (vt)	'afa	عفا
permitir (vt)	raxxaṣ	رخّص
pertenecer a …	xaṣṣ	خصّ

planear (vt)	xaṭṭaṭ	خطّط
poder (v aux)	istaṭā'	إستطاع
poseer (vt)	malak	ملك
preferir (vt)	faḍḍal	فضّل
preguntar (vt)	sa'al	سأل

preparar (la cena)	ḥaḍḍar	حضّر
prever (vt)	tanabba'	تنبّأ
probar, tentar (vt)	ḥāwal	حاول
prometer (vt)	wa'ad	وعد
pronunciar (vt)	naṭaq	نطق
proponer (vt)	iqtaraḥ	إقترح

quebrar (vt)	kasar	كسر
quejarse (vr)	ʃaka	شكا
querer (amar)	aḥabb	أحبّ
querer (desear)	arād	أراد

13. Los verbos más importantes. Unidad 4

recomendar (vt)	naṣaḥ	نصح
regañar, reprender (vt)	wabbax	وبّخ
reírse (vr)	ḍaḥik	ضحك
repetir (vt)	karrar	كرّر
reservar (~ una mesa)	ḥaʒaz	حجز
responder (vi, vt)	aʒāb	أجاب

robar (vt)	saraq	سرق
saber (~ algo mas)	'araf	عرف
salir (vi)	xaraʒ	خرج
salvar (vt)	anqað	أنقذ
seguir ...	taba'	تبع
sentarse (vr)	ʒalas	جلس

ser necesario	kān maṭlūb	كان مطلوبا
ser, estar (vi)	kān	كان
significar (vt)	'ana	عنى
sonreír (vi)	ibtasam	إبتسم
sorprenderse (vr)	indahaʃ	إندهش

subestimar (vt)	istaxaff	إستخفّ
tener (vt)	malak	ملك
tener hambre	arād an ya'kul	أراد أن يأكل
tener miedo	xāf	خاف

tener prisa	ista'ʒal	إستعجل
tener sed	arād an yaʃrab	أراد أن يشرب
tirar, disparar (vi)	aṭlaq an nār	أطلق النار
tocar (con las manos)	lamas	لمس
tomar (vt)	axað	أخذ
tomar nota	katab	كتب

trabajar (vi)	'amal	عمل
traducir (vt)	tarʒam	ترجم
unir (vt)	waḥḥad	وحّد
vender (vt)	bā'	باع
ver (vt)	ra'a	رأى
volar (pájaro, avión)	ṭār	طار

14. Los colores

color (m)	lawn (m)	لون
matiz (m)	daraʒat al lawn (m)	درجة اللون
tono (m)	ṣabɣit lūn (f)	لون
arco (m) iris	qaws quzaḥ (m)	قوس قزح

blanco (adj)	abyaḍ	أبيض
negro (adj)	aswad	أسود
gris (adj)	ramādiy	رمادي
verde (adj)	axḍar	أخضر
amarillo (adj)	aṣfar	أصفر
rojo (adj)	aḥmar	أحمر
azul (adj)	azraq	أزرق
azul claro (adj)	azraq fātiḥ	أزرق فاتح
rosa (adj)	wardiy	وردي
naranja (adj)	burtuqāliy	برتقالي
violeta (adj)	banafsaʒiy	بنفسجي
marrón (adj)	bunniy	بنّي
dorado (adj)	ðahabiy	ذهبي
argentado (adj)	fiḍḍiy	فضي
beige (adj)	bɛːʒ	بيج
crema (adj)	ʿāʒiy	عاجي
turquesa (adj)	fayrūziy	فيروزي
rojo cereza (adj)	karaziy	كرزي
lila (adj)	laylakiy	ليلكي
carmesí (adj)	qirmiziy	قرمزي
claro (adj)	fātiḥ	فاتح
oscuro (adj)	ɣāmiq	غامق
vivo (adj)	zāhi	زاه
de color (lápiz ~)	mulawwan	ملوّن
en colores (película ~)	mulawwan	ملوّن
blanco y negro (adj)	abyaḍ wa aswad	أبيض وأسود
unicolor (adj)	waḥīd al lawn, sāda	وحيد اللون, سادة
multicolor (adj)	mutaʿaddid al alwān	متعدّد الألوان

15. Las preguntas

¿Quién?	man?	من؟
¿Qué?	māða?	ماذا؟
¿Dónde?	ayna?	أين؟
¿Adónde?	ila ayna?	إلى أين؟
¿De dónde?	min ayna?	من أين؟
¿Cuándo?	mata?	متى؟
¿Para qué?	li māða?	لماذا؟
¿Por qué?	li māða?	لماذا؟
¿Por qué razón?	li māða?	لماذا؟
¿Cómo?	kayfa?	كيف؟
¿Qué ...? (~ color)	ay?	أي؟
¿Cuál?	ay?	أي؟
¿A quién?	li man?	لمن؟
¿De quién? (~ hablan ...)	ʿamman?	عمّن؟
¿De qué?	ʿamma?	عمّا؟

¿Con quién?	ma' man?	مع من؟
¿Cuánto?	kam?	كم؟
¿De quién? (~ es este ...)	li man?	لمن؟

16. Las preposiciones

con ... (~ algn)	ma'	مع
sin ... (~ azúcar)	bi dūn	بدون
a ... (p.ej. voy a México)	ila	إلى
de ... (hablar ~)	'an	عن
antes de ...	qabl	قبل
delante de ...	amām	أمام
debajo de ...	taḥt	تحت
sobre ..., encima de ...	fawq	فوق
en, sobre (~ la mesa)	'ala	على
de (origen)	min	من
de (fabricado de)	min	من
dentro de ...	ba'd	بعد
encima de ...	'abr	عبر

17. Las palabras útiles. Los adverbios. Unidad 1

¿Dónde?	ayna?	أين؟
aquí (adv)	huna	هنا
allí (adv)	hunāk	هناك
en alguna parte	fi makānin ma	في مكان ما
en ninguna parte	la fi ay makān	لا في أي مكان
junto a ...	bi ʒānib	بجانب
junto a la ventana	bi ʒānib aʃ ʃubbāk	بجانب الشبّاك
¿A dónde?	ila ayna?	إلى أين؟
aquí (venga ~)	huna	هنا
allí (vendré ~)	hunāk	هناك
de aquí (adv)	min huna	من هنا
de allí (adv)	min hunāk	من هناك
cerca (no lejos)	qarīban	قريبًا
lejos (adv)	ba'īdan	بعيدًا
cerca de ...	'ind	عند
al lado (de ...)	qarīban	قريبًا
no lejos (adv)	ɣayr ba'īd	غير بعيد
izquierdo (adj)	al yasār	اليسار
a la izquierda (situado ~)	'alaʃ ʃimāl	على الشمال
a la izquierda (girar ~)	ilaʃ ʃimāl	إلى الشمال
derecho (adj)	al yamīn	اليمين
a la derecha (situado ~)	'alal yamīn	على اليمين

a la derecha (girar)	Ilal yamīn	إلى اليمين
delante (yo voy ~)	min al amām	من الأمام
delantero (adj)	amāmiy	أمامي
adelante (movimiento)	ilal amām	إلى الأمام
detrás de ...	warā'	وراء
desde atrás	min al warā'	من الوراء
atrás (da un paso ~)	ilal warā'	إلى الوراء
centro (m), medio (m)	wasaṭ (m)	وسط
en medio (adv)	fil wasat	في الوسط
de lado (adv)	bi ʒānib	بجانب
en todas partes	fi kull makān	في كل مكان
alrededor (adv)	ḥawl	حول
de dentro (adv)	min ad dāχil	من الداخل
a alguna parte	ila ayy makān	إلى أيّ مكان
todo derecho (adv)	bi aqsar ṭarīq	بأقصر طريق
atrás (muévelo para ~)	īyāban	إيابًا
de alguna parte (adv)	min ayy makān	من أي مكان
no se sabe de dónde	min makānin ma	من مكان ما
primero (adv)	awwalan	أوّلًا
segundo (adv)	θāniyan	ثانيًا
tercero (adv)	θāliθan	ثالثًا
de súbito (adv)	faʒ'a	فجأة
al principio (adv)	fil bidāya	في البداية
por primera vez	li 'awwal marra	لأوّل مرّة
mucho tiempo antes ...	qabl ... bi mudda ṭawīla	قبل...بمدّة طويلة
de nuevo (adv)	min ʒadīd	من جديد
para siempre (adv)	ilal abad	إلى الأبد
jamás, nunca (adv)	abadan	أبدًا
de nuevo (adv)	min ʒadīd	من جديد
ahora (adv)	al 'ān	الآن
frecuentemente (adv)	kaθīran	كثيرًا
entonces (adv)	fi ðalika al waqt	في ذلك الوقت
urgentemente (adv)	'āʒilan	عاجلًا
usualmente (adv)	kal 'āda	كالعادة
a propósito, ...	'ala fikra ...	على فكرة...
es probable	min al mumkin	من الممكن
probablemente (adv)	la'alla	لعلّ
tal vez	min al mumkin	من الممكن
además ...	bil iḍāfa ila ðalik ...	بالإضافة إلى...
por eso ...	li ðalik	لذلك
a pesar de ...	bir raχm min ...	بالرغم من...
gracias a ...	bi faḍl ...	بفضل...
qué (pron)	allaði	الذي
que (conj)	anna	أنّ
algo (~ le ha pasado)	ʃay' (m)	شيء
algo (~ así)	ʃay' (m)	شيء

23

nada (f)	la ʃay'	لا شيء
quien	allaði	الذي
alguien (viene ~)	aḥad	أحد
alguien (¿ha llamado ~?)	aḥad	أحد
nadie	la aḥad	لا أحد
a ninguna parte	la ila ay makān	لا إلى أي مكان
de nadie	la yaχuṣṣ aḥad	لا يخص أحدًا
de alguien	li aḥad	لأحد
tan, tanto (adv)	hakaða	هكذا
también (~ habla francés)	kaðalika	كذلك
también (p.ej. Yo ~)	ayḍan	أيضًا

18. Las palabras útiles. Los adverbios. Unidad 2

¿Por qué?	li māða?	لماذا؟
no se sabe porqué	li sababin ma	لسبب ما
porque …	li'anna …	لأنَ...
por cualquier razón (adv)	li amr mā	لأمر ما
y (p.ej. uno y medio)	wa	و
o (p.ej. té o café)	aw	أو
pero (p.ej. me gusta, ~)	lakin	لكن
para (p.ej. es para ti)	li	لـ
demasiado (adv)	kaθīran ʒiddan	كثيرًا جدًا
sólo, solamente (adv)	faqaṭ	فقط
exactamente (adv)	biḍ ḍabṭ	بالضبط
unos …, cerca de … (~ 10 kg)	naḥw	نحو
aproximadamente	taqrīban	تقريبًا
aproximado (adj)	taqrībiy	تقريبيّ
casi (adv)	taqrīban	تقريبًا
resto (m)	al bāqi (m)	الباقي
cada (adj)	kull	كلّ
cualquier (adj)	ayy	أيّ
mucho (adv)	kaθīr	كثير
muchos (mucha gente)	kaθīr min an nās	كثير من الناس
todos	kull an nās	كل الناس
a cambio de …	muqābil …	مقابل...
en cambio (adv)	muqābil	مقابل
a mano (hecho ~)	bil yad	باليد
poco probable	hayhāt	هيهات
probablemente	la'alla	لعلّ
a propósito (adv)	qaṣdan	قصدا
por accidente (adv)	ṣudfa	صدفة
muy (adv)	ʒiddan	جدًا
por ejemplo (adv)	maθalan	مثلا

entre (~ nosotros)	bayn	بين
entre (~ otras cosas)	bayn	بين
tanto (~ gente)	haðihi al kammiyya	هذه الكمية
especialmente (adv)	χāṣṣa	خاصّة

Conceptos básicos. Unidad 2

19. Los días de la semana

lunes (m)	yawm al iθnayn (m)	يوم الإثنين
martes (m)	yawm aθ θulāθā' (m)	يوم الثلاثاء
miércoles (m)	yawm al arbi'ā' (m)	يوم الأربعاء
jueves (m)	yawm al χamīs (m)	يوم الخميس
viernes (m)	yawm al ʒum'a (m)	يوم الجمعة
sábado (m)	yawm as sabt (m)	يوم السبت
domingo (m)	yawm al aḥad (m)	يوم الأحد
hoy (adv)	al yawm	اليوم
mañana (adv)	ɣadan	غدًا
pasado mañana	ba'd ɣad	بعد غد
ayer (adv)	ams	أمس
anteayer (adv)	awwal ams	أوّل أمس
día (m)	yawm (m)	يوم
día (m) de trabajo	yawm 'amal (m)	يوم عمل
día (m) de fiesta	yawm al 'uṭla ar rasmiyya (m)	يوم العطلة الرسمية
día (m) de descanso	yawm 'uṭla (m)	يوم عطلة
fin (m) de semana	ayyām al 'uṭla (pl)	أيام العطلة
todo el día	ṭūl al yawm	طول اليوم
al día siguiente	fil yawm at tāli	في اليوم التالي
dos días atrás	min yawmayn	قبل يومين
en vísperas (adv)	fil yawm as sābiq	في اليوم السابق
diario (adj)	yawmiy	يومي
cada día (adv)	yawmiyyan	يوميًا
semana (f)	usbū' (m)	أسبوع
semana (f) pasada	fil isbū' al māḍi	في الأسبوع الماضي
semana (f) que viene	fil isbū' al qādim	في الأسبوع القادم
semanal (adj)	usbū'iy	أسبوعي
cada semana (adv)	usbū'iyyan	أسبوعيًا
2 veces por semana	marratayn fil usbū'	مرّتين في الأسبوع
todos los martes	kull yawm aθ θulaθā'	كل يوم الثلاثاء

20. Las horas. El día y la noche

mañana (f)	ṣabāḥ (m)	صباح
por la mañana	fiṣ ṣabāḥ	في الصباح
mediodía (m)	ẓuhr (m)	ظهر
por la tarde	ba'd aẓ ẓuhr	بعد الظهر
noche (f)	masā' (m)	مساء
por la noche	fil masā'	في المساء

noche (f) (p.ej. 2:00 a.m.)	layl (m)	ليل
por la noche	bil layl	بالليل
medianoche (f)	muntaṣif al layl (m)	منتصف الليل
segundo (m)	θāniya (f)	ثانية
minuto (m)	daqīqa (f)	دقيقة
hora (f)	sā'a (f)	ساعة
media hora (f)	niṣf sā'a (m)	نصف ساعة
cuarto (m) de hora	rub' sā'a (f)	ربع ساعة
quince minutos	χamsat 'aʃar daqīqa	خمس عشرة دقيقة
veinticuatro horas	yawm kāmil (m)	يوم كامل
salida (f) del sol	ʃurūq aʃ ʃams (m)	شروق الشمس
amanecer (m)	faʒr (m)	فجر
madrugada (f)	ṣabāḥ bākir (m)	صباح باكر
puesta (f) del sol	χurūb aʃ ʃams (m)	غروب الشمس
de madrugada	fis ṣabāḥ al bākir	في الصباح الباكر
esta mañana	al yawm fiṣ ṣabāḥ	اليوم في الصباح
mañana por la mañana	χadan fiṣ ṣabāḥ	غدًا في الصباح
esta tarde	al yawm ba'd aẓ ẓuhr	اليوم بعد الظهر
por la tarde	ba'd aẓ ẓuhr	بعد الظهر
mañana por la tarde	χadan ba'd aẓ ẓuhr	غدًا بعد الظهر
esta noche (p.ej. 8:00 p.m.)	al yawm fil masā'	اليوم في المساء
mañana por la noche	χadan fil masā'	غدًا في المساء
a las tres en punto	fis sā'a aθ θāliθa tamāman	في الساعة الثالثة تماما
a eso de las cuatro	fis sā'a ar rābi'a taqrīban	في الساعة الرابعة تقريبا
para las doce	ḥattas sā'a aθ θāniya 'aʃara	حتى الساعة الثانية عشرة
dentro de veinte minutos	ba'd 'iʃrīn daqīqa	بعد عشرين دقيقة
dentro de una hora	ba'd sā'a	بعد ساعة
a tiempo (adv)	fi maw'idih	في موعده
… menos cuarto	illa rub'	إلا ربع
durante una hora	ṭiwāl sā'a	طوال الساعة
cada quince minutos	kull rub' sā'a	كل ربع ساعة
día y noche	layl nahār	ليل نهار

21. Los meses. Las estaciones

enero (m)	yanāyir (m)	يناير
febrero (m)	fibrāyir (m)	فبراير
marzo (m)	māris (m)	مارس
abril (m)	abrīl (m)	أبريل
mayo (m)	māyu (m)	مايو
junio (m)	yūnyu (m)	يونيو
julio (m)	yūlyu (m)	يوليو
agosto (m)	aχusṭus (m)	أغسطس
septiembre (m)	sibtambar (m)	سبتمبر
octubre (m)	uktūbir (m)	أكتوبر
noviembre (m)	nuvimbar (m)	نوفمبر

diciembre (m)	disimbar (m)	ديسمبر
primavera (f)	rabīʻ (m)	ربيع
en primavera	fir rabīʻ	في الربيع
de primavera (adj)	rabīʻiy	ربيعي
verano (m)	ṣayf (m)	صيف
en verano	fiṣ ṣayf	في الصيف
de verano (adj)	ṣayfiy	صيفي
otoño (m)	χarīf (m)	خريف
en otoño	fil χarīf	في الخريف
de otoño (adj)	χarīfiy	خريفي
invierno (m)	ʃitāʼ (m)	شتاء
en invierno	fiʃ ʃitāʼ	في الشتاء
de invierno (adj)	ʃitawiy	شتوي
mes (m)	ʃahr (m)	شهر
este mes	fi haða aʃ ʃahr	في هذا الشهر
al mes siguiente	fiʃ ʃahr al qādim	في الشهر القادم
el mes pasado	fiʃ ʃahr al māḍi	في الشهر الماضي
hace un mes	qabl ʃahr	قبل شهر
dentro de un mes	baʻd ʃahr	بعد شهر
dentro de dos meses	baʻd ʃahrayn	بعد شهرين
todo el mes	ṭūl aʃ ʃahr	طول الشهر
todo un mes	ʃahr kāmil	شهر كامل
mensual (adj)	ʃahriy	شهري
mensualmente (adv)	kull ʃahr	كل شهر
cada mes	kull ʃahr	كل شهر
dos veces por mes	marratayn fiʃ ʃahr	مرّتين في الشهر
año (m)	sana (f)	سنة
este año	fi haðihi as sana	في هذه السنة
el próximo año	fis sana al qādima	في السنة القادمة
el año pasado	fis sana al māḍiya	في السنة الماضية
hace un año	qabla sana	قبل سنة
dentro de un año	baʻd sana	بعد سنة
dentro de dos años	baʻd sanatayn	بعد سنتين
todo el año	ṭūl as sana	طول السنة
todo un año	sana kāmila	سنة كاملة
cada año	kull sana	كل سنة
anual (adj)	sanawiy	سنوي
anualmente (adv)	kull sana	كل سنة
cuatro veces por año	arbaʻ marrāt fis sana	أربع مرّات في السنة
fecha (f) (la ~ de hoy es …)	tarīχ (m)	تاريخ
fecha (f) (~ de entrega)	tarīχ (m)	تاريخ
calendario (m)	taqwīm (m)	تقويم
medio año (m)	niṣf sana (m)	نصف سنة
seis meses	niṣf sana (m)	نصف سنة
estación (f)	faṣl (m)	فصل
siglo (m)	qarn (m)	قرن

22. La hora. Miscelánea

tiempo (m)	waqt (m)	وقت
momento (m)	laḥẓa (f)	لحظة
instante (m)	laḥẓa (f)	لحظة
instantáneo (adj)	xāṭif	خاطف
lapso (m) de tiempo	fatra (f)	فترة
vida (f)	ḥayāt (f)	حياة
eternidad (f)	abadiyya (f)	أبديّة
época (f)	'ahd (m)	عهد
era (f)	'aṣr (m)	عصر
ciclo (m)	dawra (f)	دورة
período (m)	fatra (f)	فترة
plazo (m) (~ de tres meses)	fatra (f)	فترة
futuro (m)	al mustaqbal (m)	المستقبل
futuro (adj)	qādim	قادم
la próxima vez	fil marra al qādima	في المرّة القادمة
pasado (m)	al māḍi (m)	الماضي
pasado (adj)	māḍi	ماض
la última vez	fil marra al māḍiya	في المرّة الماضية
más tarde (adv)	fima ba'd	فيما بعد
después	ba'd	بعد
actualmente (adv)	fi haðihi al ayyām	في هذه الأيام
ahora (adv)	al 'ān	الآن
inmediatamente	ḥālan	حالًا
pronto (adv)	qarīban	قريبًا
de antemano (adv)	muqaddaman	مقدّمًا
hace mucho tiempo	min zamān	من زمان
hace poco (adv)	min zaman qarīb	من زمان قريب
destino (m)	maṣīr (m)	مصير
recuerdos (m pl)	ðikra (f)	ذكرى
archivo (m)	arʃīf (m)	أرشيف
durante ...	aθnā' ...	أثناء ...
mucho tiempo (adv)	li mudda ṭawīla	لمدّة طويلة
poco tiempo (adv)	li mudda qaṣīra	لمدّة قصيرة
temprano (adv)	bākiran	باكرًا
tarde (adv)	muta'axxiran	متأخّرًا
para siempre (adv)	lil abad	للأبد
comenzar (vt)	bada'	بدأ
aplazar (vt)	aʒʒal	أجّل
simultáneamente	fi nafs al waqt	في نفس الوقت
permanentemente	dā'iman	دائمًا
constante (ruido, etc.)	mustamirr	مستمرّ
temporal (adj)	mu'aqqat	مؤقّت
a veces (adv)	min ḥīn li 'āxar	من حين لآخر
raramente (adv)	nādiran	نادرًا
frecuentemente	kaθīran	كثيرًا

23. Los opuestos

rico (adj)	ɣaniy	غنيّ
pobre (adj)	faqīr	فقير
enfermo (adj)	marīḍ	مريض
sano (adj)	salīm	سليم
grande (adj)	kabīr	كبير
pequeño (adj)	ṣaɣīr	صغير
rápidamente (adv)	bi sur'a	بسرعة
lentamente (adv)	bi buṭ'	ببطء
rápido (adj)	sarī'	سريع
lento (adj)	baṭī'	بطيء
alegre (adj)	farḥān	فرحان
triste (adj)	ḥazīn	حزين
juntos (adv)	ma'an	معًا
separadamente	bi mufradih	بمفرده
en voz alta	bi ṣawt 'āli	بصوت عال
en silencio	sirran	سرًّا
alto (adj)	'āli	عال
bajo (adj)	munχafiḍ	منخفض
profundo (adj)	'amīq	عميق
poco profundo (adj)	ḍaḥl	ضحل
sí	na'am	نعم
no	la	لا
lejano (adj)	ba'īd	بعيد
cercano (adj)	qarīb	قريب
lejos (adv)	ba'īdan	بعيدًا
cerco (adv)	qarīban	قريبًا
largo (adj)	ṭawīl	طويل
corto (adj)	qaṣīr	قصير
bueno (de buen corazón)	ṭayyib	طيّب
malvado (adj)	ʃarīr	شرير
casado (adj)	mutazawwiʒ	متزوّج
soltero (adj)	a'zab	أعزب
prohibir (vt)	mana'	منع
permitir (vt)	samaḥ	سمح
fin (m)	nihāya (f)	نهاية
principio (m)	bidāya (f)	بداية

izquierdo (adj)	al yasār	اليسار
derecho (adj)	al yamīn	اليمين
primero (adj)	awwal	أوّل
último (adj)	'āxir	آخر
crimen (m)	ʒarīma (f)	جريمة
castigo (m)	'uqūba (f), 'iqāb (m)	عقوبة, عقاب
ordenar (vt)	amar	أمر
obedecer (vi, vt)	ṭā'	طاع
recto (adj)	mustaqīm	مستقيم
curvo (adj)	munḥani	منحن
paraíso (m)	al ʒanna (f)	الجنّة
infierno (m)	al ʒaḥīm (f)	الجحيم
nacer (vi)	wulid	وُلد
morir (vi)	māt	مات
fuerte (adj)	qawiy	قويّ
débil (adj)	ḍa'īf	ضعيف
viejo (adj)	'aʒūz	عجوز
joven (adj)	ʃābb	شابّ
viejo (adj)	qadīm	قديم
nuevo (adj)	ʒadīd	جديد
duro (adj)	ṣalb	صلب
blando (adj)	ṭariy	طريّ
tibio (adj)	dāfi'	دافئ
frío (adj)	bārid	بارد
gordo (adj)	θaxīn	ثخين
delgado (adj)	naḥīf	نحيف
estrecho (adj)	ḍayyiq	ضيّق
ancho (adj)	wāsi'	واسع
bueno (adj)	ʒayyid	جيّد
malo (adj)	sayyi'	سيئ
valiente (adj)	ʃuʒā'	شجاع
cobarde (adj)	ʒabān	جبان

24. Las líneas y las formas

cuadrado (m)	murabba' (m)	مربّع
cuadrado (adj)	murabba'	مربّع
círculo (m)	dā'ira (f)	دائرة
redondo (adj)	mudawwar	مدوّر

triángulo (m)	muθallaθ (m)	مثلث
triangular (adj)	muθallaθ	مثلث
óvalo (m)	bayḍawiy (m)	بيضوي
oval (adj)	bayḍawiy	بيضوي
rectángulo (m)	mustaṭīl (m)	مستطيل
rectangular (adj)	mustaṭīliy	مستطيلي
pirámide (f)	haram (m)	هرم
rombo (m)	mu'ayyan (m)	معين
trapecio (m)	murabba' munḥarif (m)	مربع منحرف
cubo (m)	muka''ab (m)	مكعب
prisma (m)	manʃūr (m)	منشور
circunferencia (f)	muḥīṭ munḥanan muɣlaq (m)	محيط منحني مغلق
esfera (f)	kura (f)	كرة
globo (m)	kura (f)	كرة
diámetro (m)	quṭr (m)	قطر
radio (f)	niṣf qaṭr (m)	نصف قطر
perímetro (m)	muḥīṭ (m)	محيط
centro (m)	wasaṭ (m)	وسط
horizontal (adj)	ufuqiy	أفقي
vertical (adj)	'amūdiy	عمودي
paralela (f)	xaṭṭ mutawāzi (m)	خط متواز
paralelo (adj)	mutawāzi	متواز
línea (f)	xaṭṭ (m)	خط
trazo (m)	ḥaraka (f)	حركة
recta (f)	xaṭṭ mustaqīm (m)	خط مستقيم
curva (f)	xaṭṭ munḥani (m)	خط منحن
fino (la ~a línea)	rafī'	رقيع
contorno (m)	kuntūr (m)	كنتور
intersección (f)	taqāṭu' (m)	تقاطع
ángulo (m) recto	zāwya mustaqīma (f)	زاوية مستقيمة
segmento (m)	qiṭ'a (f)	قطعة
sector (m)	qiṭā' (m)	قطاع
lado (m)	ḍil' (m)	ضلع
ángulo (m)	zāwiya (f)	زاوية

25. Las unidades de medida

peso (m)	wazn (m)	وزن
longitud (f)	ṭūl (m)	طول
anchura (f)	'arḍ (m)	عرض
altura (f)	irtifā' (m)	إرتفاع
profundidad (f)	'umq (m)	عمق
volumen (m)	ḥaʒm (m)	حجم
área (f)	misāḥa (f)	مساحة
gramo (m)	grām (m)	جرام
miligramo (m)	milliɣrām (m)	مليغرام
kilogramo (m)	kiluɣrām (m)	كيلوغرام

tonelada (f)	ṭunn (m)	طنّ
libra (f)	raṭl (m)	رطل
onza (f)	ūnṣa (f)	أونصة

metro (m)	mitr (m)	متر
milímetro (m)	millimitr (m)	مليمتر
centímetro (m)	santimitr (m)	سنتيمتر
kilómetro (m)	kilumitr (m)	كيلومتر
milla (f)	mīl (m)	ميل

pulgada (f)	būṣa (f)	بوصة
pie (m)	qadam (m)	قدم
yarda (f)	yārda (f)	ياردة

metro (m) cuadrado	mitr murabbaʻ (m)	متر مربّع
hectárea (f)	hiktār (m)	هكتار

litro (m)	litr (m)	لتر
grado (m)	daraʒa (f)	درجة
voltio (m)	vūlt (m)	فولت
amperio (m)	ambīr (m)	أمبير
caballo (m) de fuerza	ḥiṣān (m)	حصان

cantidad (f)	kammiyya (f)	كمّيّة
un poco de ...	qalīl ...	قليل...
mitad (f)	niṣf (m)	نصف
docena (f)	iθnā ʻaʃar (f)	إثنا عشر
pieza (f)	waḥda (f)	وحدة

dimensión (f)	ḥaʒm (m)	حجم
escala (f) (del mapa)	miqyās (m)	مقياس

mínimo (adj)	al adna	الأدنى
el más pequeño (adj)	al aṣɣar	الأصغر
medio (adj)	mutawassiṭ	متوسّط
máximo (adj)	al aqṣa	الأقصى
el más grande (adj)	al akbar	الأكبر

26. Contenedores

tarro (m) de vidrio	barṭamān (m)	برطمان
lata (f) de hojalata	tanaka (f)	تنكة
cubo (m)	ʒardal (m)	جردل
barril (m)	barmīl (m)	برميل

palangana (f)	ḥawḍ lil ɣasīl (m)	حوض للغسيل
tanque (m)	χazzān (m)	خزّان
petaca (f) (de alcohol)	zamzamiyya (f)	زمزميّة
bidón (m) de gasolina	ʒirikan (m)	جركن
cisterna (f)	χazzān (m)	خزّان

taza (f) (mug de cerámica)	māgg (m)	ماجّ
taza (f) (~ de café)	finʒān (m)	فنجان
platillo (m)	ṭabaq finʒān (m)	طبق فنجان

vaso (m) (~ de agua)	kubbāya (f)	كَبَاية
copa (f) (~ de vino)	ka's (f)	كَأس
olla (f)	kassirūlla (f)	كاسرولة
botella (f)	zuʒāʒa (f)	زجاجة
cuello (m) de botella	'unq (m)	عنق
garrafa (f)	dawraq zuʒāʒiy (m)	دورق زجاجيّ
jarro (m) (~ de agua)	ibrīq (m)	إبريق
recipiente (m)	inā' (m)	إناء
tarro (m)	aṣīṣ (m)	أصيص
florero (m)	vāza (f)	فازة
frasco (m) (~ de perfume)	zuʒāʒa (f)	زجاجة
frasquito (m)	zuʒāʒa (f)	زجاجة
tubo (m)	umbūba (f)	أنبوبة
saco (m) (~ de azúcar)	kīs (m)	كيس
bolsa (f) (~ plástica)	kīs (m)	كيس
paquete (m) (~ de cigarrillos)	'ulba (f)	علبة
caja (f)	'ulba (f)	علبة
cajón (m) (~ de madera)	ṣundū' (m)	صندوق
cesta (f)	salla (f)	سلّة

27. Materiales

material (f)	mādda (f)	مادّة
madera (f)	χaʃab (m)	خشب
de madera (adj)	χaʃabiy	خشبيّ
vidrio (m)	zuʒāʒ (m)	زجاج
de vidrio (adj)	zuʒāʒiy	زجاجيّ
piedra (f)	haʒar (m)	حجر
de piedra (adj)	haʒariy	حجريّ
plástico (m)	blastīk (m)	بلاستيك
de plástico (adj)	min al blastīk	من البلاستيك
goma (f)	maṭṭāṭ (m)	مطّاط
de goma (adj)	maṭṭāṭiy	مطّاطيّ
tela (f)	qumāʃ (m)	قماش
de tela (adj)	min al qumāʃ	من القماش
papel (m)	waraq (m)	ورق
de papel (adj)	waraqiy	ورقيّ
cartón (m)	kartūn (m)	كرتون
de cartón (adj)	kartūniy	كرتونيّ
polietileno (m)	buli iθilīn (m)	بولي إثيلين
celofán (m)	silufān (m)	سيلوفان

contrachapado (m)	ablakāʃ (m)	أبلكاش
porcelana (f)	bursilān (m)	بورسلان
de porcelana (adj)	min il bursilān	من البورسلان
arcilla (f), barro (m)	ṭīn (m)	طين
de barro (adj)	faxxāry	فخّاري
cerámica (f)	siramīk (m)	سيراميك
de cerámica (adj)	siramīkiy	سيراميكيّ

28. Los metales

metal (m)	maʿdan (m)	معدن
metálico (adj)	maʿdaniy	معدنيّ
aleación (f)	sabīka (f)	سبيكة
oro (m)	ðahab (m)	ذهب
de oro (adj)	ðahabiy	ذهبيّ
plata (f)	fiḍḍa (f)	فضّة
de plata (adj)	fiḍḍiy	فضّيّ
hierro (m)	ḥadīd (m)	حديد
de hierro (adj)	ḥadīdiy	حديديّ
acero (m)	fūlāð (m)	فولاذ
de acero (adj)	fulāðiy	فولاذيّ
cobre (m)	nuḥās (m)	نحاس
de cobre (adj)	nuḥāsiy	نحاسيّ
aluminio (m)	alumīniyum (m)	الومينيوم
de aluminio (adj)	alumīniyum	الومينيوم
bronce (m)	brūnz (m)	برونز
de bronce (adj)	brūnziy	برونزيّ
latón (m)	nuḥās aṣfar (m)	نحاس أصفر
níquel (m)	nikil (m)	نيكل
platino (m)	blatīn (m)	بلاتين
mercurio (m)	ziʾbaq (m)	زئبق
estaño (m)	qaṣdīr (m)	قصدير
plomo (m)	ruṣāṣ (m)	رصاص
zinc (m)	zink (m)	زنك

EL SER HUMANO

El ser humano. El cuerpo

29. El ser humano. Conceptos básicos

ser (m) humano	insān (m)	إنسان
hombre (m) (varón)	raʒul (m)	رجل
mujer (f)	imra'a (f)	إمرأة
niño -a (m, f)	tifl (m)	طفل
niña (f)	bint (f)	بنت
niño (m)	walad (m)	ولد
adolescente (m)	murāhiq (m)	مراهق
viejo, anciano (m)	ʿaʒūz (m)	عجوز
vieja, anciana (f)	ʿaʒūza (f)	عجوزة

30. La anatomía humana

organismo (m)	ʒism (m)	جسم
corazón (m)	qalb (m)	قلب
sangre (f)	dam (m)	دم
arteria (f)	ʃaryān (m)	شريان
vena (f)	ʿirq (m)	عرق
cerebro (m)	muxx (m)	مخّ
nervio (m)	ʿaṣab (m)	عصب
nervios (m pl)	aʿṣāb (pl)	أعصاب
vértebra (f)	faqra (f)	فقرة
columna (f) vertebral	ʿamūd faqriy (m)	عمود فقريّ
estómago (m)	maʿida (f)	معدة
intestinos (m pl)	amʿāʾ (pl)	أمعاء
intestino (m)	miʿan (m)	معى
hígado (m)	kibd (f)	كبد
riñón (m)	kilya (f)	كلية
hueso (m)	ʿazm (m)	عظم
esqueleto (m)	haykal ʿazmiy (m)	هيكل عظميّ
costilla (f)	dilʿ (m)	ضلع
cráneo (m)	ʒumʒuma (f)	جمجمة
músculo (m)	ʿadala (f)	عضلة
bíceps (m)	ʿadala ðāt ra'sayn (f)	عضلة ذات رأسين
tríceps (m)	ʿadla θulāθiyyat ar ruʿūs (f)	عضلة ثلاثيّة الرءوس
tendón (m)	watar (m)	وتر
articulación (f)	mafṣil (m)	مفصل

pulmones (m pl)	ri'atān (du)	رئتان
genitales (m pl)	a'ḍā' ʒinsiyya (pl)	أعضاء جنسيّة
piel (f)	buʃra (m)	بشرة

31. La cabeza

cabeza (f)	ra's (m)	رأس
cara (f)	waʒh (m)	وجه
nariz (f)	anf (m)	أنف
boca (f)	fam (m)	فم
ojo (m)	'ayn (f)	عين
ojos (m pl)	'uyūn (pl)	عيون
pupila (f)	ḥadaqa (f)	حدقة
ceja (f)	ḥāʒib (m)	حاجب
pestaña (f)	rimʃ (m)	رمش
párpado (m)	ʒafn (m)	جفن
lengua (f)	lisān (m)	لسان
diente (m)	sinn (f)	سِن
labios (m pl)	ʃifāh (pl)	شفاه
pómulos (m pl)	'iʒām waʒhiyya (pl)	عظام وجهيّة
encía (f)	liθθa (f)	لثّة
paladar (m)	ḥanak (m)	حنك
ventanas (f pl)	minxarān (du)	منخران
mentón (m)	ðaqan (m)	ذقن
mandíbula (f)	fakk (m)	فكّ
mejilla (f)	xadd (m)	خدّ
frente (f)	ʒabha (f)	جبهة
sien (f)	ṣudɣ (m)	صدغ
oreja (f)	uðun (f)	أذن
nuca (f)	qafa (m)	قفا
cuello (m)	raqaba (f)	رقبة
garganta (f)	ḥalq (m)	حلق
pelo, cabello (m)	ʃa'r (m)	شعر
peinado (m)	tasrīḥa (f)	تسريحة
corte (m) de pelo	tasrīḥa (f)	تسريحة
peluca (f)	barūka (f)	باروكة
bigote (m)	ʃawārib (pl)	شوارب
barba (f)	liḥya (f)	لحية
tener (~ la barba)	'indahu	عنده
trenza (f)	ḍifīra (f)	ضفيرة
patillas (f pl)	sawālif (pl)	سوالف
pelirrojo (adj)	aḥmar aʃ ʃa'r	أحمر الشعر
gris, canoso (adj)	abyaḍ	أبيض
calvo (adj)	aṣla'	أصلع
calva (f)	ṣala' (m)	صلع
cola (f) de caballo	ðayl ḥiṣān (m)	ذيل حصان
flequillo (m)	quṣṣa (f)	قصّة

32. El cuerpo

mano (f)	yad (m)	يد
brazo (m)	ðirā' (f)	ذراع
dedo (m)	iṣba' (m)	إصبع
dedo (m) del pie	iṣba' al qadam (m)	إصبع القدم
dedo (m) pulgar	ibhām (m)	إبهام
dedo (m) meñique	χunṣur (m)	خنصر
uña (f)	ẓufr (m)	ظفر
puño (m)	qabḍa (f)	قبضة
palma (f)	kaff (f)	كفّ
muñeca (f)	mi'ṣam (m)	معصم
antebrazo (m)	sā'id (m)	ساعد
codo (m)	mirfaq (m)	مرفق
hombro (m)	katf (f)	كتف
pierna (f)	riʒl (f)	رجل
planta (f)	qadam (f)	قدم
rodilla (f)	rukba (f)	ركبة
pantorrilla (f)	sammāna (f)	سمّانة
cadera (f)	faχð (f)	فخذ
talón (m)	'aqb (m)	عقب
cuerpo (m)	ʒism (m)	جسم
vientre (m)	baṭn (m)	بطن
pecho (m)	ṣadr (m)	صدر
seno (m)	θady (m)	ثدي
lado (m), costado (m)	ʒamb (m)	جنب
espalda (f)	ẓahr (m)	ظهر
zona (f) lumbar	asfal aẓ ẓahr (m)	أسفل الظهر
cintura (f), talle (m)	χaṣr (m)	خصر
ombligo (m)	surra (f)	سُرَّة
nalgas (f pl)	ardāf (pl)	أرداف
trasero (m)	dubr (m)	دبر
lunar (m)	ʃāma (f)	شامة
marca (f) de nacimiento	waḥma	وحمة
tatuaje (m)	waʃm (m)	وشم
cicatriz (f)	nadba (f)	ندبة

La ropa y los accesorios

33. La ropa exterior. Los abrigos

ropa (f), vestido (m)	malābis (pl)	ملابس
ropa (f) de calle	malābis fawqāniyya (pl)	ملابس فوقانيّة
ropa (f) de invierno	malābis ʃitawiyya (pl)	ملابس شتويّة
abrigo (m)	miʻṭaf (m)	معطف
abrigo (m) de piel	miʻṭaf farw (m)	معطف فرو
abrigo (m) corto de piel	ʒakīt farw (m)	جاكيت فرو
plumón (m)	haʃiyyat rīʃ (m)	حشية ريش
cazadora (f)	ʒakīt (m)	جاكيت
impermeable (m)	miʻṭaf lil maṭar (m)	معطف للمطر
impermeable (adj)	ṣāmid lil māʼ	صامد للماء

34. Ropa de hombre y mujer

camisa (f)	qamīṣ (m)	قميص
pantalones (m pl)	banṭalūn (m)	بنطلون
jeans, vaqueros (m pl)	ʒīnz (m)	جينز
chaqueta (f), saco (m)	sutra (f)	سترة
traje (m)	badla (f)	بدلة
vestido (m)	fustān (m)	فستان
falda (f)	tannūra (f)	تنّورة
blusa (f)	blūza (f)	بلوزة
rebeca (f), chaqueta (f) de punto	kardigān (m)	كارديجان
chaqueta (f)	ʒakīt (m)	جاكيت
camiseta (f) (T-shirt)	ti ʃirt (m)	تي شيرت
shorts (m pl)	ʃūrt (m)	شورت
traje (m) deportivo	badlat at tadrīb (f)	بدلة التدريب
bata (f) de baño	θawb ḥammām (m)	ثوب حمّام
pijama (f)	biʒāma (f)	بيجاما
jersey (m), suéter (m)	bulūvir (m)	بلوفر
pulóver (m)	bulūvir (m)	بلوفر
chaleco (m)	ṣudayriy (m)	صديريّ
frac (m)	badlat sahra (f)	بدلة سهرة
esmoquin (m)	smūkin (m)	سموكن
uniforme (m)	zayy muwaḥḥad (m)	زي موحّد
ropa (f) de trabajo	θiyāb al ʻamal (m)	ثياب العمل
mono (m)	uvirūl (m)	اوفرول
bata (f) (p. ej. ~ blanca)	θawb (m)	ثوب

35. La ropa. La ropa interior

ropa (f) interior	malābis dāxiliyya (pl)	ملابس داخليّة
bóxer (m)	sirwāl dāxiliy riǧāliy (m)	سروال داخلي رجالي
bragas (f pl)	sirwāl dāxiliy nisā'iy (m)	سروال داخلي نسائي
camiseta (f) interior	qamīṣ bila aqmām (m)	قميص بلا أكمام
calcetines (m pl)	ʒawārib (pl)	جوارب
camisón (m)	qamīṣ nawm (m)	قميص نوم
sostén (m)	ḥammālat ṣadr (f)	حمّالة صدر
calcetines (m pl) altos	ʒawārib ṭawīla (pl)	جوارب طويلة
pantimedias (f pl)	ʒawārib kulūn (pl)	جوارب كولون
medias (f pl)	ʒawārib nisā'iyya (pl)	جوارب نسائية
traje (m) de baño	libās sibāḥa (m)	لباس سباحة

36. Gorras

gorro (m)	qubba'a (f)	قبّعة
sombrero (m) de fieltro	burnayṭa (f)	برنيطة
gorra (f) de béisbol	kāb baysbūl (m)	كاب بيسبول
gorra (f) plana	qubba'a musaṭṭaḥa (f)	قبّعة مسطحة
boina (f)	birīh (m)	بيريه
capuchón (m)	ɣiṭā' (m)	غطاء
panamá (m)	qubba'at banāma (f)	قبّعة بناما
gorro (m) de punto	qubbā'a maḥbūka (m)	قبّعة محبوكة
pañuelo (m)	īšārb (m)	إيشارب
sombrero (m) de mujer	burnayṭa (f)	برنيطة
casco (m) (~ protector)	xūða (f)	خوذة
gorro (m) de campaña	kāb (m)	كاب
casco (m) (~ de moto)	xūða (f)	خوذة
bombín (m)	qubba'at dirbi (f)	قبّعة ديربي
sombrero (m) de copa	qubba'a 'āliya (f)	قبّعة عالية

37. El calzado

calzado (m)	aḥðiya (pl)	أحذية
botas (f pl)	ʒazma (f)	جزمة
zapatos (m pl) (~ de tacón bajo)	ʒazma (f)	جزمة
botas (f pl) altas	būt (m)	بوت
zapatillas (f pl)	šibšib (m)	شبشب
tenis (m pl)	ḥiðā' riyāḍiy (m)	حذاء رياضيّ
zapatillas (f pl) de lona	kutši (m)	كوتشي
sandalias (f pl)	ṣandal (pl)	صندل
zapatero (m)	iskāfiy (m)	إسكافيّ
tacón (m)	ka'b (m)	كعب

par (m)	zawʒ (m)	زوج
cordón (m)	ʃarīṭ (m)	شريط
encordonar (vt)	rabaṭ	ربط
calzador (m)	labbāsat ḥiðā' (f)	لبّاسة حذاء
betún (m)	warnīʃ al ḥiðā' (m)	ورنيش الحذاء

38. Los textiles. Las telas

algodón (m)	quṭn (m)	قطن
de algodón (adj)	min al quṭn	من القطن
lino (m)	kattān (m)	كتّان
de lino (adj)	min il kattān	من الكتّان
seda (f)	ḥarīr (m)	حرير
de seda (adj)	min al ḥarīr	من الحرير
lana (f)	ṣūf (m)	صوف
de lana (adj)	min aṣ ṣūf	من الصوف
terciopelo (m)	muxmal (m)	مخمل
gamuza (f)	ʒild ʃāmwāh (m)	جلد شاموآه
pana (f)	quṭn qaṭīfa (f)	قطن قطيفة
nilón (m)	naylūn (m)	نايلون
de nilón (adj)	min an naylūn	من النيلون
poliéster (m)	bulyistir (m)	بوليستر
de poliéster (adj)	min al bulyastar	من البوليستر
piel (f) (cuero)	ʒild (m)	جلد
de piel (de cuero)	min al ʒild	من الجلد
piel (f) (~ de zorro, etc.)	farw (m)	فرو
de piel (abrigo ~)	min al farw	من الفرو

39. Accesorios personales

guantes (m pl)	quffāz (m)	قفّاز
manoplas (f pl)	quffāz muɣlaq (m)	قفّاز مغلق
bufanda (f)	'īʃārb (m)	إيشارب
gafas (f pl)	nazzāra (f)	نظّارة
montura (f)	iṭār (m)	إطار
paraguas (m)	ʃamsiyya (f)	شمسيّة
bastón (m)	'aṣa (f)	عصا
cepillo (m) de pelo	furʃat ʃa'r (f)	فرشة شعر
abanico (m)	mirwaḥa yadawiyya (f)	مروحة يدويّة
corbata (f)	karavatta (f)	كرافتة
pajarita (f)	babyūn (m)	ببيون
tirantes (m pl)	ḥammāla (f)	حمّالة
moquero (m)	mandīl (m)	منديل
peine (m)	miʃṭ (m)	مشط
pasador (m) de pelo	dabbūs (m)	دبّوس

41

horquilla (f)	bansa (m)	بنسة
hebilla (f)	bukla (f)	بكلة
cinturón (m)	ḥizām (m)	حزام
correa (f) (de bolso)	ḥammalat al katf (f)	حمّالة الكتف
bolsa (f)	ʃanṭa (f)	شنطة
bolso (m)	ʃanṭat yad (f)	شنطة يد
mochila (f)	ḥaqībat ẓahr (f)	حقيبة ظهر

40. La ropa. Miscelánea

moda (f)	mūḍa (f)	موضة
de moda (adj)	fil mūḍa	في الموضة
diseñador (m) de moda	muṣammim azyāʼ (m)	مصمّم أزياء
cuello (m)	yāqa (f)	ياقة
bolsillo (m)	ʒayb (m)	جيب
de bolsillo (adj)	ʒayb	جيب
manga (f)	kumm (m)	كمّ
presilla (f)	ʻallāqa (f)	علّاقة
brageta (f)	lisān (m)	لسان
cremallera (f)	zimām munzaliq (m)	زمام منزلق
cierre (m)	miʃbak (m)	مشبك
botón (m)	zirr (m)	زرّ
ojal (m)	ʻurwa (f)	عروة
saltar (un botón)	waqaʻ	وقع
coser (vi, vt)	χāṭ	خاط
bordar (vt)	ṭarraz	طرّز
bordado (m)	taṭrīz (m)	تطريز
aguja (f)	ibra (f)	إبرة
hilo (m)	χayṭ (m)	خيط
costura (f)	darz (m)	درز
ensuciarse (vr)	tawassaχ	توسّخ
mancha (f)	buqʻa (f)	بقعة
arrugarse (vr)	takarmaʃ	تكرمش
rasgar (vt)	qaṭṭaʻ	قطّع
polilla (f)	ʻuθθa (f)	عثّة

41. Productos personales. Cosméticos

pasta (f) de dientes	maʻʒūn asnān (m)	معجون أسنان
cepillo (m) de dientes	furʃat asnān (f)	فرشة أسنان
limpiarse los dientes	naẓẓaf al asnān	نظّف الأسنان
maquinilla (f) de afeitar	mūs ḥilāqa (m)	موس حلاقة
crema (f) de afeitar	krīm ḥilāqa (m)	كريم حلاقة
afeitarse (vr)	ḥalaq	حلق
jabón (m)	ṣābūn (m)	صابون

champú (m)	ʃāmbū (m)	شامبو
tijeras (f pl)	maqaṣṣ (m)	مقصّ
lima (f) de uñas	mibrad (m)	مبرد
cortaúñas (m pl)	milqaṭ (m)	ملقط
pinzas (f pl)	milqaṭ (m)	ملقط
cosméticos (m pl)	mawādd at taʒmīl (pl)	موادّ التجميل
mascarilla (f)	mask (m)	ماسك
manicura (f)	manikūr (m)	مانيكور
hacer la manicura	ʻamal manikūr	عمل مانيكور
pedicura (f)	badikīr (m)	باديكير
neceser (m) de maquillaje	ḥaqībat adawāt at taʒmīl (f)	حقيبة أدوات التجميل
polvos (m pl)	budrat waʒh (f)	بودرة وجه
polvera (f)	ʻulbat būdra (f)	علبة بودرة
colorete (m), rubor (m)	aḥmar χudūd (m)	أحمر خدود
perfume (m)	ʻiṭr (m)	عطر
agua (f) perfumada	kulūnya (f)	كولونيا
loción (f)	lusiyun (m)	لوسيون
agua (f) de colonia	kulūniya (f)	كولونيا
sombra (f) de ojos	ay ʃaduw (m)	اي شادو
lápiz (m) de ojos	kuḥl al ʻuyūn (m)	كحل العيون
rímel (m)	maskara (f)	ماسكارا
pintalabios (m)	aḥmar ʃifāh (m)	أحمر شفاه
esmalte (m) de uñas	mulammiʻ al aẓāfir (m)	ملمّع الاظافر
fijador (m) (para el pelo)	muθabbit aʃ ʃaʻr (m)	مثبّت الشعر
desodorante (m)	muzīl rawāʼiḥ (m)	مزيل روائح
crema (f)	krīm (m)	كريم
crema (f) de belleza	krīm lil waʒh (m)	كريم للوجه
crema (f) de manos	krīm lil yadayn (m)	كريم لليدين
crema (f) antiarrugas	krīm muḍādd lit taʒāʻīd (m)	كريم مضادّ للتجاعيد
crema (f) de día	krīm an nahār (m)	كريم النهار
crema (f) de noche	krīm al layl (m)	كريم الليل
de día (adj)	nahāriy	نهاريّ
de noche (adj)	layliy	ليلي
tampón (m)	tambūn (m)	تانبون
papel (m) higiénico	waraq ḥammām (m)	ورق حمّام
secador (m) de pelo	muʒaffif ʃaʻr (m)	مجفّف شعر

42. Las joyas

joyas (f pl)	muʒawharāt (pl)	مجوهرات
precioso (adj)	karīm	كريم
contraste (m)	damɣa (f)	دمغة
anillo (m)	χātim (m)	خاتم
anillo (m) de boda	diblat al χuṭūba (m)	دبلة الخطوبة
pulsera (f)	siwār (m)	سوار
pendientes (m pl)	ḥalaq (m)	حلق

43

collar (m) (~ de perlas)	'aqd (m)	عقد
corona (f)	tāʒ (m)	تاج
collar (m) de abalorios	'aqd xaraz (m)	عقد خرز
diamante (m)	almās (m)	الماس
esmeralda (f)	zumurrud (m)	زمرّد
rubí (m)	yāqūt aḥmar (m)	ياقوت أحمر
zafiro (m)	yāqūt azraq (m)	ياقوت أزرق
perla (f)	lu'lu' (m)	لؤلؤ
ámbar (m)	kahramān (m)	كهرمان

43. Los relojes

reloj (m)	sā'a (f)	ساعة
esfera (f)	waʒh as sā'a (m)	وجه الساعة
aguja (f)	'aqrab as sā'a (m)	عقرب الساعة
pulsera (f)	siwār sā'a ma'daniyya (m)	سوار ساعة معدنية
correa (f) (del reloj)	siwār sā'a (m)	سوار ساعة
pila (f)	baṭṭāriyya (f)	بطّارية
descargarse (vr)	tafarraɣ	تفرَّغ
cambiar la pila	ɣayyar al baṭṭāriyya	غيِّر البطّارية
adelantarse (vr)	sabaq	سبق
retrasarse (vr)	ta'axxar	تأخَّر
reloj (m) de pared	sā'at ḥā'iṭ (f)	ساعة حائط
reloj (m) de arena	sā'a ramliyya (f)	ساعة رمليّة
reloj (m) de sol	sā'a ʃamsiyya (f)	ساعة شمسيّة
despertador (m)	munabbih (m)	منبّه
relojero (m)	sa'ātiy (m)	ساعاتيّ
reparar (vt)	aṣlaḥ	أصلح

La comida y la nutrición

44. La comida

carne (f)	laḥm (m)	لحم
gallina (f)	daʒāʒ (m)	دجاج
pollo (m)	farrūʒ (m)	فروج
pato (m)	baṭṭa (f)	بطّة
ganso (m)	iwazza (f)	إوزة
caza (f) menor	ṣayd (m)	صيد
pava (f)	daʒāʒ rūmiy (m)	دجاج رومي
carne (f) de cerdo	laḥm al xinzīr (m)	لحم الخنزير
carne (f) de ternera	laḥm il 'iʒl (m)	لحم العجل
carne (f) de carnero	laḥm aḍ ḍa'n (m)	لحم الضأن
carne (f) de vaca	laḥm al baqar (m)	لحم البقر
conejo (m)	arnab (m)	أرنب
salchichón (m)	suʒuq (m)	سجق
salchicha (f)	suʒuq (m)	سجق
beicon (m)	bikūn (m)	بيكون
jamón (m)	hām (m)	هام
jamón (m) fresco	faxð xinzīr (m)	فخذ خنزير
paté (m)	ma'ʒūn laḥm (m)	معجون لحم
hígado (m)	kibda (f)	كبدة
carne (f) picada	ḥaʃwa (f)	حشوة
lengua (f)	lisān (m)	لسان
huevo (m)	bayḍa (f)	بيضة
huevos (m pl)	bayḍ (m)	بيض
clara (f)	bayāḍ al bayḍ (m)	بياض البيض
yema (f)	ṣafār al bayḍ (m)	صفار البيض
pescado (m)	samak (m)	سمك
mariscos (m pl)	fawākih al baḥr (pl)	فواكه البحر
caviar (m)	kaviyār (m)	كافيار
cangrejo (m) de mar	salṭa'ūn (m)	سلطعون
camarón (m)	ʒambari (m)	جمبري
ostra (f)	maḥār (m)	محار
langosta (f)	karkand ʃāik (m)	كركند شائك
pulpo (m)	uxṭubūṭ (m)	أخطبوط
calamar (m)	kalmāri (m)	كالماري
esturión (m)	samak al ḥaʃʃ (m)	سمك الحفش
salmón (m)	salmūn (m)	سلمون
fletán (m)	samak al halbūt (m)	سمك الهلبوت
bacalao (m)	samak al qudd (m)	سمك القدّ
caballa (f)	usqumriy (m)	أسقمريّ

atún (m)	tūna (f)	تونة
anguila (f)	ḥankalīs (m)	حنكليس
trucha (f)	salmūn muraqqaṭ (m)	سلمون مرقّط
sardina (f)	sardīn (m)	سردين
lucio (m)	samak al karāki (m)	سمك الكراكي
arenque (m)	rinʒa (f)	رنجة
pan (m)	χubz (m)	خبز
queso (m)	ʒubna (f)	جبنة
azúcar (m)	sukkar (m)	سكّر
sal (f)	milḥ (m)	ملح
arroz (m)	urz (m)	أرز
macarrones (m pl)	makarūna (f)	مكرونة
tallarines (m pl)	nūdlis (f)	نودلز
mantequilla (f)	zubda (f)	زبدة
aceite (m) vegetal	zayt (m)	زيت
aceite (m) de girasol	zayt ʿabīd aʃ ʃams (m)	زيت عبيد الشمس
margarina (f)	marɣarīn (m)	مرغرين
olivas (f pl)	zaytūn (m)	زيتون
aceite (m) de oliva	zayt az zaytūn (m)	زيت الزيتون
leche (f)	ḥalīb (m)	حليب
leche (f) condensada	ḥalīb mukaθθaf (m)	حليب مكثّف
yogur (m)	yūɣurt (m)	يوغورت
nata (f) agria	krīma ḥāmiḍa (f)	كريمة حامضة
nata (f) líquida	krīma (f)	كريمة
mayonesa (f)	mayunīz (m)	مايونيز
crema (f) de mantequilla	krīmat zubda (f)	كريمة زبدة
cereal molido grueso	ḥubūb (pl)	حبوب
harina (f)	daqīq (m)	دقيق
conservas (f pl)	muʿallabāt (pl)	معلّبات
copos (m pl) de maíz	kurn fliks (m)	كورن فليكس
miel (f)	ʿasal (m)	عسل
confitura (f)	murabba (m)	مربّى
chicle (m)	ʿilk (m)	علك

45. Las bebidas

agua (f)	māʾ (m)	ماء
agua (f) potable	māʾ ʃurb (m)	ماء شرب
agua (f) mineral	māʾ maʿdaniy (m)	ماء معدنيّ
sin gas	bi dūn ɣāz	بدون غاز
gaseoso (adj)	mukarban	مكربن
con gas	bil ɣāz	بالغاز
hielo (m)	θalʒ (m)	ثلج
con hielo	biθ θalʒ	بالثلج

sin alcohol	bi dūn kuḥūl	بدون كحول
bebida (f) sin alcohol	maʃrūb ɣāziy (m)	مشروب غازي
refresco (m)	maʃrūb muθallaʒ (m)	مشروب مثلّج
limonada (f)	ʃarāb laymūn (m)	شراب ليمون
bebidas (f pl) alcohólicas	maʃrūbāt kuḥūliyya (pl)	مشروبات كحوليّة
vino (m)	nabīð (f)	نبيذ
vino (m) blanco	nibīð abyaḍ (m)	نبيذ أبيض
vino (m) tinto	nabīð aḥmar (m)	نبيذ أحمر
licor (m)	liqiūr (m)	ليكيور
champaña (f)	ʃambāniya (f)	شمبانيا
vermú (m)	virmut (m)	فيرموث
whisky (m)	wiski (m)	وسكي
vodka (m)	vudka (f)	فودكا
ginebra (f)	ʒīn (m)	جين
coñac (m)	kunyāk (m)	كونياك
ron (m)	rum (m)	رم
café (m)	qahwa (f)	قهوة
café (m) solo	qahwa sāda (f)	قهوة سادة
café (m) con leche	qahwa bil ḥalīb (f)	قهوة بالحليب
capuchino (m)	kaputʃīnu (m)	كابتشينو
café (m) soluble	niskafi (m)	نيسكافيه
leche (f)	ḥalīb (m)	حليب
cóctel (m)	kuktayl (m)	كوكتيل
batido (m)	milk ʃiyk (m)	ميلك شيك
zumo (m), jugo (m)	ʿaṣīr (m)	عصير
jugo (m) de tomate	ʿaṣīr ṭamāṭim (m)	عصير طماطم
zumo (m) de naranja	ʿaṣīr burtuqāl (m)	عصير برتقال
zumo (m) fresco	ʿaṣīr ṭāziʒ (m)	عصير طازج
cerveza (f)	bīra (f)	بيرة
cerveza (f) rubia	bīra xafīfa (f)	بيرة خفيفة
cerveza (f) negra	bīra ɣāmiqa (f)	بيرة غامقة
té (m)	ʃāy (m)	شاي
té (m) negro	ʃāy aswad (m)	شاي أسود
té (m) verde	ʃāy axḍar (m)	شاي أخضر

46. Las verduras

legumbres (f pl)	xuḍār (pl)	خضار
verduras (f pl)	xuḍrawāt waraqiyya (pl)	خضروات ورقيّة
tomate (m)	ṭamāṭim (f)	طماطم
pepino (m)	xiyār (m)	خيار
zanahoria (f)	ʒazar (m)	جزر
patata (f)	baṭāṭis (f)	بطاطس
cebolla (f)	baṣal (m)	بصل
ajo (m)	θūm (m)	ثوم

col (f)	kurumb (m)	كرنب
coliflor (f)	qarnabīṭ (m)	قرنبيط
col (f) de Bruselas	kurumb brūksil (m)	كرنب بروكسل
brócoli (m)	brukuli (m)	بركولي
remolacha (f)	banʒar (m)	بنجر
berenjena (f)	bātinʒān (m)	باذنجان
calabacín (m)	kūsa (f)	كوسة
calabaza (f)	qarʿ (m)	قرع
nabo (m)	lift (m)	لفت
perejil (m)	baqdūnis (m)	بقدونس
eneldo (m)	ʃabat (m)	شبت
lechuga (f)	xass (m)	خَسَ
apio (m)	karafs (m)	كرفس
espárrago (m)	halyūn (m)	هليون
espinaca (f)	sabānix (m)	سبانخ
guisante (m)	bisilla (f)	بسلة
habas (f pl)	fūl (m)	فول
maíz (m)	ðura (f)	ذرة
fréjol (m)	faṣūliya (f)	فاصوليا
pimentón (m)	filfil (m)	فلفل
rábano (m)	fiʒl (m)	فجل
alcachofa (f)	xurʃūf (m)	خرشوف

47. Las frutas. Las nueces

fruto (m)	fākiha (f)	فاكهة
manzana (f)	tuffāha (f)	تفاحة
pera (f)	kummaθra (f)	كمّثرى
limón (m)	laymūn (m)	ليمون
naranja (f)	burtuqāl (m)	برتقال
fresa (f)	farawla (f)	فراولة
mandarina (f)	yūsufiy (m)	يوسفي
ciruela (f)	barqūq (m)	برقوق
melocotón (m)	durrāq (m)	دراق
albaricoque (m)	miʃmiʃ (m)	مشمش
frambuesa (f)	tūt al ʿullayq al ahmar (m)	توت العلّيق الأحمر
ananás (m)	ananās (m)	أناناس
banana (f)	mawz (m)	موز
sandía (f)	baṭṭīx ahmar (m)	بطّيخ أحمر
uva (f)	ʿinab (m)	عنب
guinda (f), cereza (f)	karaz (m)	كرز
melón (m)	baṭṭīx aṣfar (m)	بطّيخ أصفر
pomelo (m)	zinbāʿ (m)	زنباع
aguacate (m)	avukādu (f)	افوكاتو
papaya (m)	babāya (m)	بابايا
mango (m)	mangu (m)	مانجو
granada (f)	rummān (m)	رمان

grosella (f) roja	kiʃmiʃ aḥmar (m)	كشمش أحمر
grosella (f) negra	ʻinab aθ θaʻlab al aswad (m)	عنب الثعلب الأسود
grosella (f) espinosa	ʻinab aθ θaʻlab (m)	عنب الثعلب
arándano (m)	ʻinab al ahrāz (m)	عنب الأحراج
zarzamoras (f pl)	θamar al ʻullayk (m)	ثمر العلّيق
pasas (f pl)	zabīb (m)	زبيب
higo (m)	tīn (m)	تين
dátil (m)	tamr (m)	تمر
cacahuete (m)	fūl sudāniy (m)	فول سودانيّ
almendra (f)	lawz (m)	لوز
nuez (f)	ʻayn al ʒamal (f)	عين الجمل
avellana (f)	bunduq (m)	بندق
nuez (f) de coco	ʒawz al hind (m)	جوز هند
pistachos (m pl)	fustuq (m)	فستق

48. El pan. Los dulces

pasteles (m pl)	ḥalawiyyāt (pl)	حلويّات
pan (m)	χubz (m)	خبز
galletas (f pl)	baskawīt (m)	بسكويت
chocolate (m)	ʃukulāta (f)	شكولاتة
de chocolate (adj)	biʃ ʃukulāṭa	بالشكولاتة
caramelo (m)	bumbūn (m)	بونبون
tarta (f) (pequeña)	kaʻk (m)	كعك
tarta (f) (~ de cumpleaños)	tūrta (f)	تورتة
pastel (m) (~ de manzana)	faṭīra (f)	فطيرة
relleno (m)	ḥaʃwa (f)	حشوة
confitura (f)	murabba (m)	مربّى
mermelada (f)	marmalād (m)	مرملاد
gofre (m)	wāfil (m)	وافل
helado (m)	muθallaʒāt (pl)	مثلّجات
pudín (f)	būding (m)	بودنج

49. Los platos al horno

plato (m)	waʒba (f)	وجبة
cocina (f)	maṭbaχ (m)	مطبخ
receta (f)	waṣfa (f)	وصفة
porción (f)	waʒba (f)	وجبة
ensalada (f)	sulṭa (f)	سلطة
sopa (f)	ʃūrba (f)	شوربة
caldo (m)	maraq (m)	مرق
bocadillo (m)	sandawitʃ (m)	ساندويتش
huevos (m pl) fritos	bayḍ maqliy (m)	بيض مقليّ
hamburguesa (f)	hamburger (m)	هامبورجر

bistec (m)	biftīk (m)	بفتيك
guarnición (f)	ṭabaq ӡānibiy (m)	طبق جانبي
espagueti (m)	spaɣitti (m)	سباغيتي
puré (m) de patatas	harīs baṭāṭis (m)	هريس بطاطس
pizza (f)	bītza (f)	بيتزا
gachas (f pl)	ʿaṣīda (f)	عصيدة
tortilla (f) francesa	bayḍ maxfūq (m)	بيض مخفوق

cocido en agua (adj)	maslūq	مسلوق
ahumado (adj)	mudaxxin	مدخن
frito (adj)	maqliy	مقلي
seco (adj)	muӡaffaf	مجفف
congelado (adj)	muӡammad	مجمد
marinado (adj)	muxallil	مخلل

azucarado (adj)	musakkar	مسكّر
salado (adj)	māliḥ	مالح
frío (adj)	bārid	بارد
caliente (adj)	sāxin	ساخن
amargo (adj)	murr	مرّ
sabroso (adj)	laðīð	لذيذ

cocer en agua	ṭabax	طبخ
preparar (la cena)	ḥaḍḍar	حضّر
freír (vt)	qala	قلى
calentar (vt)	saxxan	سخّن

salar (vt)	mallaḥ	ملّح
poner pimienta	falfal	فلفل
rallar (vt)	baʃar	بشر
piel (f)	qiʃra (f)	قشرة
pelar (vt)	qaʃʃar	قشّر

50. Las especias

sal (f)	milḥ (m)	ملح
salado (adj)	māliḥ	مالح
salar (vt)	mallaḥ	ملّح

pimienta (f) negra	filfil aswad (m)	فلفل أسود
pimienta (f) roja	filfil aḥmar (m)	فلفل أحمر
mostaza (f)	ṣalṣat al xardal (f)	صلصة الخردل
rábano (m) picante	fiӡl ḥārr (m)	فجل حارّ

condimento (m)	tābil (m)	تابل
especia (f)	bahār (m)	بهار
salsa (f)	ṣalṣa (f)	صلصة
vinagre (m)	xall (m)	خلّ

anís (m)	yānsūn (m)	يانسون
albahaca (f)	rīḥān (m)	ريحان
clavo (m)	qurumful (m)	قرنفل
jengibre (m)	zanӡabīl (m)	زنجبيل
cilantro (m)	kuzbara (f)	كزبرة

canela (f)	qirfa (f)	قرفة
sésamo (m)	simsim (m)	سمسم
hoja (f) de laurel	awrāq al ɣār (pl)	أوراق الغار
paprika (f)	babrika (f)	بابريكا
comino (m)	karāwiya (f)	كراوية
azafrán (m)	zaʻfarān (m)	زعفران

51. Las comidas

comida (f)	akl (m)	أكل
comer (vi, vt)	akal	أكل
desayuno (m)	fuṭūr (m)	فطور
desayunar (vi)	afṭar	أفطر
almuerzo (m)	ɣadāʼ (m)	غداء
almorzar (vi)	taɣadda	تغدّى
cena (f)	ʻaʃāʼ (m)	عشاء
cenar (vi)	taʻaʃʃa	تعشّى
apetito (m)	ʃahiyya (f)	شهيّة
¡Que aproveche!	hanīʼan marīʼan!	هنيئًا مريئًا!
abrir (vt)	fataḥ	فتح
derramar (líquido)	dalaq	دلق
derramarse (líquido)	indalaq	إندلق
hervir (vi)	ɣala	غلى
hervir (vt)	ɣala	غلّى
hervido (agua ~a)	maɣliy	مغليّ
enfriar (vt)	barrad	برّد
enfriarse (vr)	tabarrad	تبرّد
sabor (m)	ṭaʻm (m)	طعم
regusto (m)	al maðāq al ʻāliq fil fam (m)	المذاق العالق فى الفم
adelgazar (vi)	faqad al wazn	فقد الوزن
dieta (f)	ḥimya ɣaðāʼiyya (f)	حمية غذائية
vitamina (f)	vitamīn (m)	فيتامين
caloría (f)	suʻra ḥarāriyya (f)	سعرة حراريّة
vegetariano (m)	nabātiy (m)	نباتيّ
vegetariano (adj)	nabātiy	نباتيّ
grasas (f pl)	duhūn (pl)	دهون
proteínas (f pl)	brutināt (pl)	بروتينات
carbohidratos (m pl)	naʃawiyyāt (pl)	نشويّات
loncha (f)	ʃarīḥa (f)	شريحة
pedazo (m)	qiṭʻa (f)	قطعة
miga (f)	futāta (f)	فتاتة

52. Los cubiertos

cuchara (f)	milʻaqa (f)	ملعقة
cuchillo (m)	sikkīn (m)	سكّين

tenedor (m)	ʃawka (f)	شوكة
taza (f)	finʒān (m)	فنجان
plato (m)	ṭabaq (m)	طبق
platillo (m)	ṭabaq finʒān (m)	طبق فنجان
servilleta (f)	mandīl (m)	منديل
mondadientes (m)	χallat asnān (f)	خلة أسنان

53. El restaurante

restaurante (m)	maṭ'am (m)	مطعم
cafetería (f)	kafé (m), maqha (m)	كافيه, مقهى
bar (m)	bār (m)	بار
salón (m) de té	ṣālun ʃāy (m)	صالون شاي
camarero (m)	nādil (m)	نادل
camarera (f)	nādila (f)	نادلة
barman (m)	bārman (m)	بارمان
carta (f), menú (m)	qā'imat aṭ ṭa'ām (f)	قائمة طعام
carta (f) de vinos	qā'imat al χumūr (f)	قائمة خمور
reservar una mesa	haʒaz mā'ida	حجز مائدة
plato (m)	waʒba (f)	وجبة
pedir (vt)	ṭalab	طلب
hacer el pedido	ṭalab	طلب
aperitivo (m)	ʃarāb (m)	شراب
entremés (m)	muqabbilāt (pl)	مقبّلات
postre (m)	ḥalawiyyāt (pl)	حلويّات
cuenta (f)	ḥisāb (m)	حساب
pagar la cuenta	dafa' al ḥisāb	دفع الحساب
dar la vuelta	a'ṭa al bāqi	أعطى الباقي
propina (f)	baqʃīʃ (m)	بقشيش

La familia nuclear, los parientes y los amigos

54. La información personal. Los formularios

nombre (m)	ism (m)	إسم
apellido (f)	ism al 'ā'ila (m)	إسم العائلة
fecha (f) de nacimiento	tarīx al mīlād (m)	تاريخ الميلاد
lugar (m) de nacimiento	makān al mīlād (m)	مكان الميلاد
nacionalidad (f)	ʒinsiyya (f)	جنسية
domicilio (m)	maqarr al iqāma (m)	مقر الإقامة
país (m)	balad (m)	بلد
profesión (f)	mihna (f)	مهنة
sexo (m)	ʒins (m)	جنس
estatura (f)	ṭūl (m)	طول
peso (m)	wazn (m)	وزن

55. Los familiares. Los parientes

madre (f)	umm (f)	أمّ
padre (m)	ab (m)	أب
hijo (m)	ibn (m)	إبن
hija (f)	ibna (f)	إبنة
hija (f) menor	al ibna aṣ ṣaɣīra (f)	الإبنة الصغيرة
hijo (m) menor	al ibn aṣ ṣaɣīr (m)	الابن الصغير
hija (f) mayor	al ibna al kabīra (f)	الإبنة الكبيرة
hijo (m) mayor	al ibn al kabīr (m)	الإبن الكبير
hermano (m)	ax (m)	أخ
hermano (m) mayor	al ax al kabīr (m)	الأخ الكبير
hermano (m) menor	al ax aṣ ṣaɣīr (m)	الأخ الصغير
hermana (f)	uxt (f)	أخت
hermana (f) mayor	al uxt al kabīra (f)	الأخت الكبيرة
hermana (f) menor	al uxt aṣ ṣaɣīra (f)	الأخت الصغيرة
primo (m)	ibn 'amm (m), ibn xāl (m)	إبن عمّ, إبن خال
prima (f)	ibnat 'amm (f), ibnat xāl (f)	إبنة عمّ, إبنة خال
mamá (f)	mama (f)	ماما
papá (m)	baba (m)	بابا
padres (m pl)	wālidān (du)	والدان
niño -a (m, f)	ṭifl (m)	طفل
niños (m pl)	aṭfāl (pl)	أطفال
abuela (f)	ʒidda (f)	جدّة
abuelo (m)	ʒadd (m)	جدّ
nieto (m)	ḥafīd (m)	حفيد

nieta (f)	ḥafīda (f)	حفيدة
nietos (m pl)	aḥfād (pl)	أحفاد
tío (m)	'amm (m), χāl (m)	عمّ، خال
tía (f)	'amma (f), χāla (f)	عمّة، خالة
sobrino (m)	ibn al aχ (m), ibn al uχt (m)	إبن الأخ، إبن الأخت
sobrina (f)	ibnat al aχ (f), ibnat al uχt (f)	إبنة الأخ، إبنة الأخت
suegra (f)	ḥamātt (f)	حماة
suegro (m)	ḥamm (m)	حم
yerno (m)	zawʒ al ibna (m)	زوج الأبنة
madrastra (f)	zawʒat al ab (f)	زوجة الأب
padrastro (m)	zawʒ al umm (m)	زوج الأمّ
niño (m) de pecho	ṭifl raḍī' (m)	طفل رضيع
bebé (m)	mawlūd (m)	مولود
chico (m)	walad ṣaɣīr (m)	ولد صغير
mujer (f)	zawʒa (f)	زوجة
marido (m)	zawʒ (m)	زوج
esposo (m)	zawʒ (m)	زوج
esposa (f)	zawʒa (f)	زوجة
casado (adj)	mutazawwiʒ	متزوّج
casada (adj)	mutazawwiʒa	متزوجة
soltero (adj)	a'zab	أعزب
soltero (m)	a'zab (m)	أعزب
divorciado (adj)	muṭallaq (m)	مطلّق
viuda (f)	armala (f)	أرملة
viudo (m)	armal (m)	أرمل
pariente (m)	qarīb (m)	قريب
pariente (m) cercano	nasīb qarīb (m)	نسيب قريب
pariente (m) lejano	nasīb ba'īd (m)	نسيب بعيد
parientes (m pl)	aqārib (pl)	أقارب
huérfano (m), huérfana (f)	yatīm (m)	يتيم
tutor (m)	waliyy amr (m)	وليّ أمر
adoptar (un niño)	tabanna	تبنّى
adoptar (una niña)	tabanna	تبنّى

56. Los amigos. Los compañeros del trabajo

amigo (m)	ṣadīq (m)	صديق
amiga (f)	ṣadīqa (f)	صديقة
amistad (f)	ṣadāqa (f)	صداقة
ser amigo	ṣādaq	صادق
amigote (m)	ṣāḥib (m)	صاحب
amiguete (f)	ṣaḥiba (f)	صاحبة
compañero (m)	rafīq (m)	رفيق
jefe (m)	ra'īs (m)	رئيس
superior (m)	ra'īs (m)	رئيس
propietario (m)	ṣāḥib (m)	صاحب

subordinado (m)	tābi' (m)	تابع
colega (m, f)	zamīl (m)	زميل
conocido (m)	ma'ruf (m)	معروف
compañero (m) de viaje	rafīq safar (m)	رفيق سفر
condiscípulo (m)	zamīl fiṣ ṣaff (m)	زميل في الصفّ
vecino (m)	ʒār (m)	جار
vecina (f)	ʒāra (f)	جارة
vecinos (m pl)	ʒirān (pl)	جيران

57. El hombre. La mujer

mujer (f)	imra'a (f)	إمرأة
muchacha (f)	fatāt (f)	فتاة
novia (f)	'arūsa (f)	عروسة
guapa (adj)	ʒamīla	جميلة
alta (adj)	ṭawīla	طويلة
esbelta (adj)	raʃīqa	رشيقة
de estatura mediana	qaṣīra	قصيرة
rubia (f)	ʃaqrā' (f)	شقراء
morena (f)	sawdā' aʃ ʃa'r (f)	سوداء الشعر
de señora (adj)	sayyidāt	سيّدات
virgen (f)	'aðrā' (f)	عذراء
embarazada (adj)	ḥāmil	حامل
hombre (m) (varón)	raʒul (m)	رجل
rubio (m)	aʃqar (m)	أشقر
moreno (m)	aswad aʃ ʃa'r (m)	أسود الشعر
alto (adj)	ṭawīl	طويل
de estatura mediana	qaṣīr	قصير
grosero (adj)	waqiḥ	وقح
rechoncho (adj)	malyān	مليان
robusto (adj)	matīn	متين
fuerte (adj)	qawiy	قويّ
fuerza (f)	quwwa (f)	قوّة
gordo (adj)	θaxīn	ثخين
moreno (adj)	asmar	أسمر
esbelto (adj)	raʃīq	رشيق
elegante (adj)	anīq	أنيق

58. La edad

edad (f)	'umr (m)	عمر
juventud (f)	ʃabāb (m)	شباب
joven (adj)	ʃābb	شابّ
menor (adj)	aṣɣar	أصغر

mayor (adj)	akbar	أكبر
joven (m)	ʃābb (m)	شاب
adolescente (m)	murāhiq (m)	مراهق
muchacho (m)	ʃābb (m)	شاب
anciano (m)	ʿaʒūz (m)	عجوز
anciana (f)	ʿaʒūza (f)	عجوزة
adulto	bāliɣ (m)	بالغ
de edad media (adj)	fi muntaṣaf al ʿumr	في منتصف العمر
de edad, anciano (adj)	ʿaʒūz	عجوز
viejo (adj)	ʿaʒūz	عجوز
jubilación (f)	maʿāʃ (m)	معاش
jubilarse	uḥīl ʿalal maʿāʃ	أحيل على المعاش
jubilado (m)	mutaqāʿid (m)	متقاعد

59. Los niños

niño -a (m, f)	ṭifl (m)	طفل
niños (m pl)	aṭfāl (pl)	أطفال
gemelos (m pl)	tawʾamān (du)	توأمان
cuna (f)	mahd (m)	مهد
sonajero (m)	xaʃxīʃa (f)	خشخيشة
pañal (m)	ḥifāẓ aṭfāl (m)	حفاظ أطفال
chupete (m)	bazzāza (f)	بزازة
cochecito (m)	ʿarabat aṭfāl (f)	عربة أطفال
jardín (m) de infancia	rawḍat aṭfāl (f)	روضة أطفال
niñera (f)	murabbiyat aṭfāl (f)	مربّية الأطفال
infancia (f)	ṭufūla (f)	طفولة
muñeca (f)	dumya (f)	دمية
juguete (m)	luʿba (f)	لعبة
mecano (m)	mukaʿʿabāt (pl)	مكعّبات
bien criado (adj)	muʾaddab	مؤدّب
malcriado (adj)	qalīl al adab	قليل الأدب
mimado (adj)	mutdalliʿ	متدلّع
hacer travesuras	laʿib	لعب
travieso (adj)	laʿūb	لعوب
travesura (f)	izʿāʒ (m)	إزعاج
travieso (m)	ṭifl laʿūb (m)	طفل لعوب
obediente (adj)	muṭīʿ	مطيع
desobediente (adj)	ʿāq	عاقّ
dócil (adj)	ʿāqil	عاقل
inteligente (adj)	ðakiy	ذكيّ
niño (m) prodigio	ṭifl muʿʒiza (m)	طفل معجزة

60. Los matrimonios. La vida familiar

besar (vt)	bās	باس
besarse (vi)	bās	باس
familia (f)	'ā'ila (f)	عائلة
familiar (adj)	'ā'iliy	عائليّ
pareja (f)	zawʒān (du)	زوجان
matrimonio (m)	zawāʒ (m)	زواج
hogar (m) familiar	bayt (m)	بيت
dinastía (f)	sulāla (f)	سلالة
cita (f)	maw'id (m)	موعد
beso (m)	būsa (f)	بوسة
amor (m)	ḥubb (m)	حبّ
querer (amar)	aḥabb	أحبّ
querido (adj)	ḥabīb	حبيب
ternura (f)	ḥanān (m)	حنان
tierno (afectuoso)	ḥanūn	حنون
fidelidad (f)	ixlāṣ (m)	إخلاص
fiel (adj)	muxliṣ	مخلص
cuidado (m)	'ināya (f)	عناية
cariñoso (un padre ~)	muhtamm	مهتمّ
recién casados (pl)	'arūsān (du)	عروسان
luna (f) de miel	ʃahr al 'asal (m)	شهر العسل
estar casada	tazawwaʒ	تزوّج
casarse (con una mujer)	tazawwaʒ	تزوّج
boda (f)	zifāf (m)	زفاف
bodas (f pl) de oro	al yubīl að ðahabiy liz zawāʒ (m)	اليوبيل الذهبي للزواج
aniversario (m)	ðikra sanawiyya (f)	ذكرى سنويّة
amante (m)	ḥabīb (m)	حبيب
amante (f)	ḥabība (f)	حبيبة
adulterio (m)	xiyāna zawʒiyya (f)	خيانة زوجية
cometer adulterio	xān	خان
celoso (adj)	ɣayūr	غيور
tener celos	ɣār	غار
divorcio (m)	ṭalāq (m)	طلاق
divorciarse (vr)	ṭallaq	طلّق
reñir (vi)	taʃāʒar	تشاجر
reconciliarse (vr)	taṣālaḥ	تصالح
juntos (adv)	ma'an	معًا
sexo (m)	ʒins (m)	جنس
felicidad (f)	sa'āda (f)	سعادة
feliz (adj)	sa'īd	سعيد
desgracia (f)	muṣība (m)	مصيبة
desgraciado (adj)	ta'is	تعس

Las características de personalidad. Los sentimientos

61. Los sentimientos. Las emociones

sentimiento (m)	ʃuʻūr (m)	شعور
sentimientos (m pl)	maʃāʻir (pl)	مشاعر
sentir (vt)	ʃaʻar	شعر
hambre (f)	ʒawʻ (m)	جوع
tener hambre	arād an yaʼkul	أراد أن يأكل
sed (f)	ʻataʃ (m)	عطش
tener sed	arād an yaʃrab	أراد أن يشرب
somnolencia (f)	nuʻās (m)	نعاس
tener sueño	arād an yanām	أراد أن ينام
cansancio (m)	taʻab (m)	تعب
cansado (adj)	taʻbān	تعبان
estar cansado	taʻib	تعب
humor (m) (de buen ~)	ḥāla nafsiyya, mazāʒ (m)	حالة نفسيّة, مزاج
aburrimiento (m)	malal (m)	ملل
aburrirse (vr)	ʃaʻar bil malal	شعر بالملل
soledad (f)	ʻuzla (f)	عزلة
aislarse (vr)	inzawa	إنزوى
inquietar (vt)	aqlaq	أقلق
inquietarse (vr)	qalaq	قلق
inquietud (f)	qalaq (m)	قلق
preocupación (f)	qalaq (m)	قلق
preocupado (adj)	maʃɣūl al bāl	مشغول البال
estar nervioso	qalaq	قلق
darse al pánico	uṣīb bið ðaʻr	أصيب بالذعر
esperanza (f)	amal (m)	أمل
esperar (tener esperanza)	tamanna	تمنّى
seguridad (f)	yaqīn (m)	يقين
seguro (adj)	mutaʼakkid	متأكّد
inseguridad (f)	ʻadam at taʼakkud (m)	عدم التأكّد
inseguro (adj)	ɣayr mutaʼakkid	غير متأكّد
borracho (adj)	sakrān	سكران
sobrio (adj)	ṣāḥi	صاح
débil (adj)	daʻīf	ضعيف
feliz (adj)	saʻīd	سعيد
asustar (vt)	arhab	أرهب
furia (f)	ɣaḍab ʃadīd (m)	غضب شديد
rabia (f)	ɣaḍab (m)	غضب
depresión (f)	iktiʼāb (m)	إكتئاب
incomodidad (f)	ʻadam irtiyāḥ (m)	عدم إرتياح

comodidad (f)	rāḥa (f)	راحة
arrepentirse (vr)	nadim	ندم
arrepentimiento (m)	nadam (m)	ندم
mala suerte (f)	sū' al ḥazz (m)	سوء الحظّ
tristeza (f)	ḥuzn (f)	حزن
vergüenza (f)	xaʒal (m)	خجل
júbilo (m)	faraḥ (m)	فرح
entusiasmo (m)	ḥamās (m)	حماس
entusiasta (m)	mutaḥammis (m)	متحمّس
mostrar entusiasmo	taḥammas	تحمّس

62. El carácter. La personalidad

carácter (m)	ṭabʻ (m)	طبع
defecto (m)	ʻayb (m)	عيب
mente (f), razón (f)	ʻaql (m)	عقل
consciencia (f)	ḍamīr (m)	ضمير
hábito (m)	ʻāda (f)	عادة
habilidad (f)	qudra (f)	قدرة
poder (nadar, etc.)	ʻaraf	عرف
paciente (adj)	ṣābir	صابر
impaciente (adj)	qalīl aṣ ṣabr	قليل الصبر
curioso (adj)	fuḍūliy	فضولي
curiosidad (f)	fuḍūl (m)	فضول
modestia (f)	tawāḍuʻ (m)	تواضع
modesto (adj)	mutawāḍiʻ	متواضع
inmodesto (adj)	ɣayr mutawāḍiʻ	غير متواضع
pereza (f)	kasal (m)	كسل
perezoso (adj)	kaslān	كسلان
perezoso (m)	kaslān (m)	كسلان
astucia (f)	makr (m)	مكر
astuto (adj)	mākir	ماكر
desconfianza (f)	ʻadam aθ θiqa (m)	عدم الثقة
desconfiado (adj)	ʃakūk	شكوك
generosidad (f)	karam (m)	كرم
generoso (adj)	karīm	كريم
talentoso (adj)	mawhūb	موهوب
talento (m)	mawhiba (f)	موهبة
valiente (adj)	ʃuʒāʻ	شجاع
coraje (m)	ʃaʒāʻa (f)	شجاعة
honesto (adj)	amīn	أمين
honestidad (f)	amāna (f)	أمانة
prudente (adj)	ḥāðir	حاذر
valeroso (adj)	ʃuʒāʻ	شجاع
serio (adj)	ʒādd	جادّ

T&P Books. Vocabulario Español-Árabe - 9000 palabras más usadas

severo (adj)	ṣārim	صارم
decidido (adj)	ḥazīm	حزيم
indeciso (adj)	mutaraddid	متردد
tímido (adj)	ḳaʒūl	خجول
timidez (f)	ḳaʒal (m)	خجل

confianza (f)	θiqa (f)	ثقة
creer (créeme)	waθiq	وثق
confiado (crédulo)	sarīʿ at taṣdīq	سريع التصديق

sinceramente (adv)	bi ṣarāḥa	بصراحة
sincero (adj)	muḳliṣ	مخلص
sinceridad (f)	iḳlāṣ (m)	إخلاص
abierto (adj)	ṣarīḥ	صريح

calmado (adj)	hādi'	هادئ
franco (sincero)	ṣarīḥ	صريح
ingenuo (adj)	sāðiʒ	ساذج
distraído (adj)	ʃārid al fikr	شارد الفكر
gracioso (adj)	muḍḥik	مضحك

avaricia (f)	buḳl (m)	بخل
avaro (adj)	baḳīl	بخيل
tacaño (adj)	baḳīl	بخيل
malvado (adj)	ʃarīr	شرير
terco (adj)	ʿanīd	عنيد
desagradable (adj)	karīh	كريه

egoísta (m)	anāniy (m)	أنانيّ
egoísta (adj)	anāniy	أنانيّ
cobarde (m)	ʒabān (m)	جبان
cobarde (adj)	ʒabān	جبان

63. El sueño. Los sueños

dormir (vi)	nām	نام
sueño (m) (estado)	nawm (m)	نوم
sueño (m) (dulces ~s)	ḥulm (m)	حلم
soñar (vi)	ḥalam	حلم
adormilado (adj)	naʿsān	نعسان

cama (f)	sarīr (m)	سرير
colchón (m)	martaba (f)	مرتبة
manta (f)	baṭṭāniyya (f)	بطّانيّة
almohada (f)	wisāda (f)	وسادة
sábana (f)	milāya (f)	ملاية

insomnio (m)	araq (m)	أرق
de insomnio (adj)	ariq	أرق
somnífero (m)	munawwim (m)	منوّم
tomar el somnífero	tanāwal munawwim	تناول منوّمًا

tener sueño	arād an yanām	أراد أن ينام
bostezar (vi)	taθā'ab	تثاءب

irse a la cama	ðahab ila n nawm	ذهب إلى النوم
hacer la cama	a'add as sarīr	أعدّ السرير
dormirse (vr)	nām	نام
pesadilla (f)	kābūs (m)	كابوس
ronquido (m)	ʃaxīr (m)	شخير
roncar (vi)	ʃaxxar	شخّر
despertador (m)	munabbih (m)	منبّه
despertar (vt)	ayqaẓ	أيقظ
despertarse (vr)	istayqaẓ	إستيقظ
levantarse (vr)	qām	قام
lavarse (vr)	ɣasal waʒhah	غسل وجهه

64. El humor. La risa. La alegría

humor (m)	fukāha (f)	فكاهة
sentido (m) del humor	ḥiss (m)	حس
divertirse (vr)	istamta'	إستمتع
alegre (adj)	farḥān	فرحان
júbilo (m)	faraḥ (m)	فرح
sonrisa (f)	ibtisāma (f)	إبتسامة
sonreír (vi)	ibtasam	إبتسم
echarse a reír	ḍaḥik	ضحك
reírse (vr)	ḍaḥik	ضحك
risa (f)	ḍaḥka (f)	ضحكة
anécdota (f)	ḥikāya muḍḥika (f)	حكاية مضحكة
gracioso (adj)	muḍḥik	مضحك
ridículo (adj)	muḍḥik	مضحك
bromear (vi)	mazaḥ	مزح
broma (f)	nukta (f)	نكتة
alegría (f) (emoción)	sa'āda (f)	سعادة
alegrarse (vr)	mariḥ	مرح
alegre (~ de que ...)	sa'īd	سعيد

65. La discusión y la conversación. Unidad 1

comunicación (f)	tawāṣul (m)	تواصل
comunicarse (vr)	tawāṣal	تواصل
conversación (f)	muḥādaθa (f)	محادثة
diálogo (m)	ḥiwār (m)	حوار
discusión (f) (debate)	munāqaʃa (f)	مناقشة
debate (m)	munāẓara (f)	مناظرة
debatir (vi)	xālaf	خالف
interlocutor (m)	muḥāwir (m)	محاور
tema (m)	mawḍū' (m)	موضوع
punto (m) de vista	wiʒhat naẓar (f)	وجهة نظر

opinión (f)	ra'y (m)	رأي
discurso (m)	xiṭāb (m)	خطاب
discusión (f) (del informe, etc.)	munāqaʃa (f)	مناقشة
discutir (vt)	nāqaʃ	ناقش
conversación (f)	hadīs (m)	حديث
conversar (vi)	tahādaθ	تحادث
reunión (f)	liqā' (m)	لقاء
encontrarse (vr)	qābal	قابل
proverbio (m)	maθal (m)	مثل
dicho (m)	qawl ma'θūr (m)	قول مأثور
adivinanza (f)	luɣz (m)	لغز
contar una adivinanza	alqa luɣz	ألقى لغزًا
contraseña (f)	kalimat al murūr (f)	كلمة مرور
secreto (m)	sirr (m)	سرّ
juramento (m)	qasam (m)	قسم
jurar (vt)	aqsam	أقسم
promesa (f)	wa'd (m)	وعد
prometer (vt)	wa'ad	وعد
consejo (m)	naṣīha (f)	نصيحة
aconsejar (vt)	naṣah	نصح
seguir el consejo	intaṣah	إنتصح
escuchar (a los padres)	aṭā'	أطاع
noticias (f pl)	xabar (m)	خبر
sensación (f)	daʒʒa (f)	ضجّة
información (f)	ma'lūmāt (pl)	معلومات
conclusión (f)	istintāʒ (f)	إستنتاج
voz (f)	ṣawt (m)	صوت
cumplido (m)	madh (m)	مدح
amable (adj)	laṭīf	لطيف
palabra (f)	kalima (f)	كلمة
frase (f)	'ibāra (f)	عبارة
respuesta (f)	ʒawāb (m)	جواب
verdad (f)	haqīqa (f)	حقيقة
mentira (f)	kiðb (m)	كذب
pensamiento (m)	fikra (f)	فكرة
idea (f)	fikra (f)	فكرة
fantasía (f)	xayāl (m)	خيال

66. La discusión y la conversación. Unidad 2

respetado (adj)	muhtaram	محترم
respetar (vt)	ihtaram	إحترم
respeto (m)	ihtirām (m)	إحترام
Estimado …	'azīzi …	عزيزي…
presentar (~ a sus padres)	'arraf	عرّف
conocer a alguien	ta'arraf	تعرّف

intención (f)	niyya (f)	نيّة
tener intención (de …)	nawa	نوى
deseo (m)	tamanni (m)	تمنٍّ
desear (vt) (~ buena suerte)	tamanna	تمنّى
sorpresa (f)	ʻaʒab (m)	عجب
sorprender (vt)	adhaʃ	أدهش
sorprenderse (vr)	indahaʃ	إندهش
dar (vt)	aʻṭa	أعطى
tomar (vt)	aχað	أخذ
devolver (vt)	radd	ردّ
retornar (vt)	arʒaʻ	أرجع
disculparse (vr)	iʻtaðar	إعتذر
disculpa (f)	iʻtiðār (m)	إعتذار
perdonar (vt)	ʻafa	عفا
hablar (vi)	taḥaddaθ	تحدّث
escuchar (vt)	istamaʻ	إستمع
escuchar hasta el final	samiʻ	سمع
comprender (vt)	fahim	فهم
mostrar (vt)	ʻaraḍ	عرض
mirar a …	naẓar	نظر
llamar (vt)	nāda	نادى
distraer (molestar)	ʃaɣal	شغل
molestar (vt)	azʻaʒ	أزعج
pasar (~ un mensaje)	sallam	سلّم
petición (f)	ṭalab (m)	طلب
pedir (vt)	ṭalab	طلب
exigencia (f)	maṭlab (m)	مطلب
exigir (vt)	ṭālib	طالب
motejar (vr)	ɣāẓ	غاظ
burlarse (vr)	saχar	سخر
burla (f)	suχriyya (f)	سخريّة
apodo (m)	laqab (m)	لقب
alusión (f)	talmīḥ (m)	تلميح
aludir (vi)	lamaḥ	لمح
sobrentender (vt)	qaṣad	قصد
descripción (f)	waṣf (m)	وصف
describir (vt)	waṣaf	وصف
elogio (m)	madḥ (m)	مدح
elogiar (vt)	madaḥ	مدح
decepción (f)	χaybat amal (f)	خيبة أمل
decepcionar (vt)	χayyab	خيّب
estar decepcionado	χābat ʼāmāluh	خابت آماله
suposición (f)	iftirāḍ (m)	إفتراض
suponer (vt)	iftaraḍ	إفترض
advertencia (f)	taḥðīr (m)	تحذير
prevenir (vt)	ḥaððar	حذّر

T&P Books. Vocabulario Español-Árabe - 9000 palabras más usadas

67. La discusión y la conversación. Unidad 3

convencer (vt)	aqna'	أقنع
calmar (vt)	ṭam'an	طمأن
silencio (m) (~ es oro)	sukūt (m)	سكوت
callarse (vr)	sakat	سكت
susurrar (vi, vt)	hamas	همس
susurro (m)	hamsa (f)	همسة
francamente (adv)	bi ṣarāḥa	بصراحة
en mi opinión ...	fi ra'yi ...	في رأيي...
detalle (m) (de la historia)	tafṣīl (m)	تفصيل
detallado (adj)	mufaṣṣal	مفصّل
detalladamente (adv)	bit tafāṣīl	بالتفاصيل
pista (f)	iʃāra (f), talmīḥ (m)	إشارة, تلميح
dar una pista	a'ṭa talmīḥ	أعطى تلميحاً
mirada (f)	naẓra (f)	نظرة
echar una mirada	alqa naẓra	ألقى نظرة
fija (mirada ~)	θābit	ثابت
parpadear (vi)	ramaʃ	رمش
guiñar un ojo	ɣamaz	غمز
asentir con la cabeza	hazz ra'sah	هزّ رأسه
suspiro (m)	tanahhuda (f)	تنهّدة
suspirar (vi)	tanahhad	تنهّد
estremecerse (vr)	irta'aʃ	إرتعش
gesto (m)	iʃārat yad (f)	إشارة يد
tocar (con la mano)	lamas	لمس
asir (~ de la mano)	amsak	أمسك
palmear (~ la espalda)	ṣafaq	صفق
¡Cuidado!	χuð bālak!	خذ بالك!
¿De veras?	wallahi?	والله؟
¿Estás seguro?	hal anta muta'akkid?	هل أنت متأكّد؟
¡Suerte!	bit tawfīq!	بالتوفيق!
¡Ya veo!	wāḍiḥ!	واضح!
¡Es una lástima!	ya lil asaf!	يا للأسف!

68. El acuerdo. El rechazo

acuerdo (m)	muwāfaqa (f)	موافقة
estar de acuerdo	wāfa'	وافق
aprobación (f)	istiḥsān (m)	إستحسان
aprobar (vt)	istiḥsan	إستحسن
rechazo (m)	rafḍ (m)	رفض
negarse (vr)	rafaḍ	رفض
¡Excelente!	'aẓīm!	!عظيم
¡De acuerdo!	ittafaqna!	!إتّفقنا
¡Vale!	ittafaqna!	!إتّفقنا

prohibido (adj)	mamnū'	ممنوع
está prohibido	mamnū'	ممنوع
es imposible	mustaḥīl	مستحيل
incorrecto (adj)	ɣalaṭ	غلط
rechazar (vt)	rafaḍ	رفض
apoyar (la decisión)	ayyad	أيَد
aceptar (vt)	qabil	قبل
confirmar (vt)	aθbat	أثبت
confirmación (f)	iθbāt (m)	إثبات
permiso (m)	samāḥ (m)	سماح
permitir (vt)	samaḥ	سمح
decisión (f)	qarār (m)	قرار
no decir nada	ṣamat	صمت
condición (f)	ʃarṭ (m)	شرط
excusa (f) (pretexto)	'uðr (m)	عذر
elogio (m)	madḥ (m)	مدح
elogiar (vt)	madaḥ	مدح

69. El éxito. La buena suerte. El Fracaso

éxito (m)	naʒāḥ (m)	نجاح
con éxito (adv)	bi naʒāḥ	بنجاح
exitoso (adj)	nāʒiḥ	ناجح
suerte (f)	ḥazz (m)	حظ
¡Suerte!	bit tawfīq!	بالتوفيق!
de suerte (día ~)	murawaffiq	متوفق
afortunado (adj)	maḥzūz	محظوظ
fiasco (m)	faʃl (m)	فشل
infortunio (m)	sū' al ḥazz (m)	سوء الحظ
mala suerte (f)	sū' al ḥazz (m)	سوء الحظ
fracasado (adj)	fāʃil	فاشل
catástrofe (f)	kāriθa (f)	كارثة
orgullo (m)	faxr (m)	فخر
orgulloso (adj)	faxūr	فخور
estar orgulloso	iftaxar	إفتخر
ganador (m)	fā'iz (m)	فائز
ganar (vi)	fāz	فاز
perder (vi)	xasir	خسر
tentativa (f)	muḥāwala (f)	محاولة
intentar (tratar)	ḥāwal	حاول
chance (f)	furṣa (f)	فرصة

70. Las discusiones. Las emociones negativas

grito (m)	ṣarxa (f)	صرخة
gritar (vi)	ṣarax	صرخ

comenzar a gritar	ṣaraχ	صرخ
disputa (f), riña (f)	muʃāʒara (f)	مشاجرة
reñir (vi)	taʃāʒar	تشاجر
escándalo (m) (riña)	muʃāʒara (f)	مشاجرة
causar escándalo	taʃāʒar	تشاجر
conflicto (m)	χilāf (m)	خلاف
malentendido (m)	sū'at tafāhum (m)	سوء التفاهم
insulto (m)	ihāna (f)	إهانة
insultar (vt)	ahān	أهان
insultado (adj)	muhān	مهان
ofensa (f)	ḍaym (m)	ضيم
ofender (vt)	asā'	أساء
ofenderse (vr)	istā'	إستاء
indignación (f)	istiyā' (m)	إستياء
indignarse (vr)	istā'	إستاء
queja (f)	ʃakwa (f)	شكوى
quejarse (vr)	ʃaka	شكا
disculpa (f)	i'tiðār (m)	إعتذار
disculparse (vr)	i'taðar	إعتذر
pedir perdón	i'taðar	إعتذر
crítica (f)	naqd (m)	نقد
criticar (vt)	naqad	نقد
acusación (f)	ittihām (m)	إتهام
acusar (vt)	ittaham	إتهم
venganza (f)	intiqām (m)	إنتقام
vengar (vt)	intaqam	إنتقم
pagar (vt)	radd	ردّ
desprecio (m)	iḥtiqār (m)	إحتقار
despreciar (vt)	iḥtaqar	إحتقر
odio (m)	karāha (f)	كراهة
odiar (vt)	karah	كره
nervioso (adj)	'aṣabiy	عصبيّ
estar nervioso	qalaq	قلق
enfadado (adj)	za'lān	زعلان
enfadar (vt)	az'al	أزعل
humillación (f)	iðlāl (m)	إذلال
humillar (vt)	ðallal	ذلّل
humillarse (vr)	taðallal	تذلّل
choque (m)	ṣadma (f)	صدمة
chocar (vi)	ṣadam	صدم
molestia (f) (problema)	muʃkila (f)	مشكلة
desagradable (adj)	karīh	كريه
miedo (m)	χawf (m)	خوف
terrible (tormenta, etc.)	ʃadīd	شديد
de miedo (historia ~)	muχīf	مخيف

horror (m)	ruʻb (m)	رعب
horrible (adj)	murʻib	مرعب
empezar a temblar	irtaʻaʃ	إرتعش
llorar (vi)	baka	بكى
comenzar a llorar	baka	بكى
lágrima (f)	damaʻa (f)	دمعة
culpa (f)	ɣalṭa (f)	غلطة
remordimiento (m)	ðamb (m)	ذنب
deshonra (f)	ʻār (m)	عار
protesta (f)	iḥtiʒāʒ (m)	إحتجاج
estrés (m)	tawattur (m)	توتّر
molestar (vt)	azʻaʒ	أزعج
estar furioso	ɣaḍib	غضب
enfadado (adj)	ɣaḍbān	غضبان
terminar (vt)	anha	أنهى
regañar (vt)	ʃātam	شاتم
asustarse (vr)	χāf	خاف
golpear (vt)	ḍarab	ضرب
pelear (vi)	taʻārak	تعارك
resolver (~ la discusión)	sawwa	سوّى
descontento (adj)	ɣayr rāḍi	غير راض
furioso (adj)	ʻanīf	عنيف
¡No está bien!	laysa haða amr ʒayyid!	ليس هذا أمرًا جيّدًا!
¡Está mal!	haða amr sayyiʼ!	هذا أمر سيّء!

La medicina

71. Las enfermedades

español	transliteración	árabe
enfermedad (f)	maraḍ (m)	مرض
estar enfermo	maraḍ	مرض
salud (f)	ṣiḥḥa (f)	صِحَّة
resfriado (m) (coriza)	zukām (m)	زكام
angina (f)	iltihāb al lawzatayn (m)	التهاب اللوزتين
resfriado (m)	bard (m)	برد
resfriarse (vr)	aṣābahu al bard	أصابه البرد
bronquitis (f)	iltihāb al qaṣabāt (m)	إلتهاب القصبات
pulmonía (f)	iltihāb ar ri'atayn (m)	إلتهاب الرئتين
gripe (f)	inflūnza (f)	إنفلونزا
miope (adj)	qaṣīr an naẓar	قصير النظر
présbita (adj)	ba'īd an naẓar	بعيد النظر
estrabismo (m)	ḥawal (m)	حول
estrábico (m) (adj)	aḥwal	أحول
catarata (f)	katarakt (f)	كاتاراكت
glaucoma (f)	glawkūma (f)	جلوكوما
insulto (m)	sakta (f)	سكتة
ataque (m) cardiaco	iḥtifā' (m)	إحتشاء
infarto (m) de miocardio	nawba qalbiya (f)	نوبة قلبية
parálisis (f)	ʃalal (m)	شلل
paralizar (vt)	ʃall	شلّ
alergia (f)	ḥassāsiyya (f)	حسّاسيّة
asma (f)	rabw (m)	ربو
diabetes (m)	ad dā' as sukkariy (m)	الداء السكّريّ
dolor (m) de muelas	alam al asnān (m)	ألم الأسنان
caries (f)	naxar al asnān (m)	نخر الأسنان
diarrea (f)	ishāl (m)	إسهال
estreñimiento (m)	imsāk (m)	إمساك
molestia (f) estomacal	'usr al haḍm (m)	عسر الهضم
envenenamiento (m)	tasammum (m)	تسمّم
envenenarse (vr)	tasammam	تسمّم
artritis (f)	iltihāb al mafāṣil (m)	إلتهاب المفاصل
raquitismo (m)	kusāḥ al aṭfāl (m)	كساح الأطفال
reumatismo (m)	riumatizm (m)	روماتزم
ateroesclerosis (f)	taṣṣallub aʃ ʃarayīn (m)	تصلّب الشرايين
gastritis (f)	iltihāb al ma'ida (m)	إلتهاب المعدة
apendicitis (f)	iltihāb az zā'ida ad dūdiyya (m)	إلتهاب الزائدة الدوديّة

colecistitis (m)	iltihāb al marāra (m)	إلتهاب المرارة
úlcera (f)	qurha (f)	قرحة
sarampión (m)	marad al hasba (m)	مرض الحصبة
rubeola (f)	hasba almāniyya (f)	حصبة ألمانية
ictericia (f)	yaraqān (m)	يرقان
hepatitis (f)	iltihāb al kabd al vayrūsiy (m)	إلتهاب الكبد الفيروسيّ
esquizofrenia (f)	ʃizufrīniya (f)	شيزوفرينيا
rabia (f) (hidrofobia)	dā' al kalb (m)	داء الكلب
neurosis (f)	'isāb (m)	عصاب
conmoción (m) cerebral	irtiʒāʒ al muxx (m)	إرتجاج المخ
cáncer (m)	saratān (m)	سرطان
esclerosis (f)	tassallub (m)	تصلّب
esclerosis (m) múltiple	tassallub muta'addid (m)	تصلّب متعدد
alcoholismo (m)	idmān al xamr (m)	إدمان الخمر
alcohólico (m)	mudmin al xamr (m)	مدمن الخمر
sífilis (f)	sifilis az zuhariy (m)	سفلس الزهري
SIDA (f)	al aydz (m)	الإيدز
tumor (m)	waram (m)	ورم
maligno (adj)	xabīθ	خبيث
benigno (adj)	hamīd (m)	حميد
fiebre (f)	humma (f)	حمّى
malaria (f)	malāriya (f)	ملاريا
gangrena (f)	ɣanɣrīna (f)	غنغرينا
mareo (m)	duwār al bahr (m)	دوار البحر
epilepsia (f)	marad as sar' (m)	مرض الصرع
epidemia (f)	wabā' (m)	وباء
tifus (m)	tīfus (m)	تيفوس
tuberculosis (f)	marad as sull (m)	مرض السلّ
cólera (f)	kulīra (f)	كوليرا
peste (f)	tā'ūn (m)	طاعون

72. Los síntomas. Los tratamientos. Unidad 1

síntoma (m)	'arad (m)	عرض
temperatura (f)	harāra (f)	حرارة
fiebre (f)	humma (f)	حمّى
pulso (m)	nabd (m)	نبض
mareo (m) (vértigo)	dawxa (f)	دوخة
caliente (adj)	hārr	حارّ
escalofrío (m)	nafadān (m)	نفضان
pálido (adj)	asfar	أصفر
tos (f)	su'āl (m)	سعال
toser (vi)	sa'al	سعل
estornudar (vi)	'atas	عطس
desmayo (m)	iɣmā' (m)	إغماء

desmayarse (vr)	ɣumiya ʻalayh	غمي عليه
moradura (f)	kadma (f)	كدمة
chichón (m)	tawarrum (m)	تورّم
golpearse (vr)	istadam	إصطدم
magulladura (f)	radd (m)	رضّ
magullarse (vr)	taraddad	ترضض
cojear (vi)	ʻaraʒ	عرج
dislocación (f)	χalʻ (m)	خلع
dislocar (vt)	χalaʻ	خلع
fractura (f)	kasr (m)	كسر
tener una fractura	inkasar	إنكسر
corte (m) (tajo)	ʒurḥ (m)	جرح
cortarse (vr)	ʒaraḥ nafsah	جرح نفسه
hemorragia (f)	nazf (m)	نزف
quemadura (f)	ḥarq (m)	حرق
quemarse (vr)	taʃayyat	تشيّط
pincharse (el dedo)	waχaz	وخز
pincharse (vr)	waχaz nafsah	وخز نفسه
herir (vt)	aṣāb	أصاب
herida (f)	iṣāba (f)	إصابة
lesión (f) (herida)	ʒurḥ (m)	جرح
trauma (m)	ṣadma (f)	صدمة
delirar (vi)	haða	هذى
tartamudear (vi)	talaʻsam	تلعثم
insolación (f)	ḍarbat ʃams (f)	ضربة شمس

73. Los síntomas. Los tratamientos. Unidad 2

dolor (m)	alam (m)	ألم
astilla (f)	ʃaziyya (f)	شظيّة
sudor (m)	ʻirq (m)	عرق
sudar (vi)	ʻariq	عرق
vómito (m)	taqayyuʻ (m)	تقيؤ
convulsiones (f)	taʃannuʒāt (pl)	تشنّجات
embarazada (adj)	ḥāmil	حامل
nacer (vi)	wulid	وُلد
parto (m)	wilāda (f)	ولادة
dar a luz	walad	ولد
aborto (m)	iʒhāḍ (m)	إجهاض
respiración (f)	tanaffus (m)	تنفّس
inspiración (f)	istinʃāq (m)	إستنشاق
espiración (f)	zafīr (m)	زفير
espirar (vi)	zafar	زفر
inspirar (vi)	istanʃaq	إستنشق
inválido (m)	muʻāq (m)	معاق
mutilado (m)	muqʻad (m)	مقعد

drogadicto (m)	mudmin muxaddirāt (m)	مدمن مخدّرات
sordo (adj)	aṭraʃ	أطرش
mudo (adj)	axras	أخرس
sordomudo (adj)	aṭraʃ axras	أطرش أخرس
loco (adj)	maʒnūn (m)	مجنون
loco (m)	maʒnūn (m)	مجنون
loca (f)	maʒnūna (f)	مجنونة
volverse loco	ʒunn	جنّ
gen (m)	ʒīn (m)	جين
inmunidad (f)	manāʻa (f)	مناعة
hereditario (adj)	wirāθiy	وراثيّ
de nacimiento (adj)	xilqiy munð al wilāda	خلقيّ منذ الولادة
virus (m)	virūs (m)	فيروس
microbio (m)	mikrūb (m)	ميكروب
bacteria (f)	ʒurθūma (f)	جرثومة
infección (f)	ʻadwa (f)	عدوى

74. Los síntomas. Los tratamientos. Unidad 3

hospital (m)	mustaʃfa (m)	مستشفى
paciente (m)	marīḍ (m)	مريض
diagnosis (f)	taʃxīṣ (m)	تشخيص
cura (f)	ʻilāʒ (m)	علاج
tratamiento (m)	ʻilāʒ (m)	علاج
curarse (vr)	taʻālaʒ	تعالج
tratar (vt)	ʻālaʒ	عالج
cuidar (a un enfermo)	marraḍ	مرّض
cuidados (m pl)	ʻināya (f)	عناية
operación (f)	ʻamaliyya ʒarahiyya (f)	عمليّة جرحيّة
vendar (vt)	ḍammad	ضمّد
vendaje (m)	taḍmīd (m)	تضميد
vacunación (f)	talqīḥ (m)	تلقيح
vacunar (vt)	laqqaḥ	لقّح
inyección (f)	ḥuqna (f)	حقنة
aplicar una inyección	ḥaqan ibra	حقن إبرة
ataque (m)	nawba (f)	نوبة
amputación (f)	batr (m)	بتر
amputar (vt)	batar	بتر
coma (m)	ɣaybūba (f)	غيبوبة
estar en coma	kān fi ḥālat ɣaybūba	كان في حالة غيبوبة
revitalización (f)	al ʻināya al murakkaza (f)	العناية المركّزة
recuperarse (vr)	ʃufiy	شفي
estado (m) (de salud)	ḥāla (f)	حالة
consciencia (f)	waʻy (m)	وعي
memoria (f)	ðākira (f)	ذاكرة
extraer (un diente)	xalaʻ	خلع

| empaste (m) | ḥaʃw (m) | حشو |
| empastar (vt) | ḥaʃa | حشا |

| hipnosis (f) | at tanwīm al maɣnaṭīsiy (m) | التنويم المغناطيسيّ |
| hipnotizar (vt) | nawwam | نوّم |

75. Los médicos

médico (m)	ṭabīb (m)	طبيب
enfermera (f)	mumarriḍa (f)	ممرّضة
médico (m) personal	duktūr ʃaxṣiy (m)	دكتور شخصيّ

dentista (m)	ṭabīb al asnān (m)	طبيب الأسنان
oftalmólogo (m)	ṭabīb al ʿuyūn (m)	طبيب العيون
internista (m)	ṭabīb bāṭiniy (m)	طبيب باطنيّ
cirujano (m)	ʒarrāḥ (m)	جرّاح

psiquiatra (m)	ṭabīb nafsiy (m)	طبيب نفسيّ
pediatra (m)	ṭabīb al aṭfāl (m)	طبيب الأطفال
psicólogo (m)	sikulūʒiy (m)	سيكولوجيّ
ginecólogo (m)	ṭabīb an nisāʾ (m)	طبيب النساء
cardiólogo (m)	ṭabīb al qalb (m)	طبيب القلب

76. La medicina. Las drogas. Los accesorios

medicamento (m), droga (f)	dawāʾ (m)	دواء
remedio (m)	ʿilāʒ (m)	علاج
prescribir (vt)	waṣaf	وصف
receta (f)	waṣfa (f)	وصفة

tableta (f)	qurṣ (m)	قرص
ungüento (m)	marham (m)	مرهم
ampolla (f)	ambūla (f)	أمبولة
mixtura (f), mezcla (f)	dawāʾ ʃarāb (m)	دواء شراب
sirope (m)	ʃarāb (m)	شراب
píldora (f)	ḥabba (f)	حبّة
polvo (m)	ðarūr (m)	ذرور

venda (f)	ḍammāda (f)	ضمادة
algodón (m) (discos de ~)	quṭn (m)	قطن
yodo (m)	yūd (m)	يود

tirita (f), curita (f)	blāstir (m)	بلاستر
pipeta (f)	māṣṣat al bastara (f)	ماصّة البسترة
termómetro (m)	tirmūmitr (m)	ترمومتر
jeringa (f)	miḥqana (f)	محقنة

| silla (f) de ruedas | kursiy mutaḥarrik (m) | كرسيّ متحرّك |
| muletas (f pl) | ʿukkāzān (du) | عكّازان |

| anestésico (m) | musakkin (m) | مسكّن |
| purgante (m) | mulayyin (m) | ملّين |

alcohol (m)	iθanūl (m)	إيثانول
hierba (f) medicinal	a'ʃāb ṭibbiyya (pl)	أعشاب طبية
de hierbas (té ~)	'uʃbiy	عشبي

77. El fumar. Los productos del tabaco

tabaco (m)	tabɣ (m)	تبغ
cigarrillo (m)	sīʒāra (f)	سيجارة
cigarro (m)	sīʒār (m)	سيجار
pipa (f)	ɣalyūn (m)	غليون
paquete (m)	'ulba (f)	علبة
cerillas (f pl)	kibrīt (m)	كبريت
caja (f) de cerillas	'ulbat kibrīt (f)	علبة كبريت
encendedor (m)	wallā'a (f)	ولّاعة
cenicero (m)	ṭaqṭūqa (f)	طقطوقة
pitillera (f)	'ulbat saʒā'ir (f)	علبة سجائر
boquilla (f)	ḥamilat siʒāra (f)	حاملة سيجارة
filtro (m)	filtir (m)	فلتر
fumar (vi, vt)	daχχan	دخّن
encender un cigarrillo	aʃal siʒāra	أشعل سيجارة
tabaquismo (m)	tadχīn (m)	تدخين
fumador (m)	mudaχχin (m)	مدخّن
colilla (f)	'uqb siʒāra (m)	عقب سيجارة
humo (m)	duχān (m)	دخان
ceniza (f)	ramād (m)	رماد

EL AMBIENTE HUMANO

La ciudad

78. La ciudad. La vida en la ciudad

ciudad (f)	madīna (f)	مدينة
capital (f)	ʻāṣima (f)	عاصمة
aldea (f)	qarya (f)	قرية
plano (m) de la ciudad	xarīṭat al madīna (f)	خريطة المدينة
centro (m) de la ciudad	markaz al madīna (m)	مركز المدينة
suburbio (m)	ḍāḥiya (f)	ضاحية
suburbano (adj)	aḍ ḍawāḥi	الضواحي
arrabal (m)	aṭrāf al madīna (pl)	أطراف المدينة
afueras (f pl)	ḍawāḥi al madīna (pl)	ضواحي المدينة
barrio (m)	ḥayy (m)	حي
zona (f) de viviendas	ḥayy sakaniy (m)	حي سكني
tráfico (m)	ḥarakat al murūr (f)	حركة المرور
semáforo (m)	iʃārāt al murūr (pl)	إشارات المرور
transporte (m) urbano	wasāʼil an naql (pl)	وسائل النقل
cruce (m)	taqāṭuʻ (m)	تقاطع
paso (m) de peatones	maʻbar al muʃāt (m)	معبر المشاة
paso (m) subterráneo	nafaq muʃāt (m)	نفق مشاة
cruzar (vt)	ʻabar	عبر
peatón (m)	māʃi (m)	ماش
acera (f)	raṣīf (m)	رصيف
puente (m)	ʒisr (m)	جسر
muelle (m)	kurnīʃ (m)	كورنيش
fuente (f)	nāfūra (f)	نافورة
alameda (f)	mamʃa (m)	ممشى
parque (m)	ḥadīqa (f)	حديقة
bulevar (m)	bulvār (m)	بولفار
plaza (f)	maydān (m)	ميدان
avenida (f)	ʃāriʻ (m)	شارع
calle (f)	ʃāriʻ (m)	شارع
callejón (m)	zuqāq (m)	زقاق
callejón (m) sin salida	ṭarīq masdūd (m)	طريق مسدود
casa (f)	bayt (m)	بيت
edificio (m)	mabna (m)	مبنى
rascacielos (m)	nāṭiḥat saḥāb (f)	ناطحة سحاب
fachada (f)	wāʒiha (f)	واجهة
techo (m)	saqf (m)	سقف

ventana (f)	ʃubbāk (m)	شبّاك
arco (m)	qaws (m)	قوس
columna (f)	ʻamūd (m)	عمود
esquina (f)	zāwiya (f)	زاوية
escaparate (f)	vatrīna (f)	فترينة
letrero (m) (~ luminoso)	lāfita (f)	لافتة
cartel (m)	mulṣaq (m)	ملصق
cartel (m) publicitario	mulṣaq iʻlāniy (m)	ملصق إعلاني
valla (f) publicitaria	lawḥat iʻlānāt (f)	لوحة إعلانات
basura (f)	zubāla (f)	زبالة
cajón (m) de basura	ṣundūq zubāla (m)	صندوق زبالة
tirar basura	rama zubāla	رمى زبالة
basurero (m)	mazbala (f)	مزبلة
cabina (f) telefónica	kuʃk tilifūn (m)	كشك تليفون
farola (f)	ʻamūd al miṣbāḥ (m)	عمود المصباح
banco (m) (del parque)	dikka (f), kursiy (m)	دكّة، كرسيّ
policía (m)	ʃurṭiy (m)	شرطيّ
policía (f) (~ nacional)	ʃurṭa (f)	شرطة
mendigo (m)	ʃaḥḥāð (m)	شحّاذ
persona (f) sin hogar	mutaʃarrid (m)	متشرّد

79. Las instituciones urbanas

tienda (f)	maḥall (m)	محلّ
farmacia (f)	ṣaydaliyya (f)	صيدليّة
óptica (f)	al adawāt al baṣariyya (pl)	الأدوات البصريّة
centro (m) comercial	markaz tiʒāriy (m)	مركز تجاريّ
supermercado (m)	subirmarkit (m)	سوبرماركت
panadería (f)	maxbaz (m)	مخبز
panadero (m)	xabbāz (m)	خبّاز
pastelería (f)	dukkān ḥalawāniy (m)	دكّان حلوانيّ
tienda (f) de comestibles	baqqāla (f)	بقالة
carnicería (f)	malḥama (f)	ملحمة
verdulería (f)	dukkān xuḍār (m)	دكّان خضار
mercado (m)	sūq (f)	سوق
cafetería (f)	kafé (m), maqha (m)	كافيه، مقهى
restaurante (m)	maṭʻam (m)	مطعم
cervecería (f)	ḥāna (f)	حانة
pizzería (f)	maṭʻam pizza (m)	مطعم بيتزا
peluquería (f)	ṣālūn ḥilāqa (m)	صالون حلاقة
oficina (f) de correos	maktab al barīd (m)	مكتب البريد
tintorería (f)	tanẓīf ʒāff (m)	تنظيف جافّ
estudio (m) fotográfico	istūdiyu taṣwīr (m)	إستوديو تصوير
zapatería (f)	maḥall aḥðiya (m)	محلّ أحذية
librería (f)	maḥall kutub (m)	محلّ كتب

tienda (f) deportiva	maḥall riyāḍiy (m)	محلّ رياضيّ
arreglos (m pl) de ropa	maḥall xiyāṭat malābis (m)	محلّ خياطة ملابس
alquiler (m) de ropa	maḥall ta'ʒīr malābis rasmiyya (m)	محلّ تأجير ملابس رسمية
videoclub (m)	maḥal ta'ʒīr vidiyu (m)	محلّ تأجير فيديو
circo (m)	sirk (m)	سيرك
zoo (m)	ḥadīqat al ḥayawān (f)	حديقة حيوان
cine (m)	sinima (f)	سينما
museo (m)	matḥaf (m)	متحف
biblioteca (f)	maktaba (f)	مكتبة
teatro (m)	masraḥ (m)	مسرح
ópera (f)	ubra (f)	أوبرا
club (m) nocturno	malha layliy (m)	ملهى ليليّ
casino (m)	kazinu (m)	كازينو
mezquita (f)	masʒid (m)	مسجد
sinagoga (f)	kanīs ma'bad yahūdiy (m)	كنيس معبد يهوديّ
catedral (f)	katidrā'iyya (f)	كاتدرائيّة
templo (m)	ma'bad (m)	معبد
iglesia (f)	kanīsa (f)	كنيسة
instituto (m)	kulliyya (f)	كلّيّة
universidad (f)	ʒāmi'a (f)	جامعة
escuela (f)	madrasa (f)	مدرسة
prefectura (f)	muqāṭa'a (f)	مقاطعة
alcaldía (f)	baladiyya (f)	بلديّة
hotel (m)	funduq (m)	فندق
banco (m)	bank (m)	بنك
embajada (f)	safāra (f)	سفارة
agencia (f) de viajes	ʃarikat siyāḥa (f)	شركة سياحة
oficina (f) de información	maktab al isti'lāmāt (m)	مكتب الإستعلامات
oficina (f) de cambio	ṣarrāfa (f)	صرّافة
metro (m)	mitru (m)	مترو
hospital (m)	mustaʃfa (m)	مستشفى
gasolinera (f)	maḥaṭṭat banzīn (f)	محطّة بنزين
aparcamiento (m)	mawqif as sayyārāt (m)	موقف السيّارات

80. Los avisos

letrero (m) (~ luminoso)	lāfita (f)	لافتة
cartel (m) (texto escrito)	bayān (m)	بيان
pancarta (f)	mulṣaq i'lāniy (m)	ملصق إعلانيّ
signo (m) de dirección	'alāmat ittiʒāh (f)	علامة إتجاه
flecha (f) (signo)	'alāmat iʃāra (f)	علامة إشارة
advertencia (f)	taḥðīr (m)	تحذير
aviso (m)	lāfitat taḥðīr (f)	لافتة تحذير
advertir (vt)	ḥaððar	حذّر

día (m) de descanso	yawm 'uṭla (m)	يوم عطلة
horario (m)	ʒadwal (m)	جدول
horario (m) de apertura	awqāt al 'amal (pl)	أوقات العمل
¡BIENVENIDOS!	ahlan wa sahlan!	أهلًا وسهلًا
ENTRADA	duxūl	دخول
SALIDA	xurūʒ	خروج
EMPUJAR	idfa'	إدفع
TIRAR	isḥab	إسحب
ABIERTO	maftūḥ	مفتوح
CERRADO	muɣlaq	مغلق
MUJERES	lis sayyidāt	للسيدات
HOMBRES	lir riʒāl	للرجال
REBAJAS	xaṣm	خصم
SALDOS	taxfīḍāt	تخفيضات
NOVEDAD	ʒadīd!	جديد!
GRATIS	maʒʒānan	مجّانًا
¡ATENCIÓN!	intibāh!	إنتباه!
COMPLETO	kull al amākin maḥʒūza	كل الأماكن محجوزة
RESERVADO	maḥʒūz	محجوز
ADMINISTRACIÓN	idāra	إدارة
SÓLO PERSONAL AUTORIZADO	lil 'āmilīn faqaṭ	للعاملين فقط
CUIDADO CON EL PERRO	iḥðar wuʒūd al kalb	إحذر وجود الكلب
PROHIBIDO FUMAR	mamnū' at tadxīn	ممنوع التدخين
NO TOCAR	'adam al lams	عدم اللمس
PELIGROSO	xaṭīr	خطير
PELIGRO	xaṭar	خطر
ALTA TENSIÓN	tayyār 'āli	تيّار عالي
PROHIBIDO BAÑARSE	as sibāḥa mamnū'a	السباحة ممنوعة
NO FUNCIONA	mu'aṭṭal	معطّل
INFLAMABLE	sarī' al iʃti'āl	سريع الإشتعال
PROHIBIDO	mamnū'	ممنوع
PROHIBIDO EL PASO	mamnū' al murūr	ممنوع المرور
RECIÉN PINTADO	iḥðar ṭilā' ɣayr ʒāff	إحذر طلاء غير جاف

81. El transporte urbano

autobús (m)	bāṣ (m)	باص
tranvía (m)	trām (m)	ترام
trolebús (m)	truli bāṣ (m)	ترولي باص
itinerario (m)	xaṭṭ (m)	خطّ
número (m)	raqm (m)	رقم
ir en ...	rakib ...	ركب...
tomar (~ el autobús)	rakib	ركب

T&P Books. Vocabulario Español-Árabe - 9000 palabras más usadas

bajar (~ del tren)	nazil min	نزل من
parada (f)	mawqif (m)	موقف
próxima parada (f)	al maḥaṭṭa al qādima (f)	المحطّة القادمة
parada (f) final	āxir maḥaṭṭa (f)	آخر محطة
horario (m)	ʒadwal (m)	جدول
esperar (aguardar)	intaẓar	إنتظر
billete (m)	taðkira (f)	تذكرة
precio (m) del billete	uʒra (f)	أجرة
cajero (m)	ṣarrāf (m)	صرّاف
control (m) de billetes	taftīʃ taðkira (m)	تفتيش تذكرة
cobrador (m)	mufattiʃ taðākir (m)	مفتّش تذاكر
llegar tarde (vi)	taʾaxxar	تأخّر
perder (~ el tren)	taʾaxxar	تأخّر
tener prisa	istaʿʒal	إستعجل
taxi (m)	taksi (m)	تاكسي
taxista (m)	sāʾiq taksi (m)	سائق تاكسي
en taxi	bit taksi	بالتاكسي
parada (f) de taxi	mawqif taksi (m)	موقف تاكسي
llamar un taxi	kallam tāksi	كلّم تاكسي
tomar un taxi	axað taksi	أخذ تاكسي
tráfico (m)	ḥarakat al murūr (f)	حركة المرور
atasco (m)	zaḥmat al murūr (f)	زحمة المرور
horas (f pl) de punta	sāʿat að ðurwa (f)	ساعة الذروة
aparcar (vi)	awqaf	أوقف
aparcar (vt)	awqaf	أوقف
aparcamiento (m)	mawqif as sayyārāt (m)	موقف السيارات
metro (m)	mitru (m)	مترو
estación (f)	maḥaṭṭa (f)	محطة
ir en el metro	rakib al mitru	ركب المترو
tren (m)	qiṭār (m)	قطار
estación (f)	maḥaṭṭat qiṭār (f)	محطة قطار

82. La exploración del paisaje

monumento (m)	timθāl (m)	تمثال
fortaleza (f)	qalʿa (f), ḥiṣn (m)	قلعة، حصن
palacio (m)	qaṣr (m)	قصر
castillo (m)	qalʿa (f)	قلعة
torre (f)	burʒ (m)	برج
mausoleo (m)	ḍarīḥ (m)	ضريح
arquitectura (f)	handasa miʿmāriyya (f)	هندسة معماريّة
medieval (adj)	min al qurūn al wusṭa	من القرون الوسطى
antiguo (adj)	qadīm	قديم
nacional (adj)	waṭaniy	وطنيّ
conocido (adj)	maʃhūr	مشهور
turista (m)	sāʾiḥ (m)	سائح
guía (m) (persona)	murʃid (m)	مرشد

excursión (f)	ʒawla (f)	جولة
mostrar (vt)	'araḍ	عرض
contar (una historia)	ḥaddaθ	حدّث
encontrar (hallar)	waʒad	وجد
perderse (vr)	ḍāʻ	ضاع
plano (m) (~ de metro)	χarīṭa (f)	خريطة
mapa (m) (~ de la ciudad)	χarīṭa (f)	خريطة
recuerdo (m)	tiðkār (m)	تذكار
tienda (f) de regalos	maḥall hadāya (m)	محلّ هدايا
hacer fotos	ṣawwar	صوّر
fotografiarse (vr)	taṣawwar	تصوّر

83. Las compras

comprar (vt)	iʃtara	إشترى
compra (f)	ʃay' (m)	شيء
hacer compras	iʃtara	إشترى
compras (f pl)	ʃubinɣ (m)	شوبينغ
estar abierto (tienda)	maftūḥ	مفتوح
estar cerrado	muɣlaq	مغلق
calzado (m)	aḥðiya (pl)	أحذية
ropa (f), vestido (m)	malābis (pl)	ملابس
cosméticos (m pl)	mawādd at taʒmīl (pl)	موادّ التجميل
productos alimenticios	ma'kūlāt (pl)	مأكولات
regalo (m)	hadiyya (f)	هديّة
vendedor (m)	bā'iʻ (m)	بائع
vendedora (f)	bā'iʻa (f)	بائعة
caja (f)	ṣundū' ad dafʻ (m)	صندوق الدفع
espejo (m)	mir'āt (f)	مرآة
mostrador (m)	minḍada (f)	منضدة
probador (m)	ɣurfat al qiyās (f)	غرفة القياس
probar (un vestido)	ʒarrab	جرّب
quedar (una ropa, etc.)	nāsab	ناسب
gustar (vi)	a'ʒab	أعجب
precio (m)	si'r (m)	سعر
etiqueta (f) de precio	tikit as si'r (m)	تيكت السعر
costar (vt)	kallaf	كلّف
¿Cuánto?	bikam?	بكم؟
descuento (m)	χaṣm (m)	خصم
no costoso (adj)	ɣayr ɣāli	غير غال
barato (adj)	raχīṣ	رخيص
caro (adj)	ɣāli	غال
Es caro	haða ɣāli	هذا غال
alquiler (m)	isti'ʒār (m)	إستئجار
alquilar (vt)	ista'ʒar	إستأجر

79

| crédito (m) | i'timān (m) | إئتمان |
| a crédito (adv) | bid dayn | بالدين |

84. El dinero

dinero (m)	nuqūd (pl)	نقود
cambio (m)	taḥwīl 'umla (m)	تحويل عملة
curso (m)	si'r aṣ ṣarf (m)	سعر الصرف
cajero (m) automático	ṣarrāf 'āliy (m)	صرّاف آليّ
moneda (f)	qiṭ'a naqdiyya (f)	قطعة نقديّة

| dólar (m) | dulār (m) | دولار |
| euro (m) | yuru (m) | يورو |

lira (f)	lira iṭāliyya (f)	ليرة إيطالية
marco (m) alemán	mark almāniy (m)	مارك ألماني
franco (m)	frank (m)	فرنك
libra esterlina (f)	ʒunayh istirlīniy (m)	جنيه استرلينيّ
yen (m)	yīn (m)	ين

deuda (f)	dayn (m)	دين
deudor (m)	mudīn (m)	مدين
prestar (vt)	sallaf	سلّف
tomar prestado	istalaf	إستلف

banco (m)	bank (m)	بنك
cuenta (f)	ḥisāb (m)	حساب
ingresar (~ en la cuenta)	awda'	أودع
ingresar en la cuenta	awda' fil ḥisāb	أودع في الحساب
sacar de la cuenta	saḥab min al ḥisāb	سحب من الحساب

tarjeta (f) de crédito	biṭāqat i'timān (f)	بطاقة إئتمان
dinero (m) en efectivo	nuqūd (pl)	نقود
cheque (m)	ʃīk (m)	شيك
sacar un cheque	katab ʃīk	كتب شيكًا
talonario (m)	daftar ʃīkāt (m)	دفتر شيكات

cartera (f)	maḥfaẓat ʒīb (f)	محفظة جيب
monedero (m)	maḥfaẓat fakka (f)	محفظة فكّة
caja (f) fuerte	χizāna (f)	خزانة

heredero (m)	wāris (m)	وارث
herencia (f)	wirāθa (f)	وراثة
fortuna (f)	θarwa (f)	ثروة

arriendo (m)	īʒār (m)	إيجار
alquiler (m) (dinero)	uʒrat as sakan (f)	أجرة السكن
alquilar (~ una casa)	ista'ʒar	إستأجر

precio (m)	si'r (m)	سعر
coste (m)	θaman (m)	ثمن
suma (f)	mablaɣ (m)	مبلغ
gastar (vt)	ṣaraf	صرف
gastos (m pl)	maṣārīf (pl)	مصاريف

economizar (vi, vt)	waffar	وفّر
económico (adj)	muwaffir	موفّر
pagar (vi, vt)	dafaʻ	دفع
pago (m)	dafʻ (m)	دفع
cambio (m) (devolver el ~)	al bāqi (m)	الباقي
impuesto (m)	ḍarība (f)	ضريبة
multa (f)	γarāma (f)	غرامة
multar (vt)	faraḍ γarāma	فرض غرامة

85. La oficina de correos

oficina (f) de correos	maktab al barīd (m)	مكتب البريد
correo (m) (cartas, etc.)	al barīd (m)	البريد
cartero (m)	sāʻi al barīd (m)	ساعي البريد
horario (m) de apertura	awqāt al ʻamal (pl)	أوقات العمل
carta (f)	risāla (f)	رسالة
carta (f) certificada	risāla musaʒʒala (f)	رسالة مسجّلة
tarjeta (f) postal	biṭāqa barīdiyya (f)	بطاقة بريديّة
telegrama (m)	barqiyya (f)	برقيّة
paquete (m) postal	ṭard (m)	طرد
giro (m) postal	ḥawāla māliyya (f)	حوالة ماليّة
recibir (vt)	istalam	إستلم
enviar (vt)	arsal	أرسل
envío (m)	irsāl (m)	إرسال
dirección (f)	ʻunwān (m)	عنوان
código (m) postal	raqm al barīd (m)	رقم البريد
expedidor (m)	mursil (m)	مرسل
destinatario (m)	mursal ilayh (m)	مرسل إليه
nombre (m)	ism (m)	إسم
apellido (m)	ism al ʻāʼila (m)	إسم العائلة
tarifa (f)	taʻrīfa (f)	تعريفة
ordinario (adj)	ʻādiy	عاديَ
económico (adj)	muwaffir	موفّر
peso (m)	wazn (m)	وزن
pesar (~ una carta)	wazan	وزن
sobre (m)	ẓarf (m)	ظرف
sello (m)	ṭābiʻ (m)	طابع
poner un sello	alṣaq ṭābiʻ	ألصق طابعا

La vivienda. La casa. El hogar

86. La casa. La vivienda

casa (f)	bayt (m)	بيت
en casa (adv)	fil bayt	في البيت
patio (m)	finā' (m)	فناء
verja (f)	sūr (m)	سور
ladrillo (m)	ṭūb (m)	طوب
de ladrillo (adj)	min aṭ ṭūb	من الطوب
piedra (f)	ḥaʒar (m)	حجر
de piedra (adj)	ḥaʒariy	حجريّ
hormigón (m)	xarasāna (f)	خرسانة
de hormigón (adj)	xarasāniy	خرسانيّ
nuevo (adj)	ʒadīd	جديد
viejo (adj)	qadīm	قديم
deteriorado (adj)	'āyil lis suqūṭ	آيل للسقوط
moderno (adj)	mu'āṣir	معاصر
de muchos pisos	muta'addid aṭ ṭawābiq	متعدّد الطوابق
alto (adj)	'āli	عال
piso (m)	ṭābiq (m)	طابق
de un solo piso	ðu ṭābiq wāḥid	ذو طابق واحد
piso (m) bajo	ṭābiq sufliy (m)	طابق سفليّ
piso (m) alto	ṭābiq 'ulwiy (m)	طابق علويّ
techo (m)	saqf (m)	سقف
chimenea (f)	madxana (f)	مدخنة
tejas (f pl)	qirmīd (m)	قرميد
de tejas (adj)	min al qirmīd	من القرميد
desván (m)	'ullayya (f)	علّيّة
ventana (f)	ʃubbāk (m)	شبّاك
vidrio (m)	zuʒāʒ (m)	زجاج
alféizar (m)	raff ʃubbāk (f)	رف شبّاك
contraventanas (f pl)	darf ʃubbāk (m)	درف شبّاك
pared (f)	ḥā'iṭ (m)	حائط
balcón (m)	ʃurfa (f)	شرفة
gotera (f)	masūrat at taṣrīf (f)	ماسورة التصريف
arriba (estar ~)	fawq	فوق
subir (vi)	ṣa'ad	صعد
descender (vi)	nazil	نزل
mudarse (vr)	intaqal	إنتقل

87. La casa. La entrada. El ascensor

entrada (f)	madxal (m)	مدخل
escalera (f)	sullam (m)	سلم
escalones (m)	daraʒāt (pl)	درجات
baranda (f)	drabizīn (m)	درابزين
vestíbulo (m)	ṣāla (f)	صالة
buzón (m)	ṣundūq al barīd (m)	صندوق البريد
contenedor (m) de basura	ṣundūq az zubāla (m)	صندوق الزبالة
bajante (f) de basura	manfað að ðubāla (m)	منفذ الزبالة
ascensor (m)	miṣʻad (m)	مصعد
ascensor (m) de carga	miṣʻad aʃʃaḥn (m)	مصعد الشحن
cabina (f)	kabīna (f)	كابينة
ir en el ascensor	rakib al miṣʻad	ركب المصعد
apartamento (m)	ʃaqqa (f)	شقة
inquilinos (m)	sukkān al ʻimāra (pl)	سكّان العمارة
vecino (m)	ʒār (m)	جار
vecina (f)	ʒāra (f)	جارة
vecinos (m pl)	ʒirān (pl)	جيران

88. La casa. La electricidad

electricidad (f)	kahrabāʼ (m)	كهرباء
bombilla (f)	lamba (f)	لمبة
interruptor (m)	miftāḥ (m)	مفتاح
fusible (m)	fāṣima (f)	فاصمة
hilo (m) (~ eléctrico)	silk (m)	سلك
instalación (f) eléctrica	aslāk (pl)	أسلاك
contador (m) de luz	ʻaddād (m)	عدّاد
lectura (f) (~ del contador)	qirāʼa (f)	قراءة

89. La casa. Las puertas. Los candados

puerta (f)	bāb (m)	باب
portón (m)	bawwāba (f)	بوّابة
tirador (m)	qabḍat al bāb (f)	قبضة الباب
abrir el cerrojo	fataḥ	فتح
abrir (vt)	fataḥ	فتح
cerrar (vt)	aɣlaq	أغلق
llave (f)	miftāḥ (m)	مفتاح
manojo (m) de llaves	rabṭa (f)	ربطة
crujir (vi)	ṣarr	صرّ
crujido (m)	ṣarīr (m)	صرير
gozne (m)	mufaṣṣala (f)	مفصّلة
felpudo (m)	siʒāda (f)	سجادة
cerradura (f)	qifl al bāb (m)	قفل الباب

83

ojo (m) de cerradura	θaqb al bāb (m)	ثقب الباب
cerrojo (m)	tirbās (m)	ترباس
pestillo (m)	mizlāʒ (m)	مزلاج
candado (m)	qifl (m)	قفل
tocar el timbre	rann	رنَ
campanillazo (f)	ranīn (m)	رنين
timbre (m)	ʒaras (m)	جرس
botón (m)	zirr (m)	زر
llamada (f)	ṭarq, daqq (m)	طرق، دقَ
llamar (vi)	daqq	دقَ
código (m)	kūd (m)	كود
cerradura (f) de contraseña	kūd (m)	كود
telefonillo (m)	ʒaras al bāb (m)	جرس الباب
número (m)	raqm (m)	رقم
placa (f) de puerta	lawḥa (f)	لوحة
mirilla (f)	al ʿayn as siḥriyya (m)	العين السحريَة

90. La casa de campo

aldea (f)	qarya (f)	قرية
huerta (f)	bustān xuḍār (m)	بستان خضار
empalizada (f)	sūr (m)	سور
valla (f)	sūr (m)	سور
puertecilla (f)	bawwāba farʿiyya (f)	بوَابة فرعيَة
granero (m)	ʃawna (f)	شونة
sótano (m)	sirdāb (m)	سرداب
cobertizo (m)	saqīfa (f)	سقيفة
pozo (m)	biʾr (m)	بئر
estufa (f)	furn (m)	فرن
calentar la estufa	awqad	أوقد
leña (f)	ḥaṭab (m)	حطب
leño (m)	qiṭʿat ḥaṭab (f)	قطعة حطب
veranda (f)	virānda (f)	فيراندة
terraza (f)	ʃurfa (f)	شرفة
porche (m)	sullam (m)	سلَم
columpio (m)	urʒūḥa (f)	أرجوحة

91. La villa. La mansión

casa (f) de campo	bayt rīfiy (m)	بيت ريفيَ
villa (f)	villa (f)	فيلا
ala (f)	ʒanāḥ (m)	جناح
jardín (m)	ḥadīqa (f)	حديقة
parque (m)	ḥadīqa (f)	حديقة
invernadero (m) tropical	dafīʾa (f)	دفيئة
cuidar (~ el jardín, etc.)	ihtamm	إهتمَ

piscina (f)	masbaḥ (m)	مسبح
gimnasio (m)	qāʻat at tamrīnāt (f)	قاعة التمرينات
cancha (f) de tenis	malʻab tinis (m)	ملعب تنس
sala (f) de cine	sinima manziliyya (f)	سينما منزليّة
garaje (m)	qarāʒ (m)	جراج
propiedad (f) privada	milkiyya χāṣṣa (f)	ملكيّة خاصّة
terreno (m) privado	arḍ χāṣṣa (m)	أرض خاصّة
advertencia (f)	taḥðīr (m)	تحذير
letrero (m) de aviso	lāfitat taḥðīr (f)	لافتة تحذير
seguridad (f)	ḥirāsa (f)	حراسة
guardia (m) de seguridad	ḥāris amn (m)	حارس أمن
alarma (f) antirrobo	ʒihāð inðār (m)	جهاز انذار

92. El castillo. El palacio

castillo (m)	qalʻa (f)	قلعة
palacio (m)	qaṣr (m)	قصر
fortaleza (f)	qalʻa (f), ḥiṣn (m)	قلعة، حصن
muralla (f)	sūr (m)	سور
torre (f)	burʒ (m)	برج
torre (f) principal	burʒ raʼīsiy (m)	برج رئيسيّ
rastrillo (m)	bāb mutaḥarrik (m)	باب متحرّك
pasaje (m) subterráneo	sirdāb (m)	سرداب
foso (m) del castillo	χandaq māʼiy (m)	خندق مائيّ
cadena (f)	silsila (f)	سلسلة
aspillera (f)	mazɣal (m)	مزغل
magnífico (adj)	rāʼiʻ	رائع
majestuoso (adj)	muhīb	مهيب
inexpugnable (adj)	manīʻ	منيع
medieval (adj)	min al qurūn al wusṭa	من القرون الوسطى

93. El apartamento

apartamento (m)	ʃaqqa (f)	شقّة
habitación (f)	ɣurfa (f)	غرفة
dormitorio (m)	ɣurfat an nawm (f)	غرفة النوم
comedor (m)	ɣurfat il akl (f)	غرفة الأكل
salón (m)	ṣālat al istiqbāl (f)	صالة الإستقبال
despacho (m)	maktab (m)	مكتب
antecámara (f)	madχal (m)	مدخل
cuarto (m) de baño	ḥammām (m)	حمّام
servicio (m)	ḥammām (m)	حمّام
techo (m)	saqf (m)	سقف
suelo (m)	arḍ (f)	أرض
rincón (m)	zāwiya (f)	زاوية

94. El apartamento. La limpieza

hacer la limpieza	naẓẓaf	نظّف
quitar (retirar)	ʃāl	شال
polvo (m)	ɣubār (m)	غبار
polvoriento (adj)	muɣabbar	مغبَّر
limpiar el polvo	masaḥ al ɣubār	مسح الغبار
aspirador (m)	miknasa kahrabā'iyya (f)	مكنسة كهربائيّة
limpiar con la aspiradora	naẓẓaf bi miknasa kahrabā'iyya	نظّف بمكنسة كهربائيّة

barrer (vi, vt)	kanas	كنس
barreduras (f pl)	qumāma (f)	قمامة
orden (m)	niẓām (m)	نظام
desorden (m)	'adam an niẓām (m)	عدم النظام

fregona (f)	mimsaḥa ṭawīla (f)	ممسحة طويلة
trapo (m)	mimsaḥa (f)	ممسحة
escoba (f)	miqaʃʃa (f)	مقشَّة
cogedor (m)	ʒārūf (m)	جاروف

95. Los muebles. El interior

muebles (m pl)	aθāθ (m)	أثاث
mesa (f)	maktab (m)	مكتب
silla (f)	kursiy (m)	كرسيّ
cama (f)	sarīr (m)	سرير
sofá (m)	kanaba (f)	كنبة
sillón (m)	kursiy (m)	كرسيّ

librería (f)	xizānat kutub (f)	خزانة كتب
estante (m)	raff (m)	رفّ

armario (m)	dūlāb (m)	دولاب
percha (f)	ʃammā'a (f)	شمّاعة
perchero (m) de pie	ʃammā'a (f)	شمّاعة

cómoda (f)	dulāb adrāʒ (m)	دولاب أدراج
mesa (f) de café	ṭāwilat al qahwa (f)	طاولة القهوة

espejo (m)	mir'āt (f)	مرآة
tapiz (m)	siʒāda (f)	سجادة
alfombra (f)	siʒāda (f)	سجادة

chimenea (f)	midfa'a ḥā'iṭiyya (f)	مدفأة حائطيّة
candela (f)	ʃam'a (f)	شمعة
candelero (m)	ʃam'adān (m)	شمعدان

cortinas (f pl)	satā'ir (pl)	ستائر
empapelado (m)	waraq ḥīṭān (m)	ورق حيطان
estor (m) de láminas	haṣīrat ʃubbāk (f)	حصيرة شبّاك
lámpara (f) de mesa	miṣbāḥ aṭ ṭāwila (m)	مصباح الطاولة
candil (m)	miṣbāḥ al ḥā'iṭ (f)	مصباح الحائط

| lámpara (f) de pie | miṣbāḥ arḍiy (m) | مصباح أرضيّ |
| lámpara (f) de araña | naʒafa (f) | نجفة |

pata (f) (~ de la mesa)	riʒl (f)	رجل
brazo (m)	masnad (m)	مسند
espaldar (m)	masnad (m)	مسند
cajón (m)	durʒ (m)	درج

96. Los accesorios de la cama

ropa (f) de cama	bayāḍāt as sarīr (pl)	بياضات السرير
almohada (f)	wisāda (f)	وسادة
funda (f)	kīs al wisāda (m)	كيس الوسادة
manta (f)	baṭṭāniyya (f)	بطّانيّة
sábana (f)	milāya (f)	ملاية
sobrecama (f)	ɣiṭā' as sarīr (m)	غطاء السرير

97. La cocina

cocina (f)	maṭbax (m)	مطبخ
gas (m)	ɣāz (m)	غاز
cocina (f) de gas	butuɣāz (m)	بوتوغاز
cocina (f) eléctrica	furn kaharabā'iy (m)	فرن كهربائيّ
horno (m)	furn (m)	فرن
horno (m) microondas	furn al mikruwayv (m)	فرن الميكرووييف

frigorífico (m)	θallāʒa (f)	ثلّاجة
congelador (m)	frīzir (m)	فريزر
lavavajillas (m)	ɣassāla (f)	غسّالة

picadora (f) de carne	farrāmat laḥm (f)	فرّامة لحم
exprimidor (m)	'aṣṣāra (f)	عصّارة
tostador (m)	maḥmaṣat xubz (f)	محمصة خبز
batidora (f)	xallāṭ (m)	خلّاط
cafetera (f) (aparato de cocina)	mākinat ṣan' al qahwa (f)	ماكينة صنع القهوة

| cafetera (f) (para servir) | kanaka (f) | كنكة |
| molinillo (m) de café | maṭḥanat qahwa (f) | مطحنة قهوة |

hervidor (m) de agua	barrād (m)	برّاد
tetera (f)	barrād aʃ ʃāy (m)	برّاد الشاي
tapa (f)	ɣiṭā' (m)	غطاء
colador (m) de té	miṣfāt (f)	مصفاة

cuchara (f)	mil'aqa (f)	ملعقة
cucharilla (f)	mil'aqat ʃāy (f)	ملعقة شاي
cuchara (f) de sopa	mil'aqa kabīra (f)	ملعقة كبيرة
tenedor (m)	ʃawka (f)	شوكة
cuchillo (m)	sikkīn (m)	سكّين

| vajilla (f) | ṣuḥūn (pl) | صحون |
| plato (m) | ṭabaq (m) | طبق |

platillo (m)	ṭabaq finǧān (m)	طبق فنجان
vaso (m) de chupito	ka's (f)	كأس
vaso (m) (~ de agua)	kubbāya (f)	كبّاية
taza (f)	finǧān (m)	فنجان
azucarera (f)	sukkariyya (f)	سكّرية
salero (m)	mamlaḥa (f)	مملحة
pimentero (m)	mabḥara (f)	مبهرة
mantequera (f)	ṣuḥn zubda (m)	صحن زبدة
cacerola (f)	kassirūlla (f)	كاسرولة
sartén (f)	ṭāsa (f)	طاسة
cucharón (m)	miɣrafa (f)	مغرفة
colador (m)	miṣfāt (f)	مصفاة
bandeja (f)	ṣīniyya (f)	صينيّة
botella (f)	zuǧāǧa (f)	زجاجة
tarro (m) de vidrio	barṭamān (m)	برطمان
lata (f) de hojalata	tanaka (f)	تنكة
abrebotellas (m)	fattāḥa (f)	فتّاحة
abrelatas (m)	fattāḥa (f)	فتّاحة
sacacorchos (m)	barrīma (f)	بريمة
filtro (m)	filtir (m)	فلتر
filtrar (vt)	ṣaffa	صفّى
basura (f)	zubāla (f)	زبالة
cubo (m) de basura	ṣundūq az zubāla (m)	صندوق الزبالة

98. El baño

cuarto (m) de baño	ḥammām (m)	حمّام
agua (f)	mā' (m)	ماء
grifo (m)	ḥanafiyya (f)	حنفيّة
agua (f) caliente	mā' sāxin (m)	ماء ساخن
agua (f) fría	mā' bārid (m)	ماء بارد
pasta (f) de dientes	ma'ǧūn asnān (m)	معجون أسنان
limpiarse los dientes	nazẓaf al asnān	نظف الأسنان
cepillo (m) de dientes	furʃat asnān (f)	فرشة أسنان
afeitarse (vr)	ḥalaq	حلق
espuma (f) de afeitar	raɣwa lil ḥilāqa (f)	رغوة للحلاقة
maquinilla (f) de afeitar	mūs ḥilāqa (m)	موس حلاقة
lavar (vt)	ɣasal	غسل
darse un baño	istaḥamm	إستحمّ
ducha (f)	dūʃ (m)	دوش
darse una ducha	axað ad duʃ	أخذ الدش
baño (m)	ḥawḍ istiḥmām (m)	حوض استحمام
inodoro (m)	mirḥāḍ (m)	مرحاض
lavabo (m)	ḥawḍ (m)	حوض
jabón (m)	ṣābūn (m)	صابون

jabonera (f)	ṣabbāna (f)	صبّانة
esponja (f)	līfa (f)	ليفة
champú (m)	ʃāmbū (m)	شامبو
toalla (f)	fūṭa (f)	فوطة
bata (f) de baño	θawb ḥammām (m)	ثوب حمّام
colada (f), lavado (m)	ɣasīl (m)	غسيل
lavadora (f)	ɣassāla (f)	غسّالة
lavar la ropa	ɣasal al malābis	غسل الملابس
detergente (m) en polvo	masḥūq ɣasīl (m)	مسحوق غسيل

99. Los aparatos domésticos

televisor (m)	tilivizyūn (m)	تليفزيون
magnetófono (m)	ʒihāz tasʒīl (m)	جهاز تسجيل
vídeo (m)	ʒihāz tasʒīl vidiyu (m)	جهاز تسجيل فيديو
radio (f)	ʒihāz radiyu (m)	جهاز راديو
reproductor (m) (~ MP3)	blayir (m)	بلير
proyector (m) de vídeo	ʻāriḍ vidiyu (m)	عارض فيديو
sistema (m) home cinema	sinima manzliyya (f)	سينما منزليّة
reproductor (m) de DVD	di vi di (m)	دي في دي
amplificador (m)	mukabbir aṣ ṣawt (m)	مكبّر الصوت
videoconsola (f)	ʼatāri (m)	أتاري
cámara (f) de vídeo	kamira vidiyu (f)	كاميرا فيديو
cámara (f) fotográfica	kamira (f)	كاميرا
cámara (f) digital	kamira diʒital (f)	كاميرا ديجيتال
aspirador (m)	miknasa kahrabāʼiyya (f)	مكنسة كهربائيّة
plancha (f)	makwāt (f)	مكواة
tabla (f) de planchar	lawḥat kayy (f)	لوحة كيّ
teléfono (m)	hātif (m)	هاتف
teléfono (m) móvil	hātif maḥmūl (m)	هاتف محمول
máquina (f) de escribir	ʼāla katiba (f)	آلة كاتبة
máquina (f) de coser	ʼālat al xiyāṭa (f)	آلة الخياطة
micrófono (m)	mikrufūn (m)	ميكروفون
auriculares (m pl)	sammāʻāt raʼsiya (pl)	سمّاعات رأسيّة
mando (m) a distancia	rimuwt kuntrūl (m)	ريموت كنترول
CD (m)	si di (m)	سي دي
casete (m)	ʃarīṭ (m)	شريط
disco (m) de vinilo	usṭuwāna (f)	أسطوانة

100. Los arreglos. La renovación

renovación (f)	taʒdīdāt (m)	تجديدات
renovar (vt)	ʒaddad	جدّد
reparar (vt)	aṣlaḥ	أصلح
poner en orden	naẓẓam	نظّم

rehacer (vt)	a'ād	أعاد
pintura (f)	dihān (m)	دهان
pintar (las paredes)	dahan	دهن
pintor (m)	dahhān (m)	دهّان
brocha (f)	furʃat lit talwīn (f)	فرشة للتلوين
cal (f)	maḥlūl mubayyiḍ (m)	محلول مبيّض
encalar (vt)	bayyaḍ	بيّض
empapelado (m)	waraq ḥī'ṭān (m)	ورق حيطان
empapelar (vt)	laṣaq waraq al ḥīṭān	لصق ورق الحيطان
barniz (m)	warnīʃ (m)	ورنيش
cubrir con barniz	ṭala bil warnīʃ	طلى بالورنيش

101. La plomería

agua (f)	mā' (m)	ماء
agua (f) caliente	mā' sāxin (m)	ماء ساخن
agua (f) fría	mā' bārid (m)	ماء بارد
grifo (m)	ḥanafiyya (f)	حنفيّة
gota (f)	qaṭara (f)	قطرة
gotear (el grifo)	qaṭar	قطر
gotear (cañería)	sarab	سرب
escape (f) de agua	tasarrub (m)	تسرّب
charco (m)	birka (f)	بركة
tubo (m)	māsūra (f)	ماسورة
válvula (f)	ṣimām (m)	صمام
estar atascado	kān masdūdan	كان مسدودًا
instrumentos (m pl)	adawāt (pl)	أدوات
llave (f) inglesa	miftāḥ inʒlīziy (m)	مفتاح إنجليزيّ
destornillar (vt)	fataḥ	فتح
atornillar (vt)	aḥkam aʃʃadd	أحكم الشدّ
desatascar (vt)	sallak	سلّك
fontanero (m)	sabbāk (m)	سبّاك
sótano (m)	sirdāb (m)	سرداب
alcantarillado (m)	ʃabakit il maʒāry (f)	شبكة مياه المجاري

102. El fuego. El Incendio

fuego (m)	ḥarīq (m)	حريق
llama (f)	ʃu'la (f)	شعلة
chispa (f)	ʃarāra (f)	شرارة
humo (m)	duxān (m)	دخان
antorcha (f)	ʃu'la (f)	شعلة
hoguera (f)	nār muxayyam (m)	نار مخيّم
gasolina (f)	banzīn (m)	بنزين
queroseno (m)	kirusīn (m)	كيروسين

inflamable (adj)	qābil lil iḥtirāq	قابل للإحتراق
explosivo (adj)	mutafaʒʒir	متفجّر
PROHIBIDO FUMAR	mamnūʿ at tadχīn	ممنوع التدخين
seguridad (f)	amn (m)	أمن
peligro (m)	χaṭar (m)	خطر
peligroso (adj)	χaṭīr	خطير
prenderse fuego	iʃtaʿal	إشتعل
explosión (f)	infiʒār (m)	إنفجار
incendiar (vt)	aʃʿal an nār	أشعل النار
incendiario (m)	muʃʿil ḥarīq (m)	مشعل حريق
incendio (m) provocado	iḥrāq (m)	إحراق
estar en llamas	talahhab	تلهّب
arder (vi)	iḥtaraq	إحترق
incendiarse (vr)	iḥtaraq	إحترق
llamar a los bomberos	istadʿa qism al ḥarīq	إستدعى قسم الحريق
bombero (m)	raʒul iṭfāʾ (m)	رجل إطفاء
coche (m) de bomberos	sayyārat iṭfāʾ (f)	سيّارة إطفاء
cuerpo (m) de bomberos	qism iṭfāʾ (m)	قسم إطفاء
escalera (f) telescópica	sullam iṭfāʾ (m)	سلّم إطفاء
manguera (f)	χarṭūm al māʾ (m)	خرطوم الماء
extintor (m)	miṭfaʾat ḥarīq (f)	مطفأة حريق
casco (m)	χūða (f)	خوذة
sirena (f)	ṣaffārat inðār (f)	صفّارة إنذار
gritar (vi)	ṣaraχ	صرخ
pedir socorro	istaɣāθ	إستغاث
socorrista (m)	munqið (m)	منقذ
salvar (vt)	anqað	أنقذ
llegar (vi)	waṣal	وصل
apagar (~ el incendio)	aṭfaʾ	أطفأ
agua (f)	māʾ (m)	ماء
arena (f)	raml (m)	رمل
ruinas (f pl)	ḥiṭām (pl)	حطام
colapsarse (vr)	inhār	إنهار
hundirse (vr)	inhār	إنهار
derrumbarse (vr)	inhār	إنهار
trozo (m) (~ del muro)	ḥiṭma (f)	حطمة
ceniza (f)	ramād (m)	رماد
morir asfixiado	iχtanaq	إختنق
perecer (vi)	halak	هلك

LAS ACTIVIDADES DE LA GENTE

El trabajo. Los negocios. Unidad 1

103. La oficina. El trabajo de oficina

oficina (f)	maktab (m)	مكتب
despacho (m)	maktab (m)	مكتب
recepción (f)	istiqbāl (m)	إستقبال
secretario (m)	sikirtīr (m)	سكرتير
director (m)	mudīr (m)	مدير
manager (m)	mudīr (m)	مدير
contable (m)	muḥāsib (m)	محاسب
colaborador (m)	muwaẓẓaf (m)	موظف
muebles (m pl)	aθāθ (m)	أثاث
escritorio (m)	maktab (m)	مكتب
silla (f)	kursiy (m)	كرسيّ
cajonera (f)	waḥdat adrāʒ (f)	وحدة أدراج
perchero (m) de pie	ʃammāʻa (f)	شمّاعة
ordenador (m)	kumbyūtir (m)	كمبيوتر
impresora (f)	ṭābiʻa (f)	طابعة
fax (m)	faks (m)	فاكس
fotocopiadora (f)	ʼālat nasx (f)	آلة نسخ
papel (m)	waraq (m)	ورق
papelería (f)	adawāt al kitāba (pl)	أدوات الكتابة
alfombrilla (f) para ratón	wisādat faʼra (f)	وسادة فأرة
hoja (f) de papel	waraqa (f)	ورقة
carpeta (f)	malaff (m)	ملفّ
catálogo (m)	fihris (m)	فهرس
directorio (m) telefónico	dalīl at tilifūn (m)	دليل التليفون
documentación (f)	waθāʼiq (pl)	وثائق
folleto (m)	naʃra (f)	نشرة
prospecto (m)	manʃūr (m)	منشور
muestra (f)	namūðaʒ (m)	نموذج
reunión (f) de formación	iʒtimāʻ tadrīb (m)	إجتماع تدريب
reunión (f)	iʒtimāʻ (m)	إجتماع
pausa (f) de almuerzo	fatrat al ɣadāʼ (f)	فترة الغذاء
hacer una copia	ṣawwar	صوّر
hacer copias	ṣawwar	صوّر
recibir un fax	istalam faks	إستلم فاكس
enviar un fax	arsal faks	أرسل فاكس
llamar por teléfono	ittaṣal	إتّصل

responder (vi, vt)	radd	ردَّ
poner en comunicación	waṣṣal	وصَّل
fijar (~ una reunión)	ḥaddad	حدَّد
demostrar (vt)	ʿaraḍ	عرض
estar ausente	ɣāb	غاب
ausencia (f)	ɣiyāb (m)	غياب

104. Los métodos de los negocios. Unidad 1

ocupación (f)	ʃuɣl (m)	شغل
firma (f)	ʃarika (f)	شركة
compañía (f)	ʃarika (f)	شركة
corporación (f)	muʾassasa tiʒāriyya (f)	مؤسسة تجارية
empresa (f)	ʃarika (f)	شركة
agencia (f)	wikāla (f)	وكالة
acuerdo (m)	ittifāqiyya (f)	إتِّفاقيَّة
contrato (m)	ʿaqd (m)	عقد
trato (m), acuerdo (m)	ṣafqa (f)	صفقة
pedido (m)	ṭalab (m)	طلب
condición (f) del contrato	ʃarṭ (m)	شرط
al por mayor (adv)	bil ʒumla	بالجملة
al por mayor (adj)	al ʒumla	الجملة
venta (f) al por mayor	bayʿ bil ʒumla (m)	بيع بالجملة
al por menor (adj)	at taʒziʾa	التجزئة
venta (f) al por menor	bayʿ bit taʒziʾa (m)	بيع بالتجزئة
competidor (m)	munāfis (m)	منافس
competencia (f)	munāfasa (f)	منافسة
competir (vi)	nāfas	نافس
socio (m)	ʃarīk (m)	شريك
sociedad (f)	ʃirāka (f)	شراكة
crisis (m)	azma (f)	أزمة
bancarrota (f)	iflās (m)	إفلاس
ir a la bancarrota	aflas	أفلس
dificultad (f)	ṣuʿūba (f)	صعوبة
problema (m)	muʃkila (f)	مشكلة
catástrofe (f)	kāriθa (f)	كارثة
economía (f)	iqtiṣād (m)	إقتصاد
económico (adj)	iqtiṣādiy	إقتصاديّ
recesión (f) económica	rukūd iqtiṣādiy (m)	ركود إقتصاديّ
meta (f)	hadaf (m)	هدف
objetivo (m)	muhimma (f)	مهمَّة
comerciar (vi)	tāʒir	تاجر
red (f) (~ comercial)	ʃabaka (f)	شبكة
existencias (f pl)	al maxzūn (m)	المخزون
surtido (m)	taʃkīla (f)	تشكيلة

líder (m)	qā'id (m)	قائد
grande (empresa ~)	kabīr	كبير
monopolio (m)	iḥtikār (m)	إحتكار
teoría (f)	naẓariyya (f)	نظرية
práctica (f)	mumārasa (f)	ممارسة
experiencia (f)	χibra (f)	خبرة
tendencia (f)	ittiʒāh (m)	إتّجاه
desarrollo (m)	tanmiya (f)	تنمية

105. Los métodos de los negocios. Unidad 2

rentabilidad (f)	ribḥ (m)	ربح
rentable (adj)	murbiḥ	مربح
delegación (f)	wafd (m)	وفد
salario (m)	murattab (m)	مرتّب
corregir (un error)	ṣaḥḥaḥ	صحّح
viaje (m) de negocios	riḥlat ʻamal (f)	رحلة عمل
comisión (f)	laʒna (f)	لجنة
controlar (vt)	taḥakkam	تحكّم
conferencia (f)	muʼtamar (m)	مؤتمر
licencia (f)	ruχṣa (f)	رخصة
fiable (socio ~)	mawθūq	موثوق
iniciativa (f)	mubādara (f)	مبادرة
norma (f)	miʻyār (m)	معيار
circunstancia (f)	ẓarf (m)	ظرف
deber (m)	wāʒib (m)	واجب
empresa (f)	munaẓẓama (f)	منظّمة
organización (f) (proceso)	tanẓīm (m)	تنظيم
organizado (adj)	munaẓẓam	منظّم
anulación (f)	ilɣāʼ (m)	إلغاء
anular (vt)	alɣa	ألغى
informe (m)	taqrīr (m)	تقرير
patente (m)	baraʼat al iχtirāʻ (f)	براءة الإختراع
patentar (vt)	saʒʒal barāʼat al iχtirāʻ	سجّل براءة الإختراع
planear (vt)	χaṭṭaṭ	خطّط
premio (m)	ʻilāwa (f)	علاوة
profesional (adj)	mihaniy	مهنيّ
procedimiento (m)	iʒrāʼ (m)	إجراء
examinar (vt)	baḥaθ	بحث
cálculo (m)	ḥisāb (m)	حساب
reputación (f)	sumʻa (f)	سمعة
riesgo (m)	muχāṭara (f)	مخاطرة
dirigir (administrar)	adār	أدار
información (f)	maʻlūmāt (pl)	معلومات
propiedad (f)	milkiyya (f)	ملكيّة

unión (f)	ittiḥād (m)	إتحاد
seguro (m) de vida	ta'mīn 'alal ḥayāt (m)	تأمين على الحياة
asegurar (vt)	amman	أمن
seguro (m)	ta'mīn (m)	تأمين
subasta (f)	mazād (m)	مزاد
notificar (informar)	ablaɣ	أبلغ
gestión (f)	idāra (f)	إدارة
servicio (m)	χidma (f)	خدمة
foro (m)	nadwa (f)	ندوة
funcionar (vi)	adda waẓīfa	أدى وظيفته
etapa (f)	marḥala (f)	مرحلة
jurídico (servicios ~s)	qānūniy	قانونيّ
jurista (m)	muḥāmi (m)	محام

106. La producción. Los trabajos

planta (f)	maṣnaʿ (m)	مصنع
fábrica (f)	maṣnaʿ (m)	مصنع
taller (m)	warʃa (f)	ورشة
planta (f) de producción	maṣnaʿ (m)	مصنع
industria (f)	ṣināʿa (f)	صناعة
industrial (adj)	ṣināʿiy	صناعيّ
industria (f) pesada	ṣināʿa θaqīla (f)	صناعة ثقيلة
industria (f) ligera	ṣināʿa χafīfa (f)	صناعة خفيفة
producción (f)	muntaʒāt (pl)	منتجات
producir (vt)	antaʒ	أنتج
materias (f pl) primas	mawādd χām (pl)	موادّ خام
jefe (m) de brigada	raʾīs al ʿummāl (m)	رئيس العمّال
brigada (f)	farīq al ʿummāl (m)	فريق العمّال
obrero (m)	ʿāmil (m)	عامل
día (m) de trabajo	yawm ʿamal (m)	يوم عمل
descanso (m)	rāḥa (f)	راحة
reunión (f)	iʒtimāʿ (m)	إجتماع
discutir (vt)	nāqaʃ	ناقش
plan (m)	χiṭṭa (f)	خطّة
cumplir el plan	naffað al χuṭṭa	نفذ الخطّة
tasa (f) de producción	muʿaddal al intāʒ (m)	معدّل الإنتاج
calidad (f)	ʒawda (f)	جودة
revisión (f)	taftīʃ (m)	تفتيش
control (m) de calidad	ḍabṭ al ʒawda (f)	ضبط الجودة
seguridad (f) de trabajo	salāmat makān al ʿamal (f)	سلامة مكان العمل
disciplina (f)	inḍibāṭ (m)	إنضباط
infracción (f)	muχālafa (f)	مخالفة
violar (las reglas)	χālaf	خالف
huelga (f)	iḍrāb (m)	إضراب
huelguista (m)	muḍrib (m)	مضرب

95

estar en huelga	aḍrab	أضرب
sindicato (m)	ittiḥād al ʻummāl (m)	إتّحاد العمّال
inventar (máquina, etc.)	ixtaraʻ	إخترع
invención (f)	ixtirāʻ (m)	إختراع
investigación (f)	baḥθ (m)	بحث
mejorar (vt)	ḥassan	حسّن
tecnología (f)	tiknulūʒiya (f)	تكنولوجيا
dibujo (m) técnico	rasm taqniy (m)	رسم تقنيّ
cargamento (m)	ʃaḥn (m)	شحن
cargador (m)	ḥammāl (m)	حمّال
cargar (camión, etc.)	ʃaḥan	شحن
carga (f) (proceso)	taḥmīl (m)	تحميل
descargar (vt)	afraɣ	أفرغ
descarga (f)	ifrāɣ (m)	إفراغ
transporte (m)	wasā'il an naql (pl)	وسائل النقل
compañía (f) de transporte	ʃarikat naql (f)	شركة نقل
transportar (vt)	naqal	نقل
vagón (m)	ʻarabat ʃaḥn (f)	عربة شحن
cisterna (f)	xazzān (m)	خزّان
camión (m)	ʃāḥina (f)	شاحنة
máquina (f) herramienta	mākina (f)	ماكنة
mecanismo (m)	'āliyya (f)	آليّة
desperdicios (m pl)	muxallafāt ṣināʻiyya (pl)	مخلفات صناعية
empaquetado (m)	taʻbi'a (f)	تعبئة
embalar (vt)	'abba'	عبّأ

107. El contrato. El acuerdo

contrato (m)	ʻaqd (m)	عقد
acuerdo (m)	ittifāq (m)	إتّفاق
anexo (m)	mulḥaq (m)	ملحق
firmar un contrato	waqqaʻ ʻala ʻaqd	وقّع على عقد
firma (f) (nombre)	tawqīʻ (m)	توقيع
firmar (vt)	waqqaʻ	وقّع
sello (m)	xatm (m)	ختم
objeto (m) del acuerdo	mawḍūʻ al ʻaqd (m)	موضوع العقد
cláusula (f)	band (m)	بند
partes (f pl)	aṭrāf (pl)	أطراف
domicilio (m) legal	ʻunwān qānūniy (m)	عنوان قانوني
violar el contrato	xālaf al ʻaqd	خالف العقد
obligación (f)	iltizām (m)	إلتزام
responsabilidad (f)	mas'ūliyya (f)	مسؤوليّة
fuerza mayor (f)	quwwa qāhira (f)	قوّة قاهرة
disputa (f)	xilāf (m)	خلاف
penalidades (f pl)	ʻuqūbāt (pl)	عقوبات

108. Importación y Exportación

importación (f)	istīrād (m)	إستيراد
importador (m)	mustawrid (m)	مستورد
importar (vt)	istawrad	إستورد
de importación (adj)	wārid	وارد
exportación (f)	taṣdīr (m)	تصدير
exportador (m)	muṣaddir (m)	مصدِر
exportar (vt)	ṣaddar	صدَر
de exportación (adj)	sādir	صادر
mercancía (f)	baḍā'i' (pl)	بضائع
lote (m) de mercancías	ʃaḥna (f)	شحنة
peso (m)	wazn (m)	وزن
volumen (m)	ḥaʒm (m)	حجم
metro (m) cúbico	mitr mukaʻʻab (m)	متر مكعَب
productor (m)	aʃʃarika al muṣniʻa (f)	الشركة المصنعة
compañía (f) de transporte	ʃarikat naql (f)	شركة نقل
contenedor (m)	ḥāwiya (f)	حاوية
frontera (f)	ḥadd (m)	حدّ
aduana (f)	ʒamārik (pl)	جمارك
derechos (m pl) arancelarios	rasm ʒumrukiy (m)	رسم جمركيّ
aduanero (m)	muwaẓẓaf al ʒamārik (m)	موظَف الجمارك
contrabandismo (m)	tahrīb (m)	تهريب
contrabando (m)	biḍāʻa muharraba (pl)	بضاعة مهرَبة

109. Las finanzas

acción (f)	sahm (m)	سهم
bono (m), obligación (f)	sanad (m)	سند
letra (f) de cambio	kimbyāla (f)	كمبيالة
bolsa (f)	būrṣa (f)	بورصة
cotización (f) de valores	siʻr as sahm (m)	سعر السهم
abaratarse (vr)	raxuṣ	رخص
encarecerse (vr)	ɣala	غلى
parte (f)	naṣīb (m)	نصيب
interés (m) mayoritario	al maʒmūʻa al musayṭara (f)	المجموعة المسيطرة
inversiones (f pl)	istiθmār (pl)	إستثمار
invertir (vi, vt)	istaθmar	إستثمر
porcentaje (m)	bil mi'a (m)	بالمئة
interés (m)	fa'ida (f)	فائدة
beneficio (m)	ribḥ (m)	ربح
beneficioso (adj)	murbiḥ	مربح
impuesto (m)	ḍarība (f)	ضريبة
divisa (f)	ʻumla (f)	عملة

T&P Books. Vocabulario Español-Árabe - 9000 palabras más usadas

nacional (adj)	waṭaniy	وطنيَ
cambio (m)	taḥwīl (m)	تحويل
contable (m)	muḥāsib (m)	محاسب
contaduría (f)	maḥasaba (f)	محاسبة
bancarrota (f)	iflās (m)	إفلاس
quiebra (f)	inhiyār (m)	إنهيار
ruina (f)	iflās (m)	إفلاس
arruinarse (vr)	aflas	أفلس
inflación (f)	taḍaxxum māliy (m)	تضخّم ماليَ
devaluación (f)	taxfīḍ qīmat ʿumla (m)	تخفيض قيمة عملة
capital (m)	raʾs māl (m)	رأس مال
ingresos (m pl)	daxl (m)	دخل
volumen (m) de negocio	dawrat raʾs al māl (f)	دورة رأس المال
recursos (m pl)	mawārid (pl)	موارد
recursos (m pl) monetarios	al mawārid an naqdiyya (pl)	الموارد النقديَة
gastos (m pl) accesorios	nafaqāt ʿāmma (pl)	نفقات عامَة
reducir (vt)	xaffaḍ	خفَض

110. La mercadotecnia

mercadotecnia (f)	taswīq (m)	تسويق
mercado (m)	sūq (f)	سوق
segmento (m) del mercado	qaṭāʿ as sūq (m)	قطاع السوق
producto (m)	muntaʒ (m)	منتج
mercancía (f)	baḍāʾiʿ (pl)	بضائع
marca (f)	mārka (f)	ماركة
marca (f) comercial	mārka tiʒāriyya (f)	ماركة تجاريَة
logotipo (m)	ʃiʿār (m)	شعار
logo (m)	ʃiʿār (m)	شعار
demanda (f)	ṭalab (m)	طلب
oferta (f)	maxzūn (m)	مخزون
necesidad (f)	ḥāʒa (f)	حاجة
consumidor (m)	mustahlik (m)	مستهلك
análisis (m)	taḥlīl (m)	تحليل
analizar (vt)	ḥallal	حلَل
posicionamiento (m)	waḍʿ (m)	وضع
posicionar (vt)	waḍaʿ	وضع
precio (m)	siʿr (m)	سعر
política (f) de precios	siyāsat al asʿār (f)	سياسة الأسعار
formación (m) de precios	taʃkīl al asʿār (m)	تشكيل الأسعار

111. La publicidad

| publicidad (f) | iʿlān (m) | إعلان |
| publicitar (vt) | aʿlan | أعلن |

98

presupuesto (m)	mīzāniyya (f)	ميزانيّة
anuncio (m) publicitario	i'lān (m)	إعلان
publicidad (f) televisiva	i'lān fit tiliviziyūn (m)	إعلان في التليفزيون
publicidad (f) radiofónica	i'lān fir rādiyu (m)	إعلان في الراديو
publicidad (f) exterior	i'lān zāhiriy (m)	إعلان ظاهري
medios (m pl) de comunicación de masas	wasā'il al i'lām (pl)	وسائل الإعلام
periódico (m)	ṣaḥifa dawriyya (f)	صحيفة دوريّة
imagen (f)	imiȝ (m)	إيميج
consigna (f)	ʃi'ār (m)	شعار
divisa (f)	ʃi'ār (m)	شعار
campaña (f)	ḥamla (f)	حملة
campaña (f) publicitaria	ḥamla i'lāniyya (f)	حملة إعلانيّة
auditorio (m) objetivo	maȝmū'a mustahdafa (f)	مجموعة مستهدفة
tarjeta (f) de visita	biṭāqat al 'amal (f)	بطاقة العمل
prospecto (m)	manʃūr (m)	منشور
folleto (m)	naʃra (f)	نشرة
panfleto (m)	kutayyib (m)	كتيّب
boletín (m)	naʃra ixbāriyya (f)	نشرة إخبارية
letrero (m) (~ luminoso)	lāfita (f)	لافتة
pancarta (f)	mulṣaq i'lāniy (m)	ملصق إعلاني
valla (f) publicitaria	lawḥat i'lānāt (f)	لوحة إعلانات

112. La banca

banco (m)	bank (m)	بنك
sucursal (f)	far' (m)	فرع
asesor (m) (~ fiscal)	muwaẓẓaf bank (m)	موظّف بنك
gerente (m)	mudīr (m)	مدير
cuenta (f)	ḥisāb (m)	حساب
numero (m) de la cuenta	raqm al ḥisāb (m)	رقم الحساب
cuenta (f) corriente	ḥisāb ȝāri (m)	حساب جار
cuenta (f) de ahorros	ḥisāb tawfīr (m)	حساب توفير
abrir una cuenta	fataḥ ḥisāb	فتح حسابا
cerrar la cuenta	aɣlaq ḥisāb	أغلق حسابا
ingresar en la cuenta	awda' fil ḥisāb	أودع في الحساب
sacar de la cuenta	saḥab min al ḥisāb	سحب من الحساب
depósito (m)	wadī'a (f)	وديعة
hacer un depósito	awda'	أودع
giro (m) bancario	ḥawāla (f)	حوالة
hacer un giro	ḥawwal	حوّل
suma (f)	mablaɣ (m)	مبلغ
¿Cuánto?	kam?	كم؟
firma (f) (nombre)	tawqī' (m)	توقيع

T&P Books. Vocabulario Español-Árabe - 9000 palabras más usadas

firmar (vt)	waqqaʻ	وقَّع
tarjeta (f) de crédito	biṭāqat iʼtimān (f)	بطاقة الئتمان
código (m)	kūd (m)	كود
número (m) de tarjeta de crédito	raqm biṭāqat iʼtimān (m)	رقم بطاقة إئتمان
cajero (m) automático	ṣarrāf ʼāliy (m)	صرَّاف آليّ

cheque (m)	ʃīk (m)	شيك
sacar un cheque	katab ʃīk	كتب شيكًا
talonario (m)	daftar ʃīkāt (m)	دفتر شيكات

crédito (m)	qarḍ (m)	قرض
pedir el crédito	qaddam ṭalab lil ḥuṣūl ʼala qarḍ	قدَّم طلبا للحصول على قرض
obtener un crédito	ḥaṣal ʼala qarḍ	حصل على قرض
conceder un crédito	qaddam qarḍ	قدَّم قرضا
garantía (f)	ḍamān (m)	ضمان

113. El teléfono. Las conversaciones telefónicas

teléfono (m)	hātif (m)	هاتف
teléfono (m) móvil	hātif maḥmūl (m)	هاتف محمول
contestador (m)	muʒīb al hātif (m)	مجيب الهاتف

| llamar, telefonear | ittaṣal | إتَّصل |
| llamada (f) | mukālama tilifuniyya (f) | مكالمة تليفونية |

| marcar un número | ittaṣal bi raqm | إتَّصل برقم |
| ¿Sí?, ¿Dígame? | alu! | ألو! |

| preguntar (vt) | saʼal | سأل |
| responder (vi, vt) | radd | ردّ |

| oír (vt) | samiʻ | سمع |
| bien (adv) | ʒayyidan | جيِّدًا |

| mal (adv) | sayyiʼan | سيِّئًا |
| ruidos (m pl) | taʃwīʃ (m) | تشويش |

auricular (m)	sammāʻa (f)	سمَّاعة
descolgar (el teléfono)	rafaʻ as sammāʻa	رفع السمَّاعة
colgar el auricular	qafal as sammāʻa	قفل السمَّاعة

ocupado (adj)	maʃɣūl	مشغول
sonar (teléfono)	rann	رنّ
guía (f) de teléfonos	dalīl at tilifūn (m)	دليل التليفون

| local (adj) | maḥalliyya | محلِّيَة |
| llamada (f) local | mukālama hātifiyya maḥalliyya (f) | مكالمة هاتفيَة محلِّيَة |

de larga distancia	baʻīd al mada	بعيد المدى
llamada (f) de larga distancia	mukālama baʻīdat al mada (f)	مكالمة بعيدة المدى
internacional (adj)	duwaliy	دوليّ
llamada (f) internacional	mukālama duwaliyya (f)	مكالمة دوليَة

114. El teléfono celular

teléfono (m) móvil	hātif maḥmūl (m)	هاتف محمول
pantalla (f)	ʒihāz ʻarḍ (m)	جهاز عرض
botón (m)	zirr (m)	زر
tarjeta SIM (f)	sim kart (m)	سيم كارت
pila (f)	baṭṭāriyya (f)	بطّارية
descargarse (vr)	xalaṣat	خلصت
cargador (m)	ʃāḥin (m)	شاحن
menú (m)	qāʼima (f)	قائمة
preferencias (f pl)	awḍāʻ (pl)	أوضاع
melodía (f)	naɣma (f)	نغمة
seleccionar (vt)	ixtār	إختار
calculadora (f)	ʼāla ḥāsiba (f)	آلة حاسبة
contestador (m)	barīd ṣawtiy (m)	بريد صوتيّ
despertador (m)	munabbih (m)	منبّه
contactos (m pl)	ʒihāt al ittiṣāl (pl)	جهات الإتّصال
mensaje (m) de texto	risāla qaṣīra sɛmɛs (f)	رسالة قصيرة sms
abonado (m)	muʃtarik (m)	مشترك

115. Los artículos de escritorio

bolígrafo (m)	qalam ʒāf (m)	قلم جاف
pluma (f) estilográfica	qalam rīʃa (m)	قلم ريشة
lápiz (m)	qalam ruṣāṣ (m)	قلم رصاص
marcador (m)	markir (m)	ماركر
rotulador (m)	qalam xaṭṭāṭ (m)	قلم خطاط
bloc (m) de notas	muðakkira (f)	مذكّرة
agenda (f)	ʒadwal al aʻmāl (m)	جدول الأعمال
regla (f)	masṭara (f)	مسطرة
calculadora (f)	ʼāla ḥāsiba (f)	آلة حاسبة
goma (f) de borrar	astīka (f)	استيكة
chincheta (f)	dabbūs (m)	دبّوس
clip (m)	dabbūs waraq (m)	دبّوس ورق
pegamento (m)	ṣamɣ (m)	صمغ
grapadora (f)	dabbāsa (f)	دبّاسة
perforador (m)	xarrāma (m)	خرّامة
sacapuntas (m)	mibrāt (f)	مبراة

116. Diversos tipos de documentación

informe (m)	taqrīr (m)	تقرير
acuerdo (m)	ittifāq (m)	إتّفاق

formulario (m) de solicitud	istimārat ṭalab (m)	إستمارة طلب
auténtico (adj)	aṣliy	أصليّ
tarjeta (f) de identificación	ʃāra (f)	شارة
tarjeta (f) de visita	biṭāqat al ʻamal (f)	بطاقة العمل
certificado (m)	ʃahāda (f)	شهادة
cheque (m) bancario	ʃīk (m)	شيك
cuenta (f) (restaurante)	ḥisāb (m)	حساب
constitución (f)	dustūr (m)	دستور
contrato (m)	ʻaqd (m)	عقد
copia (f)	ṣūra (f)	صورة
ejemplar (m)	nusxa (f)	نسخة
declaración (f) de aduana	taṣrīḥ ʒumrukiy (m)	تصريح جمركيّ
documento (m)	waθīqa (f)	وثيقة
permiso (m) de conducir	ruxṣat al qiyāda (f)	رخصة قيادة
anexo (m)	mulḥaq (m)	ملحق
cuestionario (m)	istimāra (f)	إستمارة
carnet (m) de identidad	biṭāqat al huwiyya (f)	بطاقة الهويّة
solicitud (f) de información	istifsār (m)	إستفسار
tarjeta (f) de invitación	biṭāqat daʻwa (f)	بطاقة دعوة
factura (f)	fātūra (f)	فاتورة
ley (f)	qānūn (m)	قانون
carta (f)	risāla (f)	رسالة
hoja (f) membretada	tarwīsa (f)	ترويسة
lista (f) (de nombres, etc.)	qāʼima (f)	قائمة
manuscrito (m)	maxṭūṭa (f)	مخطوطة
boletín (m)	naʃra ixbāriyya (f)	نشرة إخبارية
nota (f) (mensaje)	nūta (f)	نوتة
pase (m) (permiso)	biṭāqat murūr (f)	بطاقة مرور
pasaporte (m)	ʒawāz as safar (m)	جواز السفر
permiso (m)	ruxṣa (f)	رخصة
curriculum vitae (m)	sīra ðātiyya (f)	سيرة ذاتيّة
pagaré (m)	muðakkirat dayn (f)	مذكّرة دين
recibo (m)	ʼīṣāl (m)	إيصال
ticket (m) de compra	ʼīṣāl (m)	إيصال
informe (m)	taqrīr (m)	تقرير
presentar (identificación)	qaddam	قدّم
firmar (vt)	waqqaʻ	وقّع
firma (f) (nombre)	tawqīʻ (m)	توقيع
sello (m)	xatm (m)	ختم
texto (m)	naṣṣ (m)	نصّ
billete (m)	taðkira (f)	تذكرة
tachar (vt)	ʃaṭab	شطب
rellenar (vt)	malaʼ	ملأ
guía (f) de embarque	bulīṣat ʃaḥn (f)	بوليصة شحن
testamento (m)	waṣiyya (f)	وصيّة

117. Tipos de negocios

agencia (f) de empleo	wikālat tawẓīf (f)	وكالة توظيف
agencia (f) de información	wikālat anbā' (f)	وكالة أنباء
agencia (f) de publicidad	wikālat i'lān (f)	وكالة إعلان
agencia (f) de seguridad	ʃarikat amn (f)	شركة أمن
almacén (m)	mustawdaʻ (m)	مستودع
antigüedad (f)	tuḥaf (pl)	تحف
asesoría (f) jurídica	xidamāt qānūniyya (pl)	خدمات قانونيّة
servicios (m pl) de auditoría	tadqīq al ḥisābāt (pl)	تدقيق الحسابات
bar (m)	bār (m)	بار
bebidas (f pl) alcohólicas	maʃrūbāt kuḥūliyya (pl)	مشروبات كحوليّة
bolsa (f) de comercio	būrṣa (f)	بورصة
casino (m)	kazinu (m)	كازينو
centro (m) de negocios	markaz tiʒāriy (m)	مركز تجاريّ
fábrica (f) de cerveza	maṣnaʻ bīra (m)	مصنع بيرة
cine (m) (iremos al ~)	sinima (f)	سينما
climatizadores (m pl)	takyīf (m)	تكييف
club (m) nocturno	malha layliy (m)	ملهى ليليّ
comercio (m)	tiʒāra (f)	تجارة
productos alimenticios	mawādd ɣiðā'iyya (pl)	موادّ غذائيّة
compañía (f) aérea	ʃarikat ṭayarān (f)	شركة طيران
construcción (f)	binā' (m)	بناء
contabilidad (f)	xidamāt muḥasaba (pl)	خدمات محاسبة
deporte (m)	riyāḍa (f)	رياضة
diseño (m)	taṣmīm (m)	تصميم
editorial (f)	dār aṭ ṭibāʻa wan naʃr (f)	دار الطباعة والنشر
escuela (f) de negocios	kulliyyat idārat al aʻmāl (f)	كليّة إدارة الأعمال
estomatología (f)	ʻiyādat asnān (f)	عيادة أسنان
farmacia (f)	ṣaydaliyya (f)	صيدليّة
industria (f) farmacéutica	ṣaydala (f)	صيدلة
funeraria (f)	bayt al ʒanāzāt (m)	بيت الجنازات
galería (f) de arte	maʻraḍ fanniy (m)	معرض فنيّ
helado (m)	muθallaʒāt (pl)	مثلّجات
hotel (m)	funduq (m)	فندق
industria (f)	ṣināʻa (f)	صناعة
industria (f) ligera	ṣināʻa xafīfa (f)	صناعة خفيفة
inmueble (m)	ʻiqārāt (pl)	عقارات
internet (m), red (f)	intirnit (m)	إنترنت
inversiones (f pl)	istiθmārāt (pl)	إستثمارات
joyería (f)	muʒawharāt (pl)	مجوهرات
joyero (m)	ṣā'iɣ (m)	صائغ
lavandería (f)	maɣsala (f)	مغسلة
librería (f)	maḥall kutub (m)	محلّ كتب
medicina (f)	ṭibb (m)	طبّ
muebles (m pl)	aθāθ (m)	أثاث

museo (m)	matḥaf (m)	متحف
negocio (m) bancario	al qiṭā' al maṣrafiy (m)	القطاع المصرفي
periódico (m)	ʒarīda (f)	جريدة
petróleo (m)	nafṭ (m)	نفط
piscina (f)	masbaḥ (m)	مسبح
poligrafía (f)	ṭibā'a (f)	طباعة
publicidad (f)	i'lān (m)	إعلان
radio (f)	iðā'a (f)	إذاعة
recojo (m) de basura	ʒam' an nufāyāt (m)	جمع النفايات
restaurante (m)	maṭ'am (m)	مطعم
revista (f)	maʒalla (f)	مجلّة
ropa (f), vestido (m)	malābis (pl)	ملابس
salón (m) de belleza	ṣālūn taʒmīl (m)	صالون تجميل
seguro (m)	ta'mīn (m)	تأمين
servicio (m) de entrega	χidamāt aʃ ʃaḥn (pl)	خدمات الشحن
servicios (m pl) financieros	χidamāt māliyya (pl)	خدمات ماليّة
supermercado (m)	subirmarkit (m)	سوبرماركت
taller (m)	ṣālūn (m)	صالون
teatro (m)	masraḥ (m)	مسرح
televisión (f)	tilivizyūn (m)	تلفزيون
tienda (f)	maḥall (m)	محلّ
tintorería (f)	tanẓīf ʒāff (m)	تنظيف جافّ
servicios de transporte	wasā'il an naql (pl)	وسائل النقل
turismo (m)	siyāḥa (f)	سياحة
venta (f) por catálogo	bay' bil barīd (m)	بيع بالبريد
veterinario (m)	ṭabīb bayṭariy (m)	طبيب بيطريّ
consultoría (f)	istiʃāra (f)	إستشارة

El trabajo. Los negocios. Unidad 2

118. El espectáculo. La exhibición

exposición, feria (f)	ma'raḍ (m)	معرض
feria (f) comercial	ma'raḍ tiǧāriy (m)	معرض تجاريّ
participación (f)	iʃtirāk (m)	إشتراك
participar (vi)	iʃtarak	إشترك
participante (m)	muʃtarik (m)	مشترك
director (m)	mudīr (m)	مدير
dirección (f)	maktab al munaẓẓimīn (m)	مكتب المنظّمين
organizador (m)	munaẓẓim (m)	منظّم
organizar (vt)	naẓẓam	نظّم
solicitud (f) de participación	istimārat al iʃtirāk (f)	إستمارة الإشتراك
rellenar (vt)	mala'	ملأ
detalles (m pl)	tafāṣīl (pl)	تفاصيل
información (f)	isti'lāmāt (pl)	إستعلامات
precio (m)	si'r (m)	سعر
incluso	bima fīh	بما فيه
incluir (vt)	taḍamman	تضمّن
pagar (vi, vt)	dafa'	دفع
cuota (f) de registro	rusūm at tasǧīl (pl)	رسوم التسجيل
entrada (f)	madxal (m)	مدخل
pabellón (m)	ǧanāḥ (m)	جناح
registrar (vt)	saǧǧal	سجّل
tarjeta (f) de identificación	ʃāra (f)	شارة
stand (m)	kuʃk (m)	كشك
reservar (vt)	ḥaǧaz	حجز
vitrina (f)	vatrīna (f)	فترينة
lámpara (f)	miṣbāḥ (m)	مصباح
diseño (m)	taṣmīm (m)	تصميم
poner (colocar)	waḍa'	وضع
distribuidor (m)	muwazzi' (m)	موزّع
proveedor (m)	muwarrid (m)	مورد
país (m)	balad (m)	بلد
extranjero (adj)	aǧnabiy	أجنبيّ
producto (m)	muntaǧ (m)	منتج
asociación (f)	ǧam'iyya (f)	جمعيّة
sala (f) de conferencias	qā'at al mu'tamarāt (f)	قاعة المؤتمرات
congreso (m)	mu'tamar (m)	مؤتمر

Español	Transliteración	Árabe
concurso (m)	musābaqa (f)	مسابقة
visitante (m)	zā'ir (m)	زائر
visitar (vt)	ḥaḍar	حضر
cliente (m)	zubūn (m)	زبون

119. Los medios masivos

periódico (m)	ʒarīda (f)	جريدة
revista (f)	maʒalla (f)	مجلّة
prensa (f)	ṣiḥāfa (f)	صحافة
radio (f)	iðā'a (f)	إذاعة
estación (f) de radio	maḥaṭṭat iðā'a (f)	محطّة إذاعة
televisión (f)	tilivizyūn (m)	تلیفزیون
presentador (m)	mu'addim (m)	مقدّم
presentador (m) de noticias	muðī' (m)	مذيع
comentarista (m)	mu'alliq (m)	معلّق
periodista (m)	ṣuḥufiy (m)	صحفيّ
corresponsal (m)	murāsil (m)	مراسل
corresponsal (m) fotográfico	muṣawwir ṣuḥufiy (m)	مصوّر صحفيّ
reportero (m)	ṣuḥufiy (m)	صحفيّ
redactor (m)	muḥarrir (m)	محرّر
redactor jefe (m)	ra'īs taḥrīr (m)	رئيس تحرير
suscribirse (vr)	iʃtarak	إشترك
suscripción (f)	iʃtirāk (m)	إشتراك
suscriptor (m)	muʃtarik (m)	مشترك
leer (vi, vt)	qara'	قرأ
lector (m)	qāri' (m)	قارئ
tirada (f)	tadāwul (m)	تداول
mensual (adj)	ʃahriy	شهريّ
semanal (adj)	usbū'iy	أسبوعيّ
número (m)	'adad (m)	عدد
nuevo (~ número)	ʒadīd	جديد
titular (m)	'unwān (m)	عنوان
noticia (f)	maqāla qaṣīra (f)	مقالة قصيرة
columna (f)	'amūd (m)	عمود
artículo (m)	maqāla (f)	مقالة
página (f)	ṣafḥa (f)	صفحة
reportaje (m)	taqrīr (m)	تقرير
evento (m)	ḥadaθ (m)	حدث
sensación (f)	daʒʒa (f)	ضجّة
escándalo (m)	faḍīḥa (f)	فضيحة
escandaloso (adj)	fāḍiḥ	فاضح
gran (~ escándalo)	ʃahīr	شهير
emisión (f)	barnāmaʒ (m)	برنامج
entrevista (f)	muqābala (f)	مقابلة
transmisión (f) en vivo	iðā'a mubāʃira (f)	إذاعة مباشرة
canal (m)	qanāt (f)	قناة

120. La agricultura

agricultura (f)	zirā'a (f)	زراعة
campesino (m)	fallāḥ (m)	فلّاح
campesina (f)	fallāḥa (f)	فلّاحة
granjero (m)	muzāri' (m)	مزارع
tractor (m)	ʒarrār (m)	جرّار
cosechadora (f)	ḥaṣṣāda (f)	حصّادة
arado (m)	miḥrāθ (m)	محراث
arar (vi, vt)	ḥaraθ	حرث
labrado (m)	ḥaql maḥrūθ (m)	حقل محروث
surco (m)	talam	تلم
sembrar (vi, vt)	baðar	بذر
sembradora (f)	baððāra (f)	بذّارة
siembra (f)	zar' (m)	زرع
guadaña (f)	miḥaʃʃ (m)	محشّ
segar (vi, vt)	ḥaʃʃ	حشّ
pala (f)	karīk (m)	مجرفة
layar (vt)	ḥafar	حفر
azada (f)	mi'zaqa (f)	معزقة
sachar, escardar	ista'ṣal nabātāt	إستأصل نباتات
mala hierba (f)	ḥaʃīʃa (m)	حشيشة
regadera (f)	miraʃʃa al miyāh (f)	مرشّة المياه
regar (plantas)	saqa	سقى
riego (m)	saqy (m)	سقي
horquilla (f)	maðrāt (f)	مذراة
rastrillo (m)	midamma (f)	مدمّة
fertilizante (m)	samād (m)	سماد
abonar (vt)	sammad	سمّد
estiércol (m)	zibd (m)	زبل
campo (m)	ḥaql (m)	حقل
prado (m)	marʒ (m)	مرج
huerta (f)	bustān xuḍār (m)	بستان خضار
jardín (m)	bustān (m)	بستان
pacer (vt)	ra'a	رعى
pastor (m)	rā'i (m)	راع
pastadero (m)	mar'a (f)	مرعى
ganadería (f)	tarbiyat al mawāʃi (f)	تربية المواشي
cría (f) de ovejas	tarbiyat aɣnām (f)	تربية أغنام
plantación (f)	mazra'a (f)	مزرعة
hilera (f) (~ de cebollas)	ḥawḍ (m)	حوض
invernadero (m)	dafi'a (f)	دفيئة

107

sequía (f)	ʒafāf (m)	جفاف
seco, árido (adj)	ʒāff	جافّ
grano (m)	ḥubūb (pl)	حبوب
cereales (m pl)	maḥāṣīl al ḥubūb (pl)	محاصيل الحبوب
recolectar (vt)	ḥaṣad	حصد
molinero (m)	ṭaḥḥān (m)	طحّان
molino (m)	ṭāḥūna (f)	طاحونة
moler (vt)	ṭaḥan al ḥubūb	طحن الحبوب
harina (f)	daqīq (m)	دقيق
paja (f)	qaʃʃ (m)	قشّ

121. La construcción. Los métodos de construcción

obra (f)	arḍ bināʾ (f)	أرض بناء
construir (vt)	bana	بنى
albañil (m)	ʿāmil bināʾ (m)	عامل بناء
proyecto (m)	maʃrūʿ (m)	مشروع
arquitecto (m)	muhandis miʿmāriy (m)	مهندس معماريّ
obrero (m)	ʿāmil (m)	عامل
cimientos (m pl)	asās (m)	أساس
techo (m)	saqf (m)	سقف
pila (f) de cimentación	watad al asās (f)	وتد الأساس
muro (m)	ḥāʾiṭ (m)	حائط
armadura (f)	ḥadīd taslīḥ (m)	حديد تسليح
andamio (m)	saqāla (f)	سقالة
hormigón (m)	xarasāna (f)	خرسانة
granito (m)	granīt (m)	جرانيت
piedra (f)	ḥaʒar (m)	حجر
ladrillo (m)	ṭūb (m)	طوب
arena (f)	raml (m)	رمل
cemento (m)	ismant (m)	إسمنت
estuco (m)	qiṣāra (m)	قصارة
estucar (vt)	ṭala bil ʒiṣṣ	طلى بالجصّ
pintura (f)	dihān (m)	دهان
pintar (las paredes)	dahhan	دهن
barril (m)	barmīl (m)	برميل
grúa (f)	rāfiʿa (f)	رافعة
levantar (vt)	rafaʿ	رفع
bajar (vt)	anzal	أنزل
bulldózer (m)	ʒarrāfa (f)	جرّافة
excavadora (f)	ḥaffāra (f)	حفّارة
cuchara (f)	dalw (m)	دلو
cavar (vt)	ḥafar	حفر
casco (m)	xūða (f)	خوذة

122. La ciencia. La investigación. Los científicos

ciencia (f)	'ilm (m)	علم
científico (adj)	'ilmiy	علمي
científico (m)	'ālim (m)	عالم
teoría (f)	naẓariyya (f)	نظرية
axioma (m)	badīhiyya (f)	بديهية
análisis (m)	taḥlīl (m)	تحليل
analizar (vt)	ḥallal	حلّل
argumento (m)	burhān (m)	برهان
sustancia (f) (materia)	mādda (f)	مادّة
hipótesis (f)	farḍiyya (f)	فرضية
dilema (m)	mu'ḍila (f)	معضلة
tesis (f) de grado	risāla 'ilmiyya (f)	رسالة علمية
dogma (m)	'aqīda (f)	عقيدة
doctrina (f)	maðhab (m)	مذهب
investigación (f)	baḥθ (m)	بحث
investigar (vt)	baḥaθ	بحث
prueba (f)	iχtibārāt (pl)	إختبارات
laboratorio (m)	muχtabar (m)	مختبر
método (m)	manhaʒ (m)	منهج
molécula (f)	ʒuzayi' (m)	جزيء
seguimiento (m)	riqāba (f)	رقابة
descubrimiento (m)	iktiʃāf (m)	إكتشاف
postulado (m)	musallama (f)	مسلّمة
principio (m)	mabda' (m)	مبدأ
pronóstico (m)	tanabbu' (m)	تنبّؤ
pronosticar (vt)	tanabba'	تنبّأ
síntesis (f)	tarkīb (m)	تركيب
tendencia (f)	ittiʒāh (m)	إتّجاه
teorema (m)	naẓariyya (f)	نظرية
enseñanzas (f pl)	ta'ālīm (pl)	تعاليم
hecho (m)	ḥaqīqa (f)	حقيقة
expedición (f)	ba'θa (f)	بعثة
experimento (m)	taʒriba (f)	تجربة
académico (m)	akadīmiy (m)	أكاديمي
bachiller (m)	bakalūriyūs (m)	بكالوريوس
doctorado (m)	duktūr (m)	دكتور
docente (m)	ustāð muʃārik (m)	أستاذ مشارك
Master (m) (~ en Letras)	maʒistīr (m)	ماجستير
profesor (m)	brufissūr (m)	بروفيسور

Las profesiones y los oficios

123. La búsqueda de trabajo. El despido del trabajo

trabajo (m)	'amal (m)	عمل
empleados (pl)	kawādir (pl)	كوادر
personal (m)	ṭāqim al 'āmilīn (m)	طاقم العاملين
carrera (f)	masār mihniy (m)	مسار مهنيّ
perspectiva (f)	'āfāq (pl)	آفاق
maestría (f)	mahārāt (pl)	مهارات
selección (f)	iχtiyār (m)	إختيار
agencia (f) de empleo	wikālat tawẓīf (f)	وكالة توظيف
curriculum vitae (m)	sīra ðātiyya (f)	سيرة ذاتيّة
entrevista (f)	mu'ābalat 'amal (f)	مقابلة عمل
vacancia (f)	waẓīfa χāliya (f)	وظيفة خالية
salario (m)	murattab (m)	مرتّب
salario (m) fijo	rātib θābit (m)	راتب ثابت
remuneración (f)	uʒra (f)	أجرة
puesto (m) (trabajo)	manṣib (m)	منصب
deber (m)	wāʒib (m)	واجب
gama (f) de deberes	maʒmū'a min al wāʒibāt (f)	مجموعة من الواجبات
ocupado (adj)	maʃɣūl	مشغول
despedir (vt)	aqāl	أقال
despido (m)	iqāla (m)	إقالة
desempleo (m)	biṭāla (f)	بطالة
desempleado (m)	'āṭil (m)	عاطل
jubilación (f)	ma'āʃ (m)	معاش
jubilarse	uḥīl 'alal ma'āʃ	أحيل على المعاش

124. Los negociantes

director (m)	mudīr (m)	مدير
gerente (m)	mudīr (m)	مدير
jefe (m)	mudīr (m), ra'īs (m)	مدير, رئيس
superior (m)	ra'īs (m)	رئيس
superiores (m pl)	ru'asā' (pl)	رؤساء
presidente (m)	ra'īs (m)	رئيس
presidente (m) (de compañía)	ra'īs (m)	رئيس
adjunto (m)	nā'ib (m)	نائب
asistente (m)	musā'id (m)	مساعد

secretario, -a (m, f)	sikirtīr (m)	سكرتير
secretario (m) particular	sikritīr χāṣṣ (m)	سكرتير خاصّ
hombre (m) de negocios	raʒul aʻmāl (m)	رجل أعمال
emprendedor (m)	rāʼid aʻmāl (m)	رائد أعمال
fundador (m)	muʼassis (m)	مؤسِّس
fundar (vt)	assas	أسّس
institutor (m)	muʼassis (m)	مؤسِّس
compañero (m)	ʃarīk (m)	شريك
accionista (m)	musāhim (m)	مساهم
millonario (m)	milyunīr (m)	مليونير
multimillonario (m)	milyardīr (m)	ملياردير
propietario (m)	ṣāḥib (m)	صاحب
terrateniente (m)	ṣāḥib al arḍ (m)	صاحب الأرض
cliente (m)	ʻamīl (m)	عميل
cliente (m) habitual	ʻamīl dāʼim (m)	عميل دائم
comprador (m)	muʃtari (m)	مشتر
visitante (m)	zāʼir (m)	زائر
profesional (m)	muḥtarif (m)	محترف
experto (m)	χabīr (m)	خبير
especialista (m)	mutaχaṣṣiṣ (m)	متخصِّص
banquero (m)	ṣāḥib maṣraf (m)	صاحب مصرف
broker (m)	simsār (m)	سمسار
cajero (m)	ṣarrāf (m)	صرّاف
contable (m)	muḥāsib (m)	محاسب
guardia (m) de seguridad	ḥāris amn (m)	حارس أمن
inversionista (m)	mustaθmir (m)	مستثمر
deudor (m)	mudīn (m)	مدين
acreedor (m)	dāʼin (m)	دائن
prestatario (m)	muqtariḍ (m)	مقترض
importador (m)	mustawrid (m)	مستورد
exportador (m)	muṣaddir (m)	مصدِّر
productor (m)	aʃʃarika al muṣniʻa (f)	الشركة المصنِّعة
distribuidor (m)	muwazziʻ (m)	موزِّع
intermediario (m)	wasīṭ (m)	وسيط
asesor (m) (~ fiscal)	mustaʃār (m)	مستشار
representante (m)	mandūb mabiʻāt (m)	مندوب مبيعات
agente (m)	wakīl (m)	وكيل
agente (m) de seguros	wakīl at taʼmīn (m)	وكيل التأمين

125. Los trabajos de servicio

cocinero (m)	ṭabbāχ (m)	طبّاخ
jefe (m) de cocina	ʃāf (m)	شاف

panadero (m)	xabbāz (m)	خبّاز
barman (m)	bārman (m)	بارمان
camarero (m)	nādil (m)	نادل
camarera (f)	nādila (f)	نادلة
abogado (m)	muḥāmi (m)	محام
jurista (m)	muḥāmi (m)	محام
notario (m)	muwaθθaq (m)	موثّق
electricista (m)	kahrabā'iy (m)	كهربائيّ
fontanero (m)	sabbāk (m)	سبّاك
carpintero (m)	naʒʒār (m)	نجّار
masajista (m)	mudallik (m)	مدلّك
masajista (f)	mudallika (f)	مدلّكة
médico (m)	ṭabīb (m)	طبيب
taxista (m)	sā'iq taksi (m)	سائق تاكسي
chófer (m)	sā'iq (m)	سائق
repartidor (m)	sā'i (m)	ساع
camarera (f)	'āmilat tanẓīf ɣuraf (f)	عاملة تنظيف غرف
guardia (m) de seguridad	ḥāris amn (m)	حارس أمن
azafata (f)	muḍīfat ṭayarān (f)	مضيفة طيران
profesor (m) (~ de baile, etc.)	mudarris madrasa (m)	مدرّس مدرسة
bibliotecario (m)	amīn maktaba (m)	أمين مكتبة
traductor (m)	mutarʒim (m)	مترجم
intérprete (m)	mutarʒim fawriy (m)	مترجم فوريّ
guía (m)	murʃid (m)	مرشد
peluquero (m)	ḥallāq (m)	حلّاق
cartero (m)	sā'i al barīd (m)	ساعي البريد
vendedor (m)	bā'i' (m)	بائع
jardinero (m)	bustāniy (m)	بستانيّ
servidor (m)	xādim (m)	خادم
criada (f)	xādima (f)	خادمة
mujer (f) de la limpieza	'āmilat tanẓīf (f)	عاملة تنظيف

126. La profesión militar y los rangos

soldado (m) raso	ʒundiy (m)	جنديّ
sargento (m)	raqīb (m)	رقيب
teniente (m)	mulāzim (m)	ملازم
capitán (m)	naqīb (m)	نقيب
mayor (m)	rā'id (m)	رائد
coronel (m)	'aqīd (m)	عقيد
general (m)	ʒinirāl (m)	جنرال
mariscal (m)	mārʃāl (m)	مارشال
almirante (m)	amirāl (m)	أميرال
militar (m)	'askariy (m)	عسكريّ
soldado (m)	ʒundiy (m)	جنديّ

| oficial (m) | ḍābiṭ (m) | ضابط |
| comandante (m) | qā'id (m) | قائد |

guardafronteras (m)	ḥāris ḥudūd (m)	حارس حدود
radio-operador (m)	'āmil lāsilkiy (m)	عامل لاسلكيّ
explorador (m)	mustakʃif (m)	مستكشف
zapador (m)	muhandis 'askariy (m)	مهندس عسكريّ
tirador (m)	rāmi (m)	رام
navegador (m)	mallāḥ (m)	ملّاح

127. Los oficiales. Los sacerdotes

| rey (m) | malik (m) | ملك |
| reina (f) | malika (f) | ملكة |

| príncipe (m) | amīr (m) | أمير |
| princesa (f) | amīra (f) | أميرة |

| zar (m) | qayṣar (m) | قيصر |
| zarina (f) | qayṣara (f) | قيصرة |

presidente (m)	ra'īs (m)	رئيس
ministro (m)	wazīr (m)	وزير
primer ministro (m)	ra'īs wuzarā' (m)	رئيس وزراء
senador (m)	'uḍw maʒlis aʃ ʃuyūχ (m)	عضو مجلس الشيوخ

diplomático (m)	diblumāsiy (m)	دبلوماسيّ
cónsul (m)	qunṣul (m)	قنصل
embajador (m)	safīr (m)	سفير
consejero (m)	mustaʃār (m)	مستشار

funcionario (m)	muwaẓẓaf (m)	موظف
prefecto (m)	ra'īs idārat al ḥayy (m)	رئيس إدارة الحيّ
alcalde (m)	ra'īs al baladiyya (m)	رئيس البلديّة

| juez (m) | qāḍi (m) | قاض |
| fiscal (m) | mudda'i (m) | مدّع |

misionero (m)	mubaʃʃir (m)	مبشّر
monje (m)	rāhib (m)	راهب
abad (m)	ra'īs ad dayr (m)	رئيس الدير
rabino (m)	ḥāχām (m)	حاخام

visir (m)	wazīr (m)	وزير
sha (m), shah (m)	ʃāh (m)	شاه
jeque (m)	ʃɛyχ (m)	شيخ

128. Las profesiones agrícolas

apicultor (m)	naḥḥāl (m)	نحّال
pastor (m)	rā'i (m)	راع
agrónomo (m)	muhandis zirā'iy (m)	مهندس زراعيّ

ganadero (m)	murabbi al mawāʃi (m)	مربّي المواشي
veterinario (m)	ṭabīb bayṭariy (m)	طبيب بيطري
granjero (m)	muzāriʻ (m)	مزارع
vinicultor (m)	ṣāniʻ an nabīð (m)	صانع النبيذ
zoólogo (m)	χabīr fi ʻilm al ḥayawān (m)	خبير في علم الحيوان
cowboy (m)	rāʻi al baqar (m)	راعي البقر

129. Las profesiones artísticas

actor (m)	mumaθθil (m)	ممثّل
actriz (f)	mumaθθila (f)	ممثّلة
cantante (m)	muɣanni (m)	مغنٍّ
cantante (f)	muɣanniya (f)	مغنّية
bailarín (m)	rāqiṣ (m)	راقص
bailarina (f)	rāqiṣa (f)	راقصة
artista (m)	fannān (m)	فنّان
artista (f)	fannāna (f)	فنّانة
músico (m)	ʻāzif (m)	عازف
pianista (m)	ʻāzif biyānu (m)	عازف بيانو
guitarrista (m)	ʻāzif gitār (m)	عازف جيتار
director (m) de orquesta	qāʼid urkistra (m)	قائد أوركسترا
compositor (m)	mulaḥḥin (m)	ملحّن
empresario (m)	mudīr firqa (m)	مدير فرقة
director (m) de cine	muχriʒ (m)	مخرج
productor (m)	muntiʒ (m)	منتج
guionista (m)	kātib sināriyu (m)	كاتب سيناريو
crítico (m)	nāqid (m)	ناقد
escritor (m)	kātib (m)	كاتب
poeta (m)	ʃāʻir (m)	شاعر
escultor (m)	naḥḥāt (m)	نحّات
pintor (m)	rassām (m)	رسّام
malabarista (m)	bahlawān (m)	بهلوان
payaso (m)	muharriʒ (m)	مهرّج
acróbata (m)	bahlawān (m)	بهلوان
ilusionista (m)	sāḥir (m)	ساحر

130. Profesiones diversas

médico (m)	ṭabīb (m)	طبيب
enfermera (f)	mumarriḍa (f)	ممرّضة
psiquiatra (m)	ṭabīb nafsiy (m)	طبيب نفسيّ
estomatólogo (m)	ṭabīb al asnān (m)	طبيب الأسنان
cirujano (m)	ʒarrāḥ (m)	جرّاح

Español	Transliteración	العربية
astronauta (m)	rā'id faḍā' (m)	رائد فضاء
astrónomo (m)	'ālim falak (m)	عالم فلك
piloto (m)	ṭayyār (m)	طيّار
conductor (m) (chófer)	sā'iq (m)	سائق
maquinista (m)	sā'iq (m)	سائق
mecánico (m)	mikanīkiy (m)	ميكانيكيّ
minero (m)	'āmil manʒam (m)	عامل منجم
obrero (m)	'āmil (m)	عامل
cerrajero (m)	qaffāl (m)	قفّال
carpintero (m)	naʒʒār (m)	نجّار
tornero (m)	χarrāṭ (m)	خرّاط
albañil (m)	'āmil binā' (m)	عامل بناء
soldador (m)	laḥḥām (m)	لحّام
profesor (m) (título)	brufissūr (m)	بروفيسور
arquitecto (m)	muhandis mi'māriy (m)	مهندس معماريّ
historiador (m)	mu'arriχ (m)	مؤرّخ
científico (m)	'ālim (m)	عالم
físico (m)	fizyā'iy (m)	فيزيائيّ
químico (m)	kimyā'iy (m)	كيميائيّ
arqueólogo (m)	'ālim 'āθār (m)	عالم آثار
geólogo (m)	ʒiulūʒiy (m)	جيولوجيّ
investigador (m)	bāḥiθ (m)	باحث
niñera (f)	murabbiyat aṭfāl (f)	مربّية الأطفال
pedagogo (m)	mu'allim (m)	معلّم
redactor (m)	muḥarrir (m)	محرّر
redactor jefe (m)	ra'īs taḥrīr (m)	رئيس تحرير
corresponsal (m)	murāsil (m)	مراسل
mecanógrafa (f)	kātiba 'alal 'āla al kātiba (f)	كاتبة على الآلة الكاتبة
diseñador (m)	muṣammim (m)	مصمّم
especialista (m) en ordenadores	mutaχaṣṣiṣ bil kumbyūtir (m)	متخصّص بالكمبيوتر
programador (m)	mubarmiʒ (m)	مبرمج
ingeniero (m)	muhandis (m)	مهندس
marino (m)	baḥḥār (m)	بحّار
marinero (m)	baḥḥār (m)	بحّار
socorrista (m)	munqið (m)	منقذ
bombero (m)	raʒul iṭfā' (m)	رجل إطفاء
policía (m)	ʃurṭiy (m)	شرطيّ
vigilante (m) nocturno	ḥāris (m)	حارس
detective (m)	muḥaqqiq (m)	محقّق
aduanero (m)	muwazzaf al ʒamārik (m)	موظّف الجمارك
guardaespaldas (m)	ḥāris ʃaχṣiy (m)	حارس شخصيّ
guardia (m) de prisiones	ḥāris siʒn (m)	حارس سجن
inspector (m)	mufattiʃ (m)	مفتّش
deportista (m)	riyāḍiy (m)	رياضيّ
entrenador (m)	mudarrib (m)	مدرّب

carnicero (m)	ʒazzār (m)	جزّار
zapatero (m)	iskāfiy (m)	إسكافيّ
comerciante (m)	tāʒir (m)	تاجر
cargador (m)	ḥammāl (m)	حمّال
diseñador (m) de modas	muṣammim azyā' (m)	مصمّم أزياء
modelo (f)	mudīl (f)	موديل

131. Los trabajos. El estatus social

escolar (m)	tilmīð (m)	تلميذ
estudiante (m)	ṭālib (m)	طالب
filósofo (m)	faylasūf (m)	فيلسوف
economista (m)	iqtiṣādiy (m)	إقتصاديّ
inventor (m)	muxtariʻ (m)	مخترع
desempleado (m)	ʻāṭil (m)	عاطل
jubilado (m)	mutaqāʻid (m)	متقاعد
espía (m)	ʒāsūs (m)	جاسوس
prisionero (m)	saʒīn (m)	سجين
huelguista (m)	muḍrib (m)	مضرب
burócrata (m)	buruqrāṭiy (m)	بيوروقراطيّ
viajero (m)	raḥḥāla (m)	رحّالة
homosexual (m)	miθliy ʒinsiyyan (m)	مثليّ جنسيًّا
hacker (m)	hākir (m)	هاكر
hippie (m)	hippi (m)	هيبيّ
bandido (m)	qāṭiʻ ṭarīq (m)	قاطع طريق
sicario (m)	qātil ma'ʒūr (m)	قاتل مأجور
drogadicto (m)	mudmin muxaddirāt (m)	مدمن مخدّرات
narcotraficante (m)	tāʒir muxaddirāt (m)	تاجر مخدّرات
prostituta (f)	ʻāhira (f)	عاهرة
chulo (m), proxeneta (m)	qawwād (m)	قوّاد
brujo (m)	sāḥir (m)	ساحر
bruja (f)	sāḥira (f)	ساحرة
pirata (m)	qurṣān (m)	قرصان
esclavo (m)	ʻabd (m)	عبد
samurai (m)	samurāy (m)	سامورايّ
salvaje (m)	mutawaḥḥiʃ (m)	متوحّش

Los deportes

132. Tipos de deportes. Deportistas

deportista (m)	riyāḍiy (m)	رياضيّ
tipo (m) de deporte	nawʿ min ar riyāḍa (m)	نوع من الرياضة
baloncesto (m)	kurat as salla (f)	كرة السلّة
baloncestista (m)	lāʿib kūrat as salla (m)	لاعب كرة السلّة
béisbol (m)	kurat al qāʿida (f)	كرة القاعدة
beisbolista (m)	lāʿib kurat al qāʿida (m)	لاعب كرة القاعدة
fútbol (m)	kurat al qadam (f)	كرة القدم
futbolista (m)	lāʿib kurat al qadam (m)	لاعب كرة القدم
portero (m)	ḥāris al marma (m)	حارس المرمى
hockey (m)	huki (m)	هوكي
jugador (m) de hockey	lāʿib huki (m)	لاعب هوكي
voleibol (m)	al kura aṭ ṭāʾira (m)	الكرة الطائرة
voleibolista (m)	lāʿib al kura aṭ ṭāʾira (m)	لاعب الكرة الطائرة
boxeo (m)	mulākama (f)	ملاكمة
boxeador (m)	mulākim (m)	ملاكم
lucha (f)	muṣāraʿa (f)	مصارعة
luchador (m)	muṣāriʿ (m)	مصارع
kárate (m)	karatī (m)	كاراتيه
karateka (m)	lāʿib karatī (m)	لاعب كاراتيه
judo (m)	ʒudu (m)	جودو
judoka (m)	lāʿib ʒudu (m)	لاعب جودو
tenis (m)	tinis (m)	تنس
tenista (m)	lāʿib tinnis (m)	لاعب تنس
natación (f)	sibāḥa (f)	سباحة
nadador (m)	sabbāḥ (m)	سبّاح
esgrima (f)	musāyafa (f)	مسايفة
esgrimidor (m)	mubāriz (m)	مبارز
ajedrez (m)	ʃaṭranʒ (m)	شطرنج
ajedrecista (m)	lāʿib ʃaṭranʒ (m)	لاعب شطرنج
alpinismo (m)	tasalluq al ʒibāl (m)	تسلّق الجبال
alpinista (m)	mutasalliq al ʒibāl (m)	متسلّق الجبال
carrera (f)	ʒary (m)	جري

corredor (m)	'addā' (m)	عدّاء
atletismo (m)	al'āb al qiwa (pl)	ألعاب القوى
atleta (m)	lā'ib riyāḍiy (m)	لاعب رياضي
deporte (m) hípico	riyāḍat al furūsiyya (f)	رياضة الفروسية
jinete (m)	fāris (m)	فارس
patinaje (m) artístico	tazalluʒ fanniy 'alal ʒalīd (m)	تزلّج فنّي على الجليد
patinador (m)	mutazalliʒ fanniy (m)	متزلّج فنّي
patinadora (f)	mutazalliʒa fanniyya (f)	متزلّجة فنّية
levantamiento (m) de pesas	rafʻ al aθqāl (m)	رفع الأثقال
levantador (m) de pesos	rāfiʻ al aθqāl (m)	رافع الأثقال
carreras (f pl) de coches	sibāq as sayyārāt (m)	سباق السيّارات
piloto (m) de carreras	sā'iq sibāq (m)	سائق سباق
ciclismo (m)	sibāq ad darrāʒāt (m)	سباق الدرّاجات
ciclista (m)	lā'ib ad darrāʒāt (m)	لاعب الدرّاجات
salto (m) de longitud	al qafz aṭ ṭawīl (m)	القفز الطويل
salto (m) con pértiga	al qafz biz zāna (m)	القفز بالزانة
saltador (m)	qāfiz (m)	قافز

133. Tipos de deportes. Miscelánea

fútbol (m) americano	kurat al qadam (f)	كرة القدم
bádminton (m)	kurat ar rīʃa (f)	كرة الريشة
biatlón (m)	al biatlūn (m)	البياثلون
billar (m)	bilyārdu (m)	بلياردو
bobsleigh (m)	zallāʒa ʒamaʻiyya (f)	زلّاجة جماعيّة
culturismo (m)	kamāl aʒsām (m)	كمال أجسام
waterpolo (m)	kurat al mā' (f)	كرة الماء
balonmano (m)	kurat al yad (f)	كرة اليد
golf (m)	gūlf (m)	جولف
remo (m)	taʒðīf (m)	تجذيف
buceo (m)	al ɣaws taht al mā' (m)	الغوص تحت الماء
esquí (m) de fondo	riyāḍat al iski (f)	رياضة الإسكي
tenis (m) de mesa	kurat aṭ ṭāwila (f)	كرة الطاولة
vela (f)	riyāḍa ibḥār al marākib (f)	رياضة إبحار المراكب
rally (m)	sibāq as sayyārāt (m)	سباق السيّارات
rugby (m)	raɣbi (m)	رغبي
snowboarding (m)	tazalluʒ 'laθ θuluʒ (m)	تزلّج على الثلوج
tiro (m) con arco	rimāya (f)	رماية

134. El gimnasio

barra (f) de pesas	ḥadīda (f)	حديدة
pesas (f pl)	dambilz (m)	دمبلز

aparato (m) de ejercicios	ʒihāz tadrīb (m)	جهاز تدريب
bicicleta (f) estática	darrāʒat tadrīb (f)	درّاجة تدريب
cinta (f) de correr	ʒihāz al maʃy (m)	جهاز المشي
barra (f) fija	'uqla (f)	عقلة
barras (f pl) paralelas	al mutawāzi (m)	المتوازي
potro (m)	hisān al maqābiḍ (m)	حصان المقابض
colchoneta (f)	ḥaṣīra (f)	حصيرة
comba (f)	ḥabl an naṭṭ (m)	حبل النط
aeróbica (f)	at tamrīnāt al hiwā'iyya (pl)	التمرينات الهوائية
yoga (m)	yūga (f)	يوجا

135. El hóckey

hockey (m)	huki (m)	هوكي
jugador (m) de hockey	lā'ib huki (m)	لاعب هوكي
jugar al hockey	la'ib al hūki	لعب الهوكي
hielo (m)	ʒalīd (m)	جليد
disco (m)	qurṣ al huky (m)	قرص الهوكي
palo (m) de hockey	miḍrab al huki (m)	مضرب الهوكي
patines (m pl)	zallāʒāt (pl)	زلّاجات
muro (m)	ʒānib (m)	جانب
tiro (m)	ramya (f)	رمية
portero (m)	ḥāris al marma (m)	حارس المرمى
gol (m)	hadaf (m)	هدف
marcar un gol	aṣāb al hadaf	أصاب الهدف
período (m)	ʃawṭ (m)	شوط
segundo período (m)	aʃ ʃawṭ aθ θāni (m)	الشوط الثاني
banquillo (m) de reserva	dikkat al iḥtiāṭy (f)	دكّة الإحتياطي

136. El fútbol

fútbol (m)	kurat al qadam (f)	كرة القدم
futbolista (m)	lā'ib kurat al qadam (m)	لاعب كرة القدم
jugar al fútbol	la'ib kurat al qadam	لعب كرة القدم
liga (f) superior	ad dawriy al kibīr (m)	الدوريّ الكبير
club (m) de fútbol	nādy kurat al qadam (m)	نادي كرة القدم
entrenador (m)	mudarrib (m)	مدرب
propietario (m)	ṣāḥib (m)	صاحب
equipo (m)	farīq (m)	فريق
capitán (m) del equipo	kabtan al farīq (m)	كابتن الفريق
jugador (m)	lā'ib (m)	لاعب
reserva (m)	lā'ib iḥtiyāṭiy (m)	لاعب إحتياطيّ
delantero (m)	lā'ib huʒūm (m)	لاعب هجوم
delantero centro (m)	wasaṭ al huʒūm (m)	وسط الهجوم

goleador (m)	haddāf (m)	هدّاف
defensa (m)	mudāfi' (m)	مدافع
medio (m)	lā'ib wasaṭ (m)	لاعب وسط
match (m)	mubārāt (f)	مباراة
encontrarse (vr)	qābal	قابل
final (m)	mubarāt nihā'iyya (f)	مباراة نهائيّة
semifinal (f)	dawr an niṣf an nihā'iy (m)	دور النصف النهائيّ
campeonato (m)	buṭūla (f)	بطولة
tiempo (m)	ʃawṭ (m)	شوط
primer tiempo (m)	aʃ ʃawṭ al awwal (m)	الشوط الأوّل
descanso (m)	istirāḥa ma bayn aʃ ʃawṭayn (f)	إستراحة ما بين الشوطين
puerta (f)	marma (m)	مرمى
portero (m)	ḥāris al marma (m)	حارس المرمى
poste (m)	'āriḍa (f)	عارضة
larguero (m)	'āriḍa (f)	عارضة
red (f)	ʃabaka (f)	شبكة
recibir un gol	samaḥ bi iṣābat al hadaf	سمح بإصابة الهدف
balón (m)	kura (f)	كرة
pase (m)	tamrīra (f)	تمريرة
tiro (m)	ḍarba (f)	ضربة
lanzar un tiro	ḍarab	ضرب
tiro (m) de castigo	ḍarba ḥurra (f)	ضربة حرّة
saque (m) de esquina	ḍarba zāwiya (f)	ضربة زاوية
ataque (m)	huʒūm (m)	هجوم
contraataque (m)	haʒma muḍādda (f)	هجمة مضادّة
combinación (f)	tarkīb (m)	تركيب
árbitro (m)	ḥakam (m)	حكم
silbar (vi)	ṣaffar	صفّر
silbato (m)	ṣaffāra (f)	صفّارة
infracción (f)	muχālafa (f)	مخالفة
cometer una infracción	χālaf	خالف
expulsar del campo	ṭarad min al mal'ab	طرد من الملعب
tarjeta (f) amarilla	al kārt al aṣfar (m)	الكارت الأصفر
tarjeta (f) roja	al kart al aḥmar (m)	الكارت الأحمر
descalificación (f)	ḥirmān (m)	حرمان
descalificar (vt)	ḥaram	حرم
penalti (m)	ḍarbat ʒazā' (f)	ضربة جزاء
barrera (f)	ḥā'iṭ (m)	حائط
meter un gol	aṣāb al hadaf	أصاب الهدف
gol (m)	hadaf (m)	هدف
marcar un gol	aṣāb al hadaf	أصاب الهدف
reemplazo (m)	tabdīl (m)	تبديل
reemplazar (vt)	baddal	بدّل
reglas (f pl)	qawā'id (pl)	قواعد
táctica (f)	taktīk (m)	تكتيك
estadio (m)	mal'ab (m)	ملعب
gradería (f)	mudarraʒ (m)	مدرّج

hincha (m)	muʃaʒʒiʻ (m)	مشجّع
gritar (vi)	ṣaraχ	صرخ
tablero (m)	lawḥat an natīʒa (f)	لوحة النتيجة
tanteo (m)	natīʒa (f)	نتيجة
derrota (f)	hazīma (f)	هزيمة
perder (vi)	χasir	خسر
empate (m)	taʻādul (m)	تعادل
empatar (vi)	taʻādal	تعادل
victoria (f)	fawz (m)	فوز
ganar (vi)	fāz	فاز
campeón (m)	baṭal (m)	بطل
mejor (adj)	aḥsan	أحسن
felicitar (vt)	hannaʼ	هنّأ
comentarista (m)	muʻalliq (m)	معلّق
comentar (vt)	ʻallaq	علّق
transmisión (f)	iðāʻa (f)	إذاعة

137. El esquí

esquís (m pl)	zallāʒāt (pl)	زلّاجات
esquiar (vi)	tazallaʒ	تزلّج
estación (f) de esquí	muntaʒaʻ ʒabaliy lit tazalluʒ (m)	منتجع جبليّ للتزلّج
telesquí (m)	miṣʻad (m)	مصعد
bastones (m pl)	ʻaṣayān at tazalluʒ (pl)	عصبان التزلّج
cuesta (f)	munḥadar (m)	منحدر
eslalon (m)	slālum (m)	سلالوم

138. El tenis. El golf

golf (m)	gūlf (m)	جولف
club (m) de golf	nādi gūlf (m)	نادي جولف
jugador (m) de golf	lāʻib gūlf (m)	لاعب جولف
hoyo (m)	taʒwīf (m)	تجويف
palo (m)	miḍrab (m)	مضرب
carro (m) de golf	ʻaraba lil gūlf (f)	عربة للجولف
tenis (m)	tinis (m)	تنس
cancha (f) de tenis	malʻab tinis (m)	ملعب تنس
saque (m)	munāwala (f)	مناولة
sacar (servir)	nāwil	ناول
raqueta (f)	miḍrab (m)	مضرب
red (f)	ʃabaka (f)	شبكة
pelota (f)	kura (f)	كرة

139. El ajedrez

ajedrez (m)	ʃaṭranʒ (m)	شطرنج
piezas (f pl)	qiṭaʻ aʃ ʃaṭranʒ (pl)	قطع الشطرنج
ajedrecista (m)	lāʻib ʃaṭranʒ (m)	لاعب شطرنج
tablero (m) de ajedrez	lawḥat aʃ ʃaṭranʒ (f)	لوحة الشطرنج
pieza (f)	qiṭʻa (f)	قطعة
blancas (f pl)	qiṭaʻ bayḍāʼ (pl)	قطع بيضاء
negras (f pl)	qiṭaʻ sawdāʼ (pl)	قطع سوداء
peón (m)	baydaq (m)	بيدق
alfil (m)	fīl (m)	فيل
caballo (m)	ḥiṣān (m)	حصان
torre (f)	qalʻa (f)	قلعة
reina (f)	malika (f)	ملكة
rey (m)	malik (m)	ملك
jugada (f)	xaṭwa (f)	خطوة
jugar (mover una pieza)	ḥarrak	حرّك
sacrificar (vt)	ḍaḥḥa	ضحّى
enroque (m)	at tabyīt (m)	التبييت
jaque (m)	kaʃʃ (m)	كشّ
mate (m)	kaʃʃ māt (m)	كشّ مات
torneo (m) de ajedrez	buṭūlat ʃaṭranʒ (f)	بطولة شطرنج
gran maestro (m)	ustāð kabīr (m)	أستاذ كبير
combinación (f)	tarkīb (m)	تركيب
partida (f)	dawr (m)	دور
damas (f pl)	dāma (f)	ضامة

140. El boxeo

boxeo (m)	mulākama (f)	ملاكمة
combate (m) (~ de boxeo)	mulākama (f)	ملاكمة
pelea (f) de boxeo	mubārāt mulākama (f)	مباراة ملاكمة
asalto (m)	ʒawla (f)	جولة
cuadrilátero (m)	ḥalba (f)	حلبة
gong (m)	nāqūs (m)	ناقوس
golpe (m)	ḍarba (f)	ضربة
knockdown (m)	ḍarba ḥāsima (f)	ضربة حاسمة
nocaut (m)	ḍarba qāḍiya (f)	ضربة قاضية
noquear (vt)	ḍarab ḍarba qāḍiya	ضرب ضربة قاضية
guante (m) de boxeo	quffāz al mulākama (m)	قفّاز الملاكمة
árbitro (m)	ḥakam (m)	حكم
peso (m) ligero	al wazn al xafīf (m)	الوزن الخفيف
peso (m) medio	al wazn al mutawassiṭ (m)	الوزن المتوسّط
peso (m) pesado	al wazn aθ θaqīl (m)	الوزن الثقيل

141. Los deportes. Miscelánea

Juegos (m pl) Olímpicos	al'āb ulumbiyya (pl)	ألعاب أولمبيّة
vencedor (m)	fā'iz (m)	فائز
vencer (vi)	fāz	فاز
ganar (vi)	fāz	فاز
líder (m)	za'īm (m)	زعيم
llevar la delantera	taqaddam	تقدّم
primer puesto (m)	al martaba al ūla (f)	المرتبة الأولى
segundo puesto (m)	al martaba aθ θāniya (f)	المرتبة الثانية
tercer puesto (m)	al martaba aθ θāliθa (f)	المرتبة الثالثة
medalla (f)	midāliyya (f)	ميداليّة
trofeo (m)	ʒā'iza (f)	جائزة
copa (f) (trofeo)	ka's (m)	كأس
premio (m)	ʒā'iza (f)	جائزة
premio (m) principal	akbar ʒā'iza (f)	أكبر جائزة
record (m)	raqm qiyāsiy (m)	رقم قياسيّ
establecer un record	fāz bi raqm qiyāsiy	فاز برقم قياسيّ
final (m)	mubarāt nihā'iyya (f)	مباراة نهائيّة
de final (adj)	nihā'iy	نهائيّ
campeón (m)	baṭal (m)	بطل
campeonato (m)	buṭūla (f)	بطولة
estadio (m)	mal'ab (m)	ملعب
gradería (f)	mudarraʒ (m)	مدرّج
hincha (m)	muʃaʒʒi' (m)	مشجّع
adversario (m)	'aduww (m)	عدوّ
arrancadero (m)	χaṭṭ al bidāya (m)	خطّ البداية
línea (f) de meta	χaṭṭ an nihāya (m)	خطّ النهاية
derrota (f)	hazīma (f)	هزيمة
perder (vi)	χasir	خسر
árbitro (m)	ḥakam (m)	حكم
jurado (m)	hay'at al ḥukm (f)	هيئة الحكم
cuenta (f)	natīʒa (f)	نتيجة
empate (m)	ta'ādul (m)	تعادل
empatar (vi)	ta'ādal	تعادل
punto (m)	nuqṭa (f)	نقطة
resultado (m)	natīʒa nihā'iyya (f)	نتيجة نهائية
tiempo (m)	ʃawṭ (m)	شوط
descanso (m)	istirāḥa ma bayn aʃ ʃawṭayn (f)	إستراحة ما بين الشوطين
droga (f), doping (m)	munaʃʃiṭāt (pl)	منشّطات
penalizar (vt)	'āqab	عاقب
descalificar (vt)	ḥaram	حرم
aparato (m)	ma'add riyāḍiy (f)	معدّ رياضيّ
jabalina (f)	rumḥ (m)	رمح

peso (m) (lanzamiento de ~)	ʒulla (f)	جلة
bola (f) (billar, etc.)	kura (f)	كرة
objetivo (m)	hadaf (m)	هدف
blanco (m)	hadaf (m)	هدف
tirar (vi)	aṭlaq an nār	أطلق النار
preciso (~ disparo)	maḍbūṭ	مضبوط
entrenador (m)	mudarrib (m)	مدرّب
entrenar (vt)	darrab	درّب
entrenarse (vr)	tadarrab	تدرّب
entrenamiento (m)	tadrīb (m)	تدريب
gimnasio (m)	markaz li liyāqa badaniyya (m)	مركز للياقة بدنيّة
ejercicio (m)	tamrīn (m)	تمرين
calentamiento (m)	tasḵīn (m)	تسخين

La educación

142. La escuela

escuela (f)	madrasa (f)	مدرسة
director (m) de escuela	mudīr madrasa (m)	مدير مدرسة
alumno (m)	tilmīð (m)	تلميذ
alumna (f)	tilmīða (f)	تلميذة
escolar (m)	tilmīð (m)	تلميذ
escolar (f)	tilmīða (f)	تلميذة
enseñar (vt)	'allam	علّم
aprender (ingles, etc.)	ta'allam	تعلّم
aprender de memoria	ḥafaẓ	حفظ
aprender (a leer, etc.)	ta'allam	تعلّم
estar en la escuela	daras	درس
ir a la escuela	ðahab ilal madrasa	ذهب إلى المدرسة
alfabeto (m)	alifbā' (m)	الفباء
materia (f)	mādda (f)	مادّة
clase (f), aula (f)	faṣl (m)	فصل
lección (f)	dars (m)	درس
recreo (m)	istirāḥa (f)	إستراحة
campana (f)	ʒaras al madrasa (m)	جرس المدرسة
pupitre (m)	taxta lil madrasa (m)	تختة للمدرسة
pizarra (f)	sabbūra (f)	سبّورة
nota (f)	daraʒa (f)	درجة
buena nota (f)	daraʒa ʒayyida (f)	درجة جيّدة
mala nota (f)	daraʒa ɣayr ʒayyida (f)	درجة غير جيّدة
poner una nota	a'ṭa daraʒa	أعطى درجة
falta (f)	xaṭa' (m)	خطأ
hacer faltas	axṭa'	أخطأ
corregir (un error)	ṣaḥḥaḥ	صحّح
chuleta (f)	waraqat ɣaʃʃ (f)	ورقة غشّ
deberes (m pl) de casa	wāʒib manziliy (m)	واجب منزليّ
ejercicio (m)	tamrīn (m)	تمرين
estar presente	ḥaḍar	حضر
estar ausente	ɣāb	غاب
faltar a las clases	taɣayyab 'an al madrasa	تغيّب عن المدرسة
castigar (vt)	'āqab	عاقب
castigo (m)	'uqūba (f), 'iqāb (m)	عقوبة، عقاب
conducta (f)	sulūk (m)	سلوك

libreta (f) de notas	at taqrīr al madrasiy (m)	التقرير المدرسيّ
lápiz (f)	qalam ruṣāṣ (m)	قلم رصاص
goma (f) de borrar	astīka (f)	استيكة
tiza (f)	ṭabāʃīr (m)	طباشير
cartuchera (f)	maqlama (f)	مقلمة
mochila (f)	ʃanṭat al madrasa (f)	شنطة المدرسة
bolígrafo (m)	qalam (m)	قلم
cuaderno (m)	daftar (m)	دفتر
manual (m)	kitāb taʻlīm (m)	كتاب تعليم
compás (m)	barʒal (m)	برجل
trazar (vi, vt)	rasam rasm taqniy	رسم رسمًا تقنيًا
dibujo (m) técnico	rasm taqniy (m)	رسم تقنيّ
poema (m), poesía (f)	qaṣīda (f)	قصيدة
de memoria (adv)	ʻan ẓahr qalb	عن ظهر قلب
aprender de memoria	ḥafaẓ	حفظ
vacaciones (f pl)	ʻuṭla madrasiyya (f)	عطلة مدرسيّة
estar de vacaciones	ʻindahu ʻuṭla	عنده عطلة
pasar las vacaciones	qaḍa al ʻuṭla	قضى العطلة
prueba (f) escrita	imtiḥān (m)	إمتحان
composición (f)	inʃāʼ (m)	إنشاء
dictado (m)	imlāʼ (m)	إملاء
examen (m)	imtiḥān (m)	إمتحان
hacer un examen	marr al imtiḥān	مرّ الإمتحان
experimento (m)	taʒriba (f)	تجربة

143. Los institutos. La Universidad

academia (f)	akadīmiyya (f)	أكاديميّة
universidad (f)	ʒāmiʻa (f)	جامعة
facultad (f)	kulliyya (f)	كلّيّة
estudiante (m)	ṭālib (m)	طالب
estudiante (f)	ṭāliba (f)	طالبة
profesor (m)	muḥāḍir (m)	محاضر
aula (f)	mudarraʒ (m)	مدرّج
graduado (m)	mutaxarriʒ (m)	متخرّج
diploma (m)	diblūma (f)	دبلومة
tesis (f) de grado	risāla ʻilmiyya (f)	رسالة علميّة
estudio (m)	dirāsa (f)	دراسة
laboratorio (m)	muxtabar (m)	مختبر
clase (f)	muḥāḍara (f)	محاضرة
compañero (m) de curso	zamīl fiṣ ṣaff (m)	زميل في الصفّ
beca (f)	minḥa dirāsiyya (f)	منحة دراسيّة
grado (m) académico	daraʒa ʻilmiyya (f)	درجة علميّة

144. Las ciencias. Las disciplinas

matemáticas (f pl)	riyāḍīyyāt (pl)	رياضيّات
álgebra (f)	al ʒabr (m)	الجبر
geometría (f)	handasa (f)	هندسة
astronomía (f)	'ilm al falak (m)	علم الفلك
biología (f)	'ilm al ahyā' (m)	علم الأحياء
geografía (f)	ʒuɣrāfiya (f)	جغرافيا
geología (f)	ʒiulūʒiya (f)	جيولوجيا
historia (f)	tarīχ (m)	تاريخ
medicina (f)	ṭibb (m)	طبّ
pedagogía (f)	'ilm at tarbiya (f)	علم التربية
derecho (m)	qānūn (m)	قانون
física (f)	fizyā' (f)	فيزياء
química (f)	kimyā' (f)	كيمياء
filosofía (f)	falsafa (f)	فلسفة
psicología (f)	'ilm an nafs (m)	علم النفس

145. Los sistemas de escritura. La ortografía

gramática (f)	an nahw waṣ ṣarf (m)	النحو والصرف
vocabulario (m)	mufradāt al luɣa (pl)	مفردات اللغة
fonética (f)	ṣawtīyyāt (pl)	صوتيّات
sustantivo (m)	ism (m)	إسم
adjetivo (m)	ṣifa (f)	صفة
verbo (m)	fiʻl (m)	فعل
adverbio (m)	ẓarf (m)	ظرف
pronombre (m)	ḍamīr (m)	ضمير
interjección (f)	harf nidā' (m)	حرف نداء
preposición (f)	harf al ʒarr (m)	حرف الجرّ
raíz (f), radical (m)	ʒiðr al kalima (m)	جذر الكلمة
desinencia (f)	nihāya (f)	نهاية
prefijo (m)	sābiqa (f)	سابقة
sílaba (f)	maqṭaʻ lafẓiy (m)	مقطع لفظيّ
sufijo (m)	lāhiqa (f)	لاحقة
acento (m)	nabra (f)	نبرة
apóstrofo (m)	'alāmat haðf (f)	علامة حذف
punto (m)	nuqṭa (f)	نقطة
coma (f)	fāṣila (f)	فاصلة
punto y coma	nuqṭa wa fāṣila (f)	نقطة وفاصلة
dos puntos (m pl)	nuqṭatān raʼsiyyatān (du)	نقطتان رأسيتان
puntos (m pl) suspensivos	θalāθ nuqaṭ (pl)	ثلاث نقط
signo (m) de interrogación	'alāmat istifhām (f)	علامة إستفهام
signo (m) de admiración	'alāmat taʻaʒʒub (f)	علامة تعجّب

127

comillas (f pl)	'alāmāt al iqtibās (pl)	علامات الإقتباس
entre comillas	bayn 'alāmatay al iqtibās	بين علامتي الإقتباس
paréntesis (m)	qawsān (du)	قوسان
entre paréntesis	bayn al qawsayn	بين القوسين
guión (m)	'alāmat waṣl (f)	علامة وصل
raya (f)	ʃurṭa (f)	شرطة
blanco (m)	farāɣ (m)	فراغ
letra (f)	ḥarf (m)	حرف
letra (f) mayúscula	ḥarf kabīr (m)	حرف كبير
vocal (f)	ḥarf ṣawtiy (m)	حرف صوتيّ
consonante (m)	ḥarf sākin (m)	حرف ساكن
oración (f)	ʒumla (f)	جملة
sujeto (m)	fā'il (m)	فاعل
predicado (m)	musnad (m)	مسند
línea (f)	saṭr (m)	سطر
en una nueva línea	min bidāyat as saṭr	من بداية السطر
párrafo (m)	fiqra (f)	فقرة
palabra (f)	kalima (f)	كلمة
combinación (f) de palabras	maʒmū'a min al kalimāt (pl)	مجموعة من الكلمات
expresión (f)	'ibāra (f)	عبارة
sinónimo (m)	murādif (m)	مرادف
antónimo (m)	mutaḍādd luɣawiy (m)	متضادٌ
regla (f)	qā'ida (f)	قاعدة
excepción (f)	istiθnā' (m)	إستثناء
correcto (adj)	ṣaḥīḥ	صحيح
conjugación (f)	ṣarf (m)	صرف
declinación (f)	taṣrīf al asmā' (m)	تصريف الأسماء
caso (m)	ḥāla ismiyya (f)	حالة إسمية
pregunta (f)	su'āl (m)	سؤال
subrayar (vt)	waḍa' xaṭṭ taḥt	وضع خطًّا تحت
línea (f) de puntos	xaṭṭ munaqqaṭ (m)	خط منقط

146. Los idiomas extranjeros

lengua (f)	luɣa (f)	لغة
extranjero (adj)	aʒnabiy	أجنبيَ
lengua (f) extranjera	luɣa aʒnabiyya (f)	لغة أجنبيّة
estudiar (vt)	daras	درس
aprender (ingles, etc.)	ta'allam	تعلّم
leer (vi, vt)	qara'	قرأ
hablar (vi, vt)	takallam	تكلّم
comprender (vt)	fahim	فهم
escribir (vt)	katab	كتب
rápidamente (adv)	bi sur'a	بسرعة
lentamente (adv)	bi buṭ'	ببطء

con fluidez (adv)	bi ṭalāqa	بطلاقة
reglas (f pl)	qawā'id (pl)	قواعد
gramática (f)	an naḥw waṣ ṣarf (m)	النحو والصرف
vocabulario (m)	mufradāt al luɣa (pl)	مفردات اللغة
fonética (f)	ṣawtīyyāt (pl)	صوتيّات
manual (m)	kitāb ta'līm (m)	كتاب تعليم
diccionario (m)	qāmūs (m)	قاموس
manual (m) autodidáctico	kitāb ta'līm ðātiy (m)	كتاب تعليم ذاتيّ
guía (f) de conversación	kitāb lil 'ibārāt aʃ ʃā'i'a (m)	كتاب للعبارت الشائعة
casete (m)	ʃarīṭ (m)	شريط
videocasete (f)	ʃarī'ṭ vidiyu (m)	شريط فيديو
CD (m)	si di (m)	سي دي
DVD (m)	di vi di (m)	دي في دي
alfabeto (m)	alifbā' (m)	الفباء
deletrear (vt)	tahaʒʒa	تهجّى
pronunciación (f)	nuṭq (m)	نطق
acento (m)	lukna (f)	لكنة
con acento	bi lukna	بلكنة
sin acento	bi dūn lukna	بدون لكنة
palabra (f)	kalima (f)	كلمة
significado (m)	ma'na (m)	معنى
cursos (m pl)	dawra (f)	دورة
inscribirse (vr)	saʒʒal ismahu	سجّل إسمه
profesor (m) (~ de inglés)	mudarris (m)	مدرّس
traducción (f) (proceso)	tarʒama (f)	ترجمة
traducción (f) (texto)	tarʒama (f)	ترجمة
traductor (m)	mutarʒim (m)	مترجم
intérprete (m)	mutarʒim fawriy (m)	مترجم فوريّ
políglota (m)	'alīm bi 'iddat luɣāt (m)	عليم بعدّة لغات
memoria (f)	ðākira (f)	ذاكرة

147. Los personajes de los cuentos de hadas

Papá Noel (m)	baba nuwīl (m)	بابا نويل
Cenicienta	sindrīla	سيندريلا
sirena (f)	ḥūriyyat al baḥr (f)	حوريّة البحر
Neptuno (m)	nibtūn (m)	نبتون
mago (m)	sāḥir (m)	ساحر
maga (f)	sāḥira (f)	ساحرة
mágico (adj)	siḥriy	سحريّ
varita (f) mágica	'aṣa siḥriyya (f)	عصا سحريّة
cuento (m) de hadas	ḥikāya xayāliyya (f)	حكاية خياليّة
milagro (m)	mu'ʒiza (f)	معجزة
enano (m)	qazam (m)	قزم

transformarse en ...	taḥawwal ila ...	...تحوَل إلى...
espíritu (m) (fantasma)	šabaḥ (m)	شبح
fantasma (m)	šabaḥ (m)	شبح
monstruo (m)	waḥš (m)	وحش
dragón (m)	tinnīn (m)	تنّين
gigante (m)	'imlāq (m)	عملاق

148. Los signos de zodiaco

Aries (m)	burʒ al ḥamal (m)	برج الحمل
Tauro (m)	burʒ aθ θawr (m)	برج الثور
Géminis (m pl)	burʒ al ʒawzā' (m)	برج الجوزاء
Cáncer (m)	burʒ as saraṭān (m)	برج السرطان
Leo (m)	burʒ al asad (m)	برج الأسد
Virgo (m)	burʒ al 'aðrā' (m)	برج العذراء
Libra (f)	burʒ al mīzān (m)	برج الميزان
Escorpio (m)	burʒ al 'aqrab (m)	برج العقرب
Sagitario (m)	burʒ al qaws (m)	برج القوس
Capricornio (m)	burʒ al ʒaday (m)	برج الجدي
Acuario (m)	burʒ ad dalw (m)	برج الدلو
Piscis (m pl)	burʒ al ḥūt (m)	برج الحوت
carácter (m)	ṭab' (m)	طبع
rasgos (m pl) de carácter	aṣ ṣifāt aš šaxṣiyya (pl)	الصفات الشخصيّة
conducta (f)	sulūk (m)	سلوك
decir la buenaventura	tanabba'	تنبّأ
adivinadora (f)	'arrāfa (f)	عرّافة
horóscopo (m)	tawaqqu'āt al abrāʒ (pl)	توقّعات الأبراج

El arte

149. El teatro

teatro (m)	masraḥ (m)	مسرح
ópera (f)	ubra (f)	أوبرا
opereta (f)	ubirīt (f)	أوبريت
ballet (m)	balīh (m)	باليه
cartelera (f)	mulṣaq (m)	ملصق
compañía (f) de teatro	firqa (f)	فرقة
gira (f) artística	ʒawlat fannānīn (f)	جولة فنانين
hacer una gira artística	taʒawwal	تجوّل
ensayar (vi, vt)	aʒra bruvāt	أجرى بروفات
ensayo (m)	brūva (f)	بروفة
repertorio (m)	barnāmaʒ al masraḥ (m)	برنامج المسرح
representación (f)	adā' fanniy (m)	أداء فنّيّ
espectáculo (m)	'arḍ masraḥiy (m)	عرض مسرحيّ
pieza (f) de teatro	masraḥiyya (f)	مسرحيّة
billet (m)	taðkira (f)	تذكرة
taquilla (f)	ʃubbāk at taðākir (m)	شبّاك التذاكر
vestíbulo (m)	ṣāla (f)	صالة
guardarropa (f)	ɣurfat al ma'āṭif (f)	غرفة المعاطف
ficha (f) de guardarropa	biṭāqat 'īdā' al ma'āṭif (f)	بطاقة إيداع المعاطف
gemelos (m pl)	minẓār (m)	منظار
acomodador (m)	ḥāʒib (m)	حاجب
patio (m) de butacas	karāsi al urkistra (pl)	كراسي الأوركسترا
balconcillo (m)	balakūna (f)	بلكونة
entresuelo (m)	ʃurfa (f)	شرفة
palco (m)	lūʒ (m)	لوج
fila (f)	ṣaff (m)	صفّ
asiento (m)	maq'ad (m)	مقعد
público (m)	ʒumhūr (m)	جمهور
espectador (m)	muʃāhid (m)	مشاهد
aplaudir (vi, vt)	ṣaffaq	صفّق
aplausos (m pl)	taṣfīq (m)	تصفيق
ovación (f)	taṣfīq ḥārr (m)	تصفيق حارّ
escenario (m)	xaʃabat al masraḥ (f)	خشبة المسرح
telón (m)	sitāra (f)	ستارة
decoración (f)	dikūr (m)	ديكور
bastidores (m pl)	kawalīs (pl)	كواليس
escena (f)	maʃhad (m)	مشهد
acto (m)	faṣl (m)	فصل
entreacto (m)	istirāḥa (f)	إستراحة

150. El cine

actor (m)	mumaθθil (m)	ممثّل
actriz (f)	mumaθθila (f)	ممثّلة
cine (m) (industria)	sinima (f)	سينما
película (f)	film sinimāʾiy (m)	فيلم سينمائيّ
episodio (m)	ʒuzʾ min al film (m)	جزء من الفيلم
película (f) policíaca	film bulīsiy (m)	فيلم بوليسيّ
película (f) de acción	film ḥaraka (m)	فيلم حركة
película (f) de aventura	film muɣāmarāt (m)	فيلم مغامرات
película (f) de ciencia ficción	film xayāl ʿilmiy (m)	فيلم خيال علميّ
película (f) de horror	film ruʿb (m)	فيلم رعب
película (f) cómica	film kumīdiya (f)	فيلم كوميديا
melodrama (m)	miludrāma (m)	ميلودراما
drama (m)	drāma (f)	دراما
película (f) de ficción	film fanniy (m)	فيلم فنّيّ
documental (m)	film waθāʾiqiy (m)	فيلم وثائقيّ
dibujos (m pl) animados	film kartūn (m)	فيلم كرتون
cine (m) mudo	sinima ṣāmita (f)	سينما صامتة
papel (m)	dawr (m)	دور
papel (m) principal	dawr raʾīsi (m)	دور رئيسيّ
interpretar (vt)	maθθal	مثّل
estrella (f) de cine	naʒm sinimāʾiy (m)	نجم سينمائيّ
conocido (adj)	maʿrūf	معروف
famoso (adj)	maʃhūr	مشهور
popular (adj)	mahbūb	محبوب
guión (m) de cine	sināriyu (m)	سيناريو
guionista (m)	kātib sināriyu (m)	كاتب سيناريو
director (m) de cine	muxriʒ (m)	مخرج
productor (m)	muntiʒ (m)	منتج
asistente (m)	musāʿid (m)	مساعد
operador (m)	muṣawwir (m)	مصوّر
doble (m) de riesgo	muʾaddi maʃahid xaṭīra (m)	مؤدّي مشاهد خطيرة
doble (m)	mumaθθil badīl (m)	ممثّل بديل
filmar una película	ṣawwar film	صوّر فيلمًا
audición (f)	taʒribat adāʾ (f)	تجربة أداء
rodaje (m)	taṣwīr (m)	تصوير
equipo (m) de rodaje	ṭāqim al film (m)	طاقم الفيلم
plató (m) de rodaje	mintaqat at taṣwīr (f)	منطقة التصوير
cámara (f)	kamira sinimāʾiyya (f)	كاميرا سينمائيّة
cine (m) (iremos al ~)	sinima (f)	سينما
pantalla (f)	ʃāʃa (f)	شاشة
mostrar la película	ʿaraḍ film	عرض فيلمًا
pista (f) sonora	musīqa taṣwīriyya (f)	موسيقى تصويريّة
efectos (m pl) especiales	muʾaθθirāt xāṣṣa (pl)	مؤثّرات خاصّة

subtítulos (m pl)	tarʒamat al ḥiwār (f)	ترجمة الحوار
créditos (m pl)	ʃārat an nihāya (f)	شارة النهاية
traducción (f)	tarʒama (f)	ترجمة

151. La pintura

arte (m)	fann (m)	فنّ
bellas artes (f pl)	funūn ʒamīla (pl)	فنون جميلة
galería (f) de arte	ma'raḍ fanniy (m)	معرض فنّيّ
exposición (f) de arte	ma'raḍ fanniy (m)	معرض فنّيّ
pintura (f)	taṣwīr (m)	تصوير
gráfica (f)	rusūmiyyāt (pl)	رسوميّات
abstraccionismo (m)	fann taʒrīdiy (m)	فنّ تجريديّ
impresionismo (m)	al intibā'iyya (f)	الإنطباعيّة
pintura (f)	lawḥa (f)	لوحة
dibujo (m)	rasm (m)	رسم
pancarta (f)	mulṣaq i'lāniy (m)	ملصق إعلانيّ
ilustración (f)	rasm tawḍīḥiy (m)	رسم توضيحيّ
miniatura (f)	ṣūra muṣaɣɣara (f)	صورة مصغّرة
copia (f)	nusχa (f)	نسخة
reproducción (f)	nusχa ṭibq al aṣl (f)	نسخة طبق الأصل
mosaico (m)	fusayfisā' (f)	فسيفساء
vidriera (f)	zuʒāʒ mu'aʃʃaq (m)	زجاج معشّق
fresco (m)	taṣwīr ʒiṣṣiy (m)	تصوير جصّيّ
grabado (m)	naqʃ (m)	نقش
busto (m)	timθāl niṣfiy (m)	تمثال نصفيّ
escultura (f)	naḥt (m)	نحت
estatua (f)	timθāl (m)	تمثال
yeso (m)	ʒībs (m)	جيبس
en yeso (adj)	min al ʒībs	من الجيبس
retrato (m)	burtrī (m)	بورتريه
autorretrato (m)	burtrīh ðātiy (m)	بورتريه ذاتيّ
paisaje (m)	lawḥat manẓar ṭabī'iy (f)	لوحة منظر طبيعيّ
naturaleza (f) muerta	ṭabī'a ṣāmita (f)	طبيعة صامتة
caricatura (f)	ṣūra karikaturiyya (f)	صورة كاريكاتوريّة
boceto (m)	rasm tamhīdiy (m)	رسم تمهيديّ
pintura (f)	lawn (m)	لون
acuarela (f)	alwān mā'iyya (m)	ألوان مائية
óleo (m)	zayt (m)	زيت
lápiz (f)	qalam ruṣāṣ (m)	قلم رصاص
tinta (f) china	ḥibr hindiy (m)	حبر هنديّ
carboncillo (m)	faḥm (m)	فحم
dibujar (vi, vt)	rasam	رسم
pintar (vi, vt)	rasam	رسم
posar (vi)	qa'ad	قعد
modelo (m)	mudil ḥay (m)	موديل حيّ

modelo (f)	mudil ḥay (m)	موديل حيّ
pintor (m)	rassām (m)	رسّام
obra (f) de arte	'amal fanniy (m)	عمل فنّيّ
obra (f) maestra	tuḥfa fanniyya (f)	تحفة فنّيّة
estudio (m) (de un artista)	warʃa (f)	ورشة
lienzo (m)	kanava (f)	كانفا
caballete (m)	musnad ar rasm (m)	مسند الرسم
paleta (f)	lawḥat al alwān (f)	لوحة الألوان
marco (m)	iṭār (m)	إطار
restauración (f)	tarmīm (m)	ترميم
restaurar (vt)	rammam	رمّم

152. La literatura y la poesía

literatura (f)	adab (m)	أدب
autor (m) (escritor)	mu'allif (m)	مؤلّف
seudónimo (m)	ism musta'ār (m)	إسم مستعار
libro (m)	kitāb (m)	كتاب
tomo (m)	muʒallad (m)	مجلّد
tabla (f) de contenidos	fihris (m)	فهرس
página (f)	ṣafḥa (f)	صفحة
héroe (m) principal	aʃ ʃaxṣiyya ar ra'īsiyya (f)	الشخصيّة الرئيسيّة
autógrafo (m)	tawqī' al mu'allif (m)	توقيع المؤلّف
relato (m) corto	qiṣṣa qaṣīra (f)	قصّة قصيرة
cuento (m)	qiṣṣa (f)	قصّة
novela (f)	riwāya (f)	رواية
obra (f) literaria	mu'allif (m)	مؤلّف
fábula (f)	ḥikāya (f)	حكاية
novela (f) policíaca	riwāya bulīsiyya (f)	رواية بوليسيّة
verso (m)	qaṣīda (f)	قصيدة
poesía (f)	ʃi'r (m)	شعر
poema (m)	qaṣīda (f)	قصيدة
poeta (m)	ʃā'ir (m)	شاعر
bellas letras (f pl)	adab ʒamīl (m)	أدب جميل
ciencia ficción (f)	xayāl 'ilmiy (m)	خيال علميّ
aventuras (f pl)	adab al muɣāmarāt (m)	أدب المغامرات
literatura (f) didáctica	adab tarbawiy (m)	أدب تربويّ
literatura (f) infantil	adab al aṭfāl (m)	أدب الأطفال

153. El circo

circo (m)	sirk (m)	سيرك
circo (m) ambulante	sirk mutanaqqil (m)	سيرك متنقّل
programa (m)	barnāmaʒ (m)	برنامج
representación (f)	adā' fanniy (m)	أداء فنّيّ
número (m)	dawr (m)	دور

arena (f)	ḥalbat as sirk (f)	حلبة السيرك
pantomima (f)	'arḍ 'īmā'y (m)	عرض إيمائي
payaso (m)	muharriʒ (m)	مهرج
acróbata (m)	bahlawān (m)	بهلوان
acrobacia (f)	al'āb bahlawāniyya (f)	ألعاب بهلوانيّة
gimnasta (m)	lā'ib ʒumbāz (m)	لاعب جنباز
gimnasia (f)	ʒumbāz (m)	جنباز
salto (m)	ʃaqlaba (f)	شقلبة
forzudo (m)	lā'ib riyāḍiy (m)	لاعب رياضيّ
domador (m)	murawwiḍ (m)	مروّض
caballista (m)	fāris (m)	فارس
asistente (m)	musā'id (m)	مساعد
truco (m)	al'āb bahlawāniyya (f)	ألعاب بهلوانيّة
truco (m) de magia	xid'a siḥriyya (f)	خدعة سحريّة
ilusionista (m)	sāḥir (m)	ساحر
malabarista (m)	bahlawān (m)	بهلوان
hacer malabarismos	la'ib bi kurāt 'adīda	لعب بكرات عديدة
amaestrador (m)	mudarrib ḥayawānāt (m)	مدرّب حيوانات
amaestramiento (m)	tadrīb al ḥayawānāt (m)	تدريب الحيوانات
amaestrar (vt)	darrab	درّب

154. La música. La música popular

música (f)	musīqa (f)	موسيقى
músico (m)	'āzif (m)	عازف
instrumento (m) musical	'āla musiqiyya (f)	آلة موسيقيّة
tocar …	'azaf …	عزف…
guitarra (f)	gitār (m)	جيتار
violín (m)	kamān (m)	كمان
violonchelo (m)	tʃīlu (m)	تشيلو
contrabajo (m)	kamān aʒhar (m)	كمان أجهر
arpa (f)	qiθār (m)	قيثار
piano (m)	biānu (m)	بيانو
piano (m) de cola	biānu kibīr (m)	بيانو كبير
órgano (m)	aryan (m)	أرغن
instrumentos (m pl) de viento	'ālāt nafxiyya (pl)	آلات نفخيّة
oboe (m)	ubwa (f)	أوبوا
saxofón (m)	saksufūn (m)	ساكسوفون
clarinete (m)	klarnīt (m)	كلارنيت
flauta (f)	flut (m)	فلوت
trompeta (f)	būq (m)	بوق
acordeón (m)	ukurdiūn (m)	أكورديون
tambor (m)	ṭabla (f)	طبلة
dúo (m)	θunā'iy (m)	ثنائيّ
trío (m)	θulāθy (m)	ثلاثيّ

cuarteto (m)	rubā'iy (m)	رُباعيّ
coro (m)	xūrus (m)	خورس
orquesta (f)	urkistra (f)	أوركسترا
música (f) pop	musīqa al bub (f)	موسيقى البوب
música (f) rock	musīqa ar rūk (f)	موسيقى الروك
grupo (m) de rock	firqat ar rūk (f)	فرقة الروك
jazz (m)	ʒāz (m)	جاز
ídolo (m)	maʻbūd (m)	معبود
admirador (m)	muʻʒab (m)	معجب
concierto (m)	ḥafla mūsiqiyya (f)	حفلة موسيقيّة
sinfonía (f)	simfūniyya (f)	سمفونيّة
composición (f)	qitʻa mūsiqiyya (f)	قطعة موسيقيّة
escribir (vt)	allaf	ألّف
canto (m)	ɣināʼ (m)	غناء
canción (f)	uɣniyya (f)	أغنيّة
melodía (f)	laḥn (m)	لحن
ritmo (m)	ʼīqāʻ (m)	إيقاع
blues (m)	musīqa al blūz (f)	موسيقى البلوز
notas (f pl)	nutāt (pl)	نوتات
batuta (f)	ʻaṣa al mayistru (m)	عصا المايسترو
arco (m)	qaws (m)	قوس
cuerda (f)	watar (m)	وتر
estuche (m)	ʃanṭa (f)	شنطة

Los restaurantes. El entretenimiento. El viaje

155. El viaje. Viajar

turismo (m)	siyāḥa (f)	سياحة
turista (m)	sā'iḥ (m)	سائح
viaje (m)	riḥla (f)	رحلة
aventura (f)	muɣāmara (f)	مغامرة
viaje (m)	riḥla (f)	رحلة
vacaciones (f pl)	'uṭla (f)	عطلة
estar de vacaciones	'indahu 'uṭla	عنده عطلة
descanso (m)	istirāḥa (f)	إستراحة
tren (m)	qiṭār (m)	قطار
en tren	bil qiṭār	بالقطار
avión (m)	ṭā'ira (f)	طائرة
en avión	biṭ ṭā'ira	بالطائرة
en coche	bis sayyāra	بالسيارة
en barco	bis safīna	بالسفينة
equipaje (m)	aʃ ʃunaṭ (pl)	الشنط
maleta (f)	ḥaqībat safar (f)	حقيبة سفر
carrito (m) de equipaje	'arabat ʃunaṭ (f)	عربة شنط
pasaporte (m)	ʒawāz as safar (m)	جواز السفر
visado (m)	ta'ʃīra (f)	تأشيرة
billete (m)	taðkira (f)	تذكرة
billete (m) de avión	taðkirat ṭā'ira (f)	تذكرة طائرة
guía (f) (libro)	dalīl (m)	دليل
mapa (m)	xarīṭa (f)	خريطة
área (m) (~ rural)	minṭaqa (f)	منطقة
lugar (m)	makān (m)	مكان
exotismo (m)	ɣarāba (f)	غرابة
exótico (adj)	ɣarīb	غريب
asombroso (adj)	mudhiʃ	مدهش
grupo (m)	maʒmū'a (f)	مجموعة
excursión (f)	ʒawla (f)	جولة
guía (m) (persona)	murʃid (m)	مرشد

156. El hotel

hotel (m)	funduq (m)	فندق
motel (m)	mutīl (m)	موتيل
de tres estrellas	θalāθat nuʒūm	ثلاثة نجوم

de cinco estrellas	χamsat nuʒūm	خمسة نجوم
hospedarse (vr)	nazal	نزل
habitación (f)	ɣurfa (f)	غرفة
habitación (f) individual	ɣurfa li ʃaχṣ wāḥid (f)	غرفة لشخص واحد
habitación (f) doble	ɣurfa li ʃaχṣayn (f)	غرفة لشخصين
reservar una habitación	ḥaʒaz ɣurfa	حجز غرفة
media pensión (f)	waʒbitān fil yawm (du)	وجبتان في اليوم
pensión (f) completa	θalāθ waʒabāt fil yawm	ثلاث وجبات في اليوم
con baño	bi ḥawḍ al istiḥmām	بحوض الإستحمام
con ducha	bid duʃ	بالدوش
televisión (f) satélite	tilivizyūn faḍā'iy (m)	تلفزيون فضائيّ
climatizador (m)	takyīf (m)	تكييف
toalla (f)	fūṭa (f)	فوطة
llave (f)	miftāḥ (m)	مفتاح
administrador (m)	mudīr (m)	مدير
camarera (f)	'āmilat tanẓīf ɣuraf (f)	عاملة تنظيف غرف
maletero (m)	ḥammāl (m)	حمّال
portero (m)	bawwāb (m)	بوّاب
restaurante (m)	maṭ'am (m)	مطعم
bar (m)	bār (m)	بار
desayuno (m)	fuṭūr (m)	فطور
cena (f)	'aʃā' (m)	عشاء
buffet (m) libre	bufīh (m)	بوفيه
vestíbulo (m)	radha (f)	ردهة
ascensor (m)	miṣ'ad (m)	مصعد
NO MOLESTAR	ar raʒā' 'adam al iz'āʒ	الرجاء عدم الإزعاج
PROHIBIDO FUMAR	mamnū' at tadχīn	ممنوع التدخين

157. Los libros. La lectura

libro (m)	kitāb (m)	كتاب
autor (m)	mu'allif (m)	مؤلّف
escritor (m)	kātib (m)	كاتب
escribir (~ un libro)	allaf	ألف
lector (m)	qāri' (m)	قارئ
leer (vi, vt)	qara'	قرأ
lectura (f)	qirā'a (f)	قراءة
en silencio	sirran	سرّا
en voz alta	bi ṣawt 'āli	بصوت عال
editar (vt)	naʃar	نشر
edición (f) (~ de libros)	naʃr (m)	نشر
editor (m)	nāʃir (m)	ناشر
editorial (f)	dār aṭ ṭibā'a wan naʃr (f)	دار الطباعة والنشر
salir (libro)	ṣadar	صدر

salida (f) (de un libro)	ṣudūr (m)	صدور
tirada (f)	'adad an nusaχ (m)	عدد النسخ
librería (f)	maḥall kutub (m)	محلّ كتب
biblioteca (f)	maktaba (f)	مكتبة
cuento (m)	qiṣṣa (f)	قصّة
relato (m) corto	qiṣṣa qaṣīra (f)	قصّة قصيرة
novela (f)	riwāya (f)	رواية
novela (f) policíaca	riwāya bulīsiyya (f)	رواية بوليسيّة
memorias (f pl)	muðakkirāt (pl)	مذكّرات
leyenda (f)	usṭūra (f)	أسطورة
mito (m)	χurāfa (f)	خرافة
versos (m pl)	ʃi'r (m)	شعر
autobiografía (f)	sīrat ḥayāt (f)	سيرة حياة
obras (f pl) escogidas	muχtārāt (pl)	مختارات
ciencia ficción (f)	χayāl 'ilmiy (m)	خيال علميّ
título (m)	'unwān (m)	عنوان
introducción (f)	muqaddima (f)	مقدّمة
portada (f)	ṣafḥat al 'unwān (f)	صفحة العنوان
capítulo (m)	faṣl (m)	فصل
extracto (m)	qiṭ'a (f)	قطعة
episodio (m)	maʃhad (m)	مشهد
sujeto (m)	mawḍū' (m)	موضوع
contenido (m)	muḥtawayāt (pl)	محتويات
tabla (f) de contenidos	fihris (m)	فهرس
héroe (m) principal	aʃ ʃaχṣiyya ar ra'īsiyya (f)	الشخصيّة الرئيسيّة
tomo (m)	muʒallad (m)	مجلّد
cubierta (f)	ɣilāf (m)	غلاف
encuadernado (m)	taʒlīd (m)	تجليد
marcador (m) de libro	ʃarīṭ (m)	شريط
página (f)	ṣafḥa (f)	صفحة
hojear (vt)	qallab aṣ ṣafaḥāt	قلب الصفحات
márgenes (m pl)	hāmiʃ (m)	هامش
anotación (f)	mulāḥaza (f)	ملاحظة
nota (f) a pie de página	mulāḥaza (f)	ملاحظة
texto (m)	naṣṣ (m)	نصّ
fuente (f)	naw' al χaṭṭ (m)	نوع الخطّ
errata (f)	χaṭa' maṭba'iy (m)	خطأ مطبعيّ
traducción (f)	tarʒama (f)	ترجمة
traducir (vt)	tarʒam	ترجم
original (m)	aṣliy (m)	أصليّ
famoso (adj)	maʃhūr	مشهور
desconocido (adj)	ɣayr ma'rūf	غير معروف
interesante (adj)	mumti'	ممتع
best-seller (m)	akθar mabī'an (m)	أكثر مبيعًا

diccionario (m)	qāmūs (m)	قاموس
manual (m)	kitāb ta'līm (m)	كتاب تعليم
enciclopedia (f)	mawsū'a (f)	موسوعة

158. La caza. La pesca

caza (f)	ṣayd (m)	صيد
cazar (vi, vt)	iṣṭād	إصطاد
cazador (m)	ṣayyād (m)	صيّاد
tirar (vi)	aṭlaq an nār	أطلق النار
fusil (m)	bunduqiyya (f)	بندقية
cartucho (m)	ruṣāṣa (f)	رصاصة
perdigón (m)	raʃʃ (m)	رشّ
cepo (m)	maʃyada (f)	مصيدة
trampa (f)	faxx (m)	فخّ
caer en la trampa	waqa' fi faxx	وقع في فخّ
poner una trampa	naṣab faxx	نصب فخًّا
cazador (m) furtivo	sāriq aṣ ṣayd (m)	سارق الصيد
caza (f) menor	ṣayd (m)	صيد
perro (m) de caza	kalb ṣayd (m)	كلب صيد
safari (m)	safāri (m)	سفاري
animal (m) disecado	ḥayawān muḥannaṭ (m)	حيوان محنّط
pescador (m)	ṣayyād as samak (m)	صيّاد السمك
pesca (f)	ṣayd as samak (m)	صيد السمك
pescar (vi)	iṣṭād as samak	إصطاد السمك
caña (f) de pescar	ṣannāra (f)	صنّارة
sedal (m)	xayṭ (m)	خيط
anzuelo (m)	ʃaṣṣ aṣ ṣayd (m)	شصّ الصيد
flotador (m)	'awwāma (f)	عوّامة
cebo (m)	ṭu'm (m)	طعم
lanzar el anzuelo	ṭaraḥ aṣ ṣinnāra	طرح الصنّارة
picar (vt)	'aḍḍ	عضّ
pesca (f) (lo pescado)	as samak al muṣṭād (m)	السمك المصطاد
agujero (m) en el hielo	fatḥa fil ʒalīd (f)	فتحة في الجليد
red (f)	ʃabakat aṣ ṣayd (f)	شبكة الصيد
barca (f)	markab (m)	مركب
pescar con la red	iṣṭād biʃ ʃabaka	إصطاد بالشبكة
tirar la red	rama ʃabaka	رمى شبكة
sacar la red	axraʒ ʃabaka	أخرج شبكة
caer en la red	waqa' fi ʃabaka	وقع في شبكة
ballenero (m) (persona)	ṣayyād al ḥūt (m)	صيّاد الحوت
ballenero (m) (barco)	safīnat ṣayd al ḥītān (f)	سفينة صيد الحيتان
arpón (m)	ḥarba (f)	حربة

159. Los juegos. El billar

billar (m)	bilyārdu (m)	بلياردو
sala (f) de billar	qā'at bilyārdu (m)	قاعة بلياردو
bola (f) de billar	kura (f)	كرة
entronerar la bola	aṣqaṭ kura	أصقط كرة
taco (m)	'aṣa bilyardu (f)	عصا بلياردو
tronera (f)	ʒayb bilyārdu (m)	جيب بلياردو

160. Los juegos. Las cartas

cuadrados (m pl)	ad dināriy (m)	الديناريّ
picas (f pl)	al bastūniy (m)	البستونيّ
corazones (m pl)	al kūba (f)	الكوبة
tréboles (m pl)	as sibātiy (m)	السباتيّ
as (m)	'ās (m)	آس
rey (m)	malik (m)	ملك
dama (f)	malika (f)	ملكة
sota (f)	walad (m)	ولد
carta (f)	waraqa (f)	ورقة
cartas (f pl)	waraq (m)	ورق
triunfo (m)	waraqa rābiḥa (f)	ورقة رابحة
baraja (f)	dasta waraq al la'b (f)	دستة ورق اللعب
punto (m)	nuqṭa (f)	نقطة
dar (las cartas)	farraq	فرّق
barajar (vt)	xallaṭ	خلط
jugada (f)	dawr (m)	دور
fullero (m)	muḥtāl fil qimār (m)	محتال في القمار

161. El casino. La ruleta

casino (m)	kazinu (m)	كازينو
ruleta (f)	rulīt (m)	روليت
puesta (f)	rihān (m)	رهان
apostar (vt)	waḍa' ar rihān	وضع الرهان
rojo (m)	aḥmar (m)	أحمر
negro (m)	aswad (m)	أسود
apostar al rojo	wada' ar rihān 'alal aḥmar	وضع الرهان على الأحمر
apostar al negro	wada' ar rihān 'alal aswad	وضع الرهان على الأسود
crupier (m, f)	muwazzaf nādi al qimār (m)	موظف نادي القمار
girar la ruleta	dawwar al 'aʒala	دوّر العجلة
reglas (f pl) de juego	qawā'id (pl)	قواعد
ficha (f)	fīʃa (f)	فيشة
ganar (vi, vt)	kasab	كسب
ganancia (f)	ribḥ (m)	ربح

| perder (vi) | ḵasir | خسر |
| pérdida (f) | ḵisāra (f) | خسارة |

jugador (m)	lā'ib (m)	لاعب
black jack (m)	blɛkdʒɛk (m)	بلاك جاك
juego (m) de dados	lu'bat an nard (f)	لعبة النرد
dados (m pl)	zahr an nard (m)	زهر النرد
tragaperras (f)	'ālat qumār (f)	آلة قمار

162. El descanso. Los juegos. Miscelánea

pasear (vi)	tanazzah	تنزّه
paseo (m) (caminata)	tanazzuh (m)	تنزّه
paseo (m) (en coche)	ʒawla bis sayyāra (f)	جولة بالسيّارة
aventura (f)	muḵāmara (f)	مغامرة
picnic (m)	nuzha (f)	نزهة

juego (m)	lu'ba (f)	لعبة
jugador (m)	lā'ib (m)	لاعب
partido (m)	dawr (m)	دور

coleccionista (m)	ʒāmi' (m)	جامع
coleccionar (vt)	ʒama'	جمع
colección (f)	maʒmū'a (f)	مجموعة

crucigrama (m)	kalimāt mutaqāṭi'a (pl)	كلمات متقاطعة
hipódromo (m)	ḥalbat sibāq al ḵuyūl (f)	حلبة سباق الخيول
discoteca (f)	disku (m)	ديسكو

| sauna (f) | sāuna (f) | ساونا |
| lotería (f) | yanaṣīb (m) | يانصيب |

marcha (f)	riḥlat taḵyīm (f)	رحلة تخييم
campo (m)	muḵayyam (m)	مخيّم
tienda (f) de campaña	ḵayma (f)	خيمة
brújula (f)	būṣila (f)	بوصلة
campista (m)	muḵayyim (m)	مخيّم

ver (la televisión)	ʃāhid	شاهد
telespectador (m)	muʃāhid (m)	مشاهد
programa (m) de televisión	barnāmaʒ tiliviziyūniy (m)	برنامج تليفزيوني

163. La fotografía

| cámara (f) fotográfica | kamira (f) | كاميرا |
| fotografía (f) (una foto) | ṣūra (f) | صورة |

fotógrafo (m)	muṣawwir (m)	مصوّر
estudio (m) fotográfico	istūdiyu taṣwīr (m)	إستوديو تصوير
álbum (m) de fotos	albūm aṣ ṣuwar (m)	ألبوم الصور
objetivo (m)	'adasa (f)	عدسة
teleobjetivo (m)	'adasa tiliskūpiyya (f)	عدسة تلسكوبيّة

filtro (m)	filtir (m)	فلتر
lente (m)	'adasa (f)	عدسة
óptica (f)	aʒhiza baṣariyya (pl)	أجهزة بصريّة
diafragma (m)	bu'ra (f)	بؤرة
tiempo (m) de exposición	muddat at ta'rīḍ (f)	مدة التعريض
visor (m)	al 'ayn al fāḥiṣa (f)	العين الفاحصة
cámara (f) digital	kamira raqmiyya (f)	كاميرا رقميّة
trípode (m)	ḥāmil θulāθiy (m)	حامل ثلاثيّ
flash (m)	flāʃ (m)	فلاش
fotografiar (vt)	ṣawwar	صوّر
hacer fotos	ṣawwar	صوّر
fotografiarse (vr)	taṣawwar	تصوّر
foco (m)	bu'rat al 'adasa (f)	بؤرة العدسة
enfocar (vt)	rakkaz	ركّز
nítido (adj)	wāḍiḥ	واضح
nitidez (f)	wuḍūḥ (m)	وضوح
contraste (m)	tabāyun (m)	تباين
contrastante (adj)	mutabāyin	متباين
foto (f)	ṣūra (f)	صورة
negativo (m)	ṣūra sāliba (f)	صورة سالبة
película (f) fotográfica	film (m)	فيلم
fotograma (m)	iṭār (m)	إطار
imprimir (vt)	ṭaba'	طبع

164. La playa. La natación

playa (f)	ʃāṭi' (m)	شاطئ
arena (f)	raml (m)	رمل
desierto (playa ~a)	mahʒūr	مهجور
bronceado (m)	sumrat al baʃara (f)	سمرة البشرة
broncearse (vr)	taʃammas	تشمّس
bronceado (adj)	asmar	أسمر
protector (m) solar	krīm wāqi aʃ ʃams (m)	كريم واقي الشمس
bikini (m)	bikini (m)	بكيني
traje (m) de baño	libās sibāḥa (m)	لباس سباحة
bañador (m)	libās sibāḥa riʒāliy (m)	لباس سباحة رجاليّ
piscina (f)	masbaḥ (m)	مسبح
nadar (vi)	sabaḥ	سبح
ducha (f)	dūʃ (m)	دوش
cambiarse (vr)	ɣayyar libāsuh	غيّر لباسه
toalla (f)	fūṭa (f)	فوطة
barca (f)	markab (m)	مركب
lancha (f) motora	lanʃ (m)	لنش
esquís (m pl) acuáticos	tazalluʒ 'alal mā' (m)	تزلج على الماء

143

bicicleta (f) acuática	'aʒala mā'iyya (f)	عجلة مائيّة
surf (m)	rukūb al amwāʒ (m)	ركوب الأمواج
surfista (m)	rākib al amwāʒ (m)	راكب الأمواج
equipo (m) de buceo	ʒihāz at tanaffus (m)	جهاز التنفّس
aletas (f pl)	za'ānif as sibāḥa (pl)	زعانف السباحة
máscara (f) de buceo	kimāma (f)	كمامة
buceador (m)	ɣawwāṣ (m)	غوّاص
bucear (vi)	ɣās	غاص
bajo el agua (adv)	taḥt al mā'	تحت الماء
sombrilla (f)	ʃamsiyya (f)	شمسيّة
tumbona (f)	kursiy blāʒ (m)	كرسيّ بلاج
gafas (f pl) de sol	naẓẓārat ʃams (f)	نظارة شمس
colchoneta (f) inflable	martaba hawā'iyya (f)	مرتبة هوائيّة
jugar (divertirse)	la'ib	لعب
bañarse (vr)	sabaḥ	سبح
pelota (f) de playa	kura (f)	كرة
inflar (vt)	nafax	نفخ
inflable (colchoneta ~)	qābil lin nafx	قابل للنفخ
ola (f)	mawʒa (f)	موجة
boya (f)	ʃamandūra (f)	شمندورة
ahogarse (vr)	ɣariq	غرق
salvar (vt)	anqað	أنقذ
chaleco (m) salvavidas	sutrat naʒāt (f)	سترة نجاة
observar (vt)	rāqab	راقب
socorrista (m)	ḥāris ʃāṭi' (m)	حارس شاطئ

EL EQUIPO TÉCNICO. EL TRANSPORTE

El equipo técnico

165. El computador

ordenador (m)	kumbyūtir (m)	كمبيوتر
ordenador (m) portátil	kumbyūtir maḥmūl (m)	كمبيوتر محمول
encender (vt)	ʃayɣal	شغّل
apagar (vt)	ayʟaq	أغلق
teclado (m)	lawḥat al mafātīḥ (f)	لوحة المفاتيح
tecla (f)	miftāḥ (m)	مفتاح
ratón (m)	fa'ra (f)	فأرة
alfombrilla (f) para ratón	wisādat fa'ra (f)	وسادة فأرة
botón (m)	zirr (m)	زرّ
cursor (m)	mu'aʃʃir (m)	مؤشّر
monitor (m)	ʃāʃa (f)	شاشة
pantalla (f)	ʃāʃa (f)	شاشة
disco (m) duro	qurṣ ṣalib (m)	قرص صلب
volumen (m) de disco duro	si'at taxzīn (f)	سعة تخزين
memoria (f)	ðākira (f)	ذاكرة
memoria (f) operativa	ðākirat al wuṣūl al 'aʃwā'iy (f)	ذاكرة الوصول العشوائيّ
archivo, fichero (m)	malaff (m)	ملفّ
carpeta (f)	ḥāfiẓa (m)	حافظة
abrir (vt)	fataḥ	فتح
cerrar (vt)	ayʟaq	أغلق
guardar (un archivo)	ḥafaẓ	حفظ
borrar (vt)	masaḥ	مسح
copiar (vt)	nasax	نسخ
ordenar (vt) (~ de A a Z, etc.)	ṣannaf	صنّف
copiar (vt)	naqal	نقل
programa (m)	barnāmaʒ (m)	برنامج
software (m)	barāmiʒ kumbyūtir (pl)	برامج كمبيوتر
programador (m)	mubarmiʒ (m)	مبرمج
programar (vt)	barmaʒ	برمج
hacker (m)	hākir (m)	هاكر
contraseña (f)	kalimat as sirr (f)	كلمة السرّ
virus (m)	virūs (m)	فيروس
detectar (vt)	waʒad	وجد
octeto (m)	bayt (m)	بايت

megaocteto (m)	miȝabāyt (m)	ميجابايت
datos (m pl)	bayānāt (pl)	بيانات
base (f) de datos	qa'idat bayānāt (f)	قاعدة بيانات
cable (m)	kābil (m)	كابل
desconectar (vt)	faṣal	فصل
conectar (vt)	waṣṣal	وصّل

166. El internet. El correo electrónico

internet (m), red (f)	intirnit (m)	إنترنت
navegador (m)	mutaṣaffiḥ (m)	متصفح
buscador (m)	muḥarrik baḥθ (m)	محرّك بحث
proveedor (m)	ʃarikat al intirnīt (f)	شركة الإنترنيت
webmaster (m)	mudīr al mawqi' (m)	مدير الموقع
sitio (m) web	mawqi' iliktrūniy (m)	موقع إلكتروني
página (f) web	ṣafḥat wīb (f)	صفحة ويب
dirección (f)	'unwān (m)	عنوان
libro (m) de direcciones	daftar al 'anāwīn (m)	دفتر العناوين
buzón (m)	ṣundūq al barīd (m)	صندوق البريد
correo (m)	barīd (m)	بريد
lleno (adj)	mumtali'	ممتلىء
mensaje (m)	risāla iliktrūniyya (f)	رسالة إلكترونيّة
correo (m) entrante	rasa'il wārida (pl)	رسائل واردة
correo (m) saliente	rasa'il ṣādira (pl)	رسائل صادرة
expedidor (m)	mursil (m)	مرسل
enviar (vt)	arsal	أرسل
envío (m)	irsāl (m)	إرسال
destinatario (m)	mursal ilayh (m)	مرسل إليه
recibir (vt)	istalam	إستلم
correspondencia (f)	murāsala (f)	مراسلة
escribirse con …	tarāsal	تراسل
archivo, fichero (m)	malaff (m)	ملفّ
descargar (vt)	ḥammal	حمّل
crear (vt)	anʃa'	أنشأ
borrar (vt)	masaḥ	مسح
borrado (adj)	mamsūḥ	ممسوح
conexión (f) (ADSL, etc.)	ittiṣāl (m)	إتّصال
velocidad (f)	sur'a (f)	سرعة
módem (m)	mudim (m)	مودم
acceso (m)	wuṣūl (m)	وصول
puerto (m)	maxraȝ (m)	مخرج
conexión (f) (establecer la ~)	ittiṣāl (m)	إتّصال
conectarse a …	ittaṣal	إتّصل
seleccionar (vt)	ixtār	إختار
buscar (vt)	baḥaθ	بحث

167. La electricidad

electricidad (f)	kahrabā' (m)	كهرباء
eléctrico (adj)	kahrabā'iy	كهربائي
central (f) eléctrica	maḥaṭṭa kahrabā'iyya (f)	محطة كهربائية
energía (f)	ṭāqa (f)	طاقة
energía (f) eléctrica	ṭāqa kahrabā'iyya (f)	طاقة كهربائية
bombilla (f)	lamba (f)	لمبة
linterna (f)	kaššāf an nūr (m)	كشاف النور
farola (f)	'amūd an nūr (m)	عمود النور
luz (f)	nūr (m)	نور
encender (vt)	fataḥ, šayyal	فتح، شغّل
apagar (vt)	ṭaffa	طفّى
apagar la luz	ṭaffa n nūr	طفّى النور
quemarse (vr)	intafa'	إنطفأ
circuito (m) corto	dā'ira kahrabā'iyya qaṣīra (f)	دائرة كهربائية قصيرة
ruptura (f)	silk maqṭū' (m)	سلك مقطوع
contacto (m)	talāmus (m)	تلامس
interruptor (m)	miftāḥ an nūr (m)	مفتاح النور
enchufe (m)	barizat al kahrabā' (f)	بريزة الكهرباء
clavija (f)	fīšat al kahrabā' (f)	فيشة الكهرباء
alargador (m)	silk tawṣīl (m)	سلك توصيل
fusible (m)	fāṣima (f)	فاصمة
hilo (m)	silk (m)	سلك
instalación (f) eléctrica	aslāk (pl)	أسلاك
amperio (m)	ambīr (m)	أمبير
amperaje (m)	šiddat at tayyār al kahrabā'iy (f)	شدّة التيّار الكهربائي
voltio (m)	vūlt (m)	فولت
voltaje (m)	ǧuhd kahrabā'iy (m)	جهد كهربائي
aparato (m) eléctrico	ǧihāz kahrabā'iy (m)	جهاز كهربائي
indicador (m)	mu'aššir (m)	مؤشّر
electricista (m)	kahrabā'iy (m)	كهربائي
soldar (vt)	laḥam	لحم
soldador (m)	adāt laḥm (f)	أداة لحم
corriente (f)	tayyār kahrabā'iy (m)	تيّار كهربائي

168. Las herramientas

instrumento (m)	adāt (f)	أداة
instrumentos (m pl)	adawāt (pl)	أدوات
maquinaria (f)	mu'addāt (pl)	معدّات
martillo (m)	miṭraqa (f)	مطرقة
destornillador (m)	mifakk (m)	مفكّ

hacha (f)	fa's (m)	فأس
sierra (f)	minʃār (m)	منشار
serrar (vt)	naʃar	نشر
cepillo (m)	masḥāʒ (m)	مسحج
cepillar (vt)	saḥaʒ	سحج
soldador (m)	adāt laḥm (f)	أداة لحم
soldar (vt)	laḥam	لحم
lima (f)	mibrad (m)	مبرد
tenazas (f pl)	kammāʃa (f)	كمّاشة
alicates (m pl)	zardiyya (f)	زرديّة
escoplo (m)	izmīl (m)	إزميل
broca (f)	luqmat θaqb (m)	لقمة ثقب
taladro (m)	miθqab (m)	مثقب
taladrar (vi, vt)	θaqab	ثقب
cuchillo (m)	sikkīn (m)	سكّين
navaja (f)	sikkīn ʒayb (m)	سكّين جيب
filo (m)	ʃafra (f)	شفرة
agudo (adj)	ḥādd	حادّ
embotado (adj)	θālim	ثالم
embotarse (vr)	taθallam	تثلّم
afilar (vt)	ʃaḥað	شحذ
perno (m)	mismār qalāwūz (m)	مسمار قلاووظ
tuerca (f)	ṣamūla (f)	صامولة
filete (m)	naẓm (m)	نظم
tornillo (m)	qalāwūz (m)	قلاووظ
clavo (m)	mismār (m)	مسمار
cabeza (f) del clavo	ra's al mismār (m)	رأس المسمار
regla (f)	masṭara (f)	مسطرة
cinta (f) métrica	ʃarī'ṭ al qiyās (m)	شريط القياس
nivel (m) de burbuja	mīzān al mā' (m)	ميزان الماء
lupa (f)	'adasa mukabbira (f)	عدسة مكبّرة
aparato (m) de medida	ʒihāz qiyās (m)	جهاز قياس
medir (vt)	qās	قاس
escala (f) (~ métrica)	miqyās (m)	مقياس
lectura (f)	qirā'a (f)	قراءة
compresor (m)	ḍāɣiṭ al ɣāz (m)	ضاغط الغاز
microscopio (m)	mikruskūb (m)	ميكروسكوب
bomba (f) (~ de agua)	ṭulumba (f)	طلمبة
robot (m)	rūbut (m)	روبوت
láser (m)	layzir (m)	ليزر
llave (f) de tuerca	miftāḥ aṣ ṣawāmīl (m)	مفتاح الصواميل
cinta (f) adhesiva	lazq (m)	لزق
pegamento (m)	ṣamɣ (m)	صمغ
papel (m) de lija	waraq ṣanfara (m)	ورق صنفرة
resorte (m)	sūsta (f)	سوستة

imán (m)	miynaṭīs (m)	مغنطيس
guantes (m pl)	quffāz (m)	قفّاز
cuerda (f)	ḥabl (m)	حبل
cordón (m)	ḥabl (m)	حبل
hilo (m) (~ eléctrico)	silk (m)	سلك
cable (m)	kābil (m)	كابل
almádana (f)	mirzaba (f)	مرزبة
barra (f)	ʻatala (f)	عتلة
escalera (f) portátil	sullam (m)	سلّم
escalera (f) de tijera	sullam (m)	سلّم
atornillar (vt)	aḥkam aʃ ʃadd	أحكم الشدّ
destornillar (vt)	fataḥ	فتح
apretar (vt)	kamaʃ	كمش
pegar (vt)	alṣaq	ألصق
cortar (vt)	qaṭaʻ	قطع
fallo (m)	taʻaṭṭul (m)	تعطّل
reparación (f)	iṣlāḥ (m)	إصلاح
reparar (vt)	aṣlaḥ	أصلح
regular, ajustar (vt)	ḍabaṭ	ضبط
verificar (vt)	ixtabar	إختبر
control (m)	faḥṣ (m)	فحص
lectura (f) (~ del contador)	qirāʼa (f)	قراءة
fiable (máquina)	matīn	متين
complicado (adj)	murakkab	مركّب
oxidarse (vr)	ṣadiʼ	صدئ
oxidado (adj)	ṣadīʼ	صديء
óxido (m)	ṣadaʼ (m)	صدأ

El transporte

169. El avión

avión (m)	ṭā'ira (f)	طائرة
billete (m) de avión	taðkirat ṭā'ira (f)	تذكرة طائرة
compañía (f) aérea	ʃarikat ṭayarān (f)	شركة طيران
aeropuerto (m)	maṭār (m)	مطار
supersónico (adj)	xāriq liṣ ṣawt	خارق للصوت
comandante (m)	qā'id aṭ ṭā'ira (m)	قائد الطائرة
tripulación (f)	ṭāqim (m)	طاقم
piloto (m)	ṭayyār (m)	طيّار
azafata (f)	muḍīfat ṭayarān (f)	مضيفة طيران
navegador (m)	mallāḥ (m)	ملّاح
alas (f pl)	aʒniḥa (pl)	أجنحة
cola (f)	ðayl (m)	ذيل
cabina (f)	kabīna (f)	كابينة
motor (m)	mutūr (m)	موتور
tren (m) de aterrizaje	'aʒalāt al hubūṭ (pl)	عجلات الهبوط
turbina (f)	turbīna (f)	تربينة
hélice (f)	mirwaḥa (f)	مروحة
caja (f) negra	musaʒʒil aṭ ṭayarān (m)	مسجّل الطيران
timón (m)	'aʒalat qiyāda (f)	عجلة قيادة
combustible (m)	wuqūd (m)	وقود
instructivo (m) de seguridad	biṭāqat as salāma (f)	بطاقة السلامة
respirador (m) de oxígeno	qinā' uksiʒīn (m)	قناع أوكسيجين
uniforme (m)	libās muwaḥḥad (m)	لباس موحّد
chaleco (m) salvavidas	sutrat naʒāt (f)	سترة نجاة
paracaídas (m)	miʒallat hubūṭ (f)	مظلة هبوط
despegue (m)	iqlā' (m)	إقلاع
despegar (vi)	aqla'at	أقلعت
pista (f) de despegue	madraʒ aṭ ṭā'irāt (m)	مدرج الطائرات
visibilidad (f)	ru'ya (f)	رؤية
vuelo (m)	ṭayarān (m)	طيران
altura (f)	irtifā' (m)	إرتفاع
pozo (m) de aire	ʒayb hawā'iy (m)	جيب هوائيّ
asiento (m)	maq'ad (m)	مقعد
auriculares (m pl)	sammā'āt ra'siya (pl)	سمّاعات رأسيّة
mesita (f) plegable	ṣīniyya qābila liṭ ṭayy (f)	صينية قابلة للطيّ
ventana (f)	ʃubbāk aṭ ṭā'ira (m)	شبّاك الطائرة
pasillo (m)	mamarr (m)	ممرّ

170. El tren

tren (m)	qiṭār (m)	قطار
tren (m) eléctrico	qiṭār (m)	قطار
tren (m) rápido	qiṭār sarī' (m)	قطار سريع
locomotora (f) diésel	qāṭirat dīzil (f)	قاطرة ديزل
tren (m) de vapor	qāṭira buxāriyya (f)	قاطرة بخاريّة
coche (m)	'araba (f)	عربة
coche (m) restaurante	'arabat al maṭ'am (f)	عربة المطعم
rieles (m pl)	quḍubān (pl)	قضبان
ferrocarril (m)	sikka ḥadīdiyya (f)	سكّة حديديّة
traviesa (f)	'āriḍa (f)	عارضة
plataforma (f)	raṣīf (m)	رصيف
vía (f)	xaṭṭ (m)	خطّ
semáforo (m)	simafūr (m)	سيمافور
estación (f)	maḥaṭṭa (f)	محطّة
maquinista (m)	sā'iq (m)	سائق
maletero (m)	ḥammāl (m)	حمّال
mozo (m) del vagón	mas'ūl 'arabat al qiṭār (m)	مسؤول عربة القطار
pasajero (m)	rākib (m)	راكب
revisor (m)	kamsariy (m)	كمسريّ
corredor (m)	mamarr (m)	ممرّ
freno (m) de urgencia	farāmil aṭ ṭawāri' (pl)	فرامل الطوارئ
compartimiento (m)	ɣurfa (f)	غرفة
litera (f)	sarīr (m)	سرير
litera (f) de arriba	sarīr 'ulwiy (m)	سرير علويّ
litera (f) de abajo	sarīr sufliy (m)	سرير سفليّ
ropa (f) de cama	aɣṭiyat as sarīr (pl)	أغطية السرير
billete (m)	taðkira (f)	تذكرة
horario (m)	ʒadwal (m)	جدول
pantalla (f) de información	lawḥat ma'lūmāt (f)	لوحة معلومات
partir (vi)	ɣādar	غادر
partida (f) (del tren)	muɣādara (f)	مغادرة
llegar (tren)	waṣal	وصل
llegada (f)	wuṣūl (m)	وصول
llegar en tren	waṣal bil qiṭār	وصل بالقطار
tomar el tren	rakib al qiṭār	ركب القطار
bajar del tren	nazil min al qiṭār	نزل من القطار
descarrilamiento (m)	ḥiṭām qiṭār (m)	حطام قطار
descarrilarse (vr)	xaraʒ 'an xaṭṭ sayrih	خرج عن خطّ سيره
tren (m) de vapor	qāṭira buxāriyya (f)	قاطرة بخاريّة
fogonero (m)	'ataʃʒiy (m)	عطشجيّ
hogar (m)	furn al muḥarrik (m)	فرن المحرّك
carbón (m)	faḥm (m)	فحم

171. El barco

buque (m)	safīna (f)	سفينة
navío (m)	safīna (f)	سفينة
buque (m) de vapor	bāxira (f)	باخرة
motonave (m)	bāxira nahriyya (f)	باخرة نهريّة
trasatlántico (m)	bāxira siyahiyya (f)	باخرة سياحيّة
crucero (m)	ṭarrād (m)	طرّاد
yate (m)	yaxt (m)	يخت
remolcador (m)	qāṭira (f)	قاطرة
barcaza (f)	ṣandal (m)	صندل
ferry (m)	'abbāra (f)	عبّارة
velero (m)	safīna ʃirā'iyya (m)	سفينة شراعيّة
bergantín (m)	markab ʃirā'iy (m)	مركب شراعيّ
rompehielos (m)	muḥaṭṭimat ʒalīd (f)	محطّمة جليد
submarino (m)	ɣawwāṣa (f)	غوّاصة
bote (m) de remo	markab (m)	مركب
bote (m)	zawraq (m)	زورق
bote (m) salvavidas	qārib naʒāt (m)	قارب نجاة
lancha (f) motora	lanʃ (m)	لنش
capitán (m)	qubṭān (m)	قبطان
marinero (m)	baḥḥār (m)	بحّار
marino (m)	baḥḥār (m)	بحّار
tripulación (f)	ṭāqim (m)	طاقم
contramaestre (m)	raīs al baḥḥāra (m)	رئيس البحّارة
grumete (m)	ṣabiy as safīna (m)	صبيّ السفينة
cocinero (m) de abordo	ṭabbāx (m)	طبّاخ
médico (m) del buque	ṭabīb as safīna (m)	طبيب السفينة
cubierta (f)	saṭḥ as safīna (m)	سطح السفينة
mástil (m)	sāriya (f)	سارية
vela (f)	ʃirā' (m)	شراع
bodega (f)	'ambar (m)	عنبر
proa (f)	muqaddama (m)	مقدّمة
popa (f)	mu'axirat as safīna (f)	مؤخّرة السفينة
remo (m)	miʒðāf (m)	مجذاف
hélice (f)	mirwaḥa (f)	مروحة
camarote (m)	kabīna (f)	كابينة
sala (f) de oficiales	ɣurfat al istirāḥa (f)	غرفة الإستراحة
sala (f) de máquinas	qism al 'ālāt (m)	قسم الآلات
puente (m) de mando	burʒ al qiyāda (m)	برج القيادة
sala (f) de radio	ɣurfat al lāsilkiy (f)	غرفة اللاسلكيّ
onda (f)	mawʒa (f)	موجة
cuaderno (m) de bitácora	siʒil as safīna (m)	سجل السفينة
anteojo (m)	minẓār (m)	منظار
campana (f)	ʒaras (m)	جرس

bandera (f)	'alam (m)	علم
cabo (m) (maroma)	ḥabl (m)	حبل
nudo (m)	'uqda (f)	عقدة
pasamano (m)	drabizīn (m)	درابزين
pasarela (f)	sullam (m)	سلّم
ancla (f)	mirsāt (f)	مرساة
levar ancla	rafa' mirsāt	رفع مرساة
echar ancla	rasa	رسا
cadena (f) del ancla	silsilat mirsāt (f)	سلسلة مرساة
puerto (m)	mīnā' (m)	ميناء
embarcadero (m)	marsa (m)	مرسى
amarrar (vt)	rasa	رسا
desamarrar (vt)	aqla'	أقلع
viaje (m)	riḥla (f)	رحلة
crucero (m) (viaje)	riḥla baḥriyya (f)	رحلة بحرية
derrota (f) (rumbo)	masār (m)	مسار
itinerario (m)	ṭarīq (m)	طريق
canal (m) navegable	maʒra milāḥiy (m)	مجرى ملاحيّ
bajío (m)	miyāh ḍaḥla (f)	مياه ضحلة
encallar (vi)	ʒanaḥ	جنح
tempestad (f)	'āṣifa (f)	عاصفة
señal (f)	iʃāra (f)	إشارة
hundirse (vr)	ɣariq	غرق
¡Hombre al agua!	saqaṭ raʒul min as safina!	سقط رجل من السفينة!
SOS	nidā' iɣāθa (m)	نداء إغاثة
aro (m) salvavidas	ṭawq naʒāt (m)	طوق نجاة

172. El aeropuerto

aeropuerto (m)	maṭār (m)	مطار
avión (m)	ṭā'ira (f)	طائرة
compañía (f) aérea	ʃarikat ṭayarān (f)	شركة طيران
controlador (m) aéreo	marāqib al ḥaraka al ʒawwiyya (pl)	مراقب الحركة الجويّة
despegue (m)	muɣādara (f)	مغادرة
llegada (f)	wuṣūl (m)	وصول
llegar (en avión)	waṣal	وصل
hora (f) de salida	waqt al muɣādara (m)	وقت المغادرة
hora (f) de llegada	waqt al wuṣūl (m)	وقت الوصول
retrasarse (vr)	ta'axxar	تأخّر
retraso (m) de vuelo	ta'axxur ar riḥla (m)	تأخّر الرحلة
pantalla (f) de información	lawḥat al ma'lūmāt (f)	لوحة المعلومات
información (f)	isti'lāmāt (pl)	إستعلامات
anunciar (vt)	a'lan	أعلن

vuelo (m)	riḥla (f)	رحلة
aduana (f)	ʒamārik (pl)	جمارك
aduanero (m)	muwazzaf al ʒamārik (m)	موظف الجمارك
declaración (f) de aduana	taṣrīḥ ʒumrukiy (m)	تصريح جمركيّ
rellenar (vt)	mala'	ملأ
rellenar la declaración	mala' at taṣrīḥ	ملأ التصريح
control (m) de pasaportes	taftīʃ al ʒawāzāt (m)	تفتيش الجوازات
equipaje (m)	aʃʃunaṭ (pl)	الشنط
equipaje (m) de mano	ʃunaṭ al yad (pl)	شنط اليد
carrito (m) de equipaje	'arabat ʃunaṭ (f)	عربة شنط
aterrizaje (m)	hubūṭ (m)	هبوط
pista (f) de aterrizaje	mamarr al hubūṭ (m)	ممرّ الهبوط
aterrizar (vi)	habaṭ	هبط
escaleras (f pl) (de avión)	sullam aṭ ṭā'ira (m)	سلّم الطائرة
facturación (f) (check-in)	tasʒīl (m)	تسجيل
mostrador (m) de facturación	makān at tasʒīl (m)	مكان التسجيل
hacer el check-in	saʒʒal	سجّل
tarjeta (f) de embarque	biṭāqat ṣu'ūd (f)	بطاقة صعود
puerta (f) de embarque	bawwābat al muɣādara (f)	بوّابة المغادرة
tránsito (m)	tranzīt (m)	ترانزيت
esperar (aguardar)	intazar	إنتظر
zona (f) de preembarque	qā'at al muɣādara (f)	قاعة المغادرة
despedir (vt)	wadda'	ودّع
despedirse (vr)	wadda'	ودع

173. La bicicleta. La motocicleta

bicicleta (f)	darrāʒa (f)	درّاجة
scooter (f)	skutir (m)	سكوتر
motocicleta (f)	darrāʒa nāriyya (f)	درّاجة ناريّة
ir en bicicleta	rakib ad darrāʒa	ركب الدرّاجة
manillar (m)	miqwad (m)	مقود
pedal (m)	dawwāsa (f)	دوّاسة
frenos (m pl)	farāmil (pl)	فرامل
sillín (m)	maq'ad (m)	مقعد
bomba (f)	ṭulumba (f)	طلمبة
portaequipajes (m)	raff al amti'a (m)	رفّ الأمتعة
faro (m)	miṣbāḥ (m)	مصباح
casco (m)	χūða (f)	خوذة
rueda (f)	'aʒala (f)	عجلة
guardabarros (m)	rafraf (m)	رفرف
llanta (f)	iṭār (m)	إطار
rayo (m)	barmaq al 'aʒala (m)	برمق العجلة

Los coches

174. Tipos de carros

coche (m)	sayyāra (f)	سيّارة
coche (m) deportivo	sayyāra riyāḍiyya (f)	سيّارة رياضيّة
limusina (f)	limuzīn (m)	ليموزين
todoterreno (m)	sayyārat ṭuruq wa'ra (f)	سيارة طرق وعرة
cabriolé (m)	kabriulīh (m)	كابريوليه
microbús (m)	mikrubāṣ (m)	ميكروباص
ambulancia (f)	is'āf (m)	إسعاف
quitanieves (m)	ʒarrāfat θalʒ (f)	جرّافة ثلج
camión (m)	ʃāḥina (f)	شاحنة
camión (m) cisterna	nāqilat bitrūl (f)	ناقلة بترول
camioneta (f)	'arabat naql (f)	عربة نقل
remolcador (m)	ʒarrār (m)	جرّار
remolque (m)	maqṭūra (f)	مقطورة
confortable (adj)	murīḥ	مريح
de ocasión (adj)	musta'mal	مستعمل

175. Los carros. Taller de pintura

capó (m)	kabbūt (m)	كبّوت
guardabarros (m)	rafraf (m)	رفرف
techo (m)	saqf (m)	سقف
parabrisas (m)	zuʒāʒ amāmiy (m)	زجاج أماميّ
espejo (m) retrovisor	mir'āt dāχiliyya (f)	مرآة داخليّة
limpiador (m)	munaẓẓif az zuʒāʒ (m)	منظّف الزجاج
limpiaparabrisas (m)	massāḥāt (pl)	مسّاحات
ventana (f) lateral	zuʒāʒ ʒānibiy (m)	زجاج جانبيّ
elevalunas (m)	mākina zuʒāʒ (f)	ماكينة زجاج
antena (f)	hawā'iy (m)	هوائيّ
techo (m) solar	nāfiðat as saqf (f)	نافذة السقف
parachoques (m)	miṣadd as sayyāra (m)	مصدّ السيارة
maletero (m)	ṣundūq as sayyāra (m)	صندوق السيّارة
baca (f) (portaequipajes)	raff saqf as sayyāra (m)	رفّ سقف السيّارة
puerta (f)	bāb (m)	باب
tirador (m) de puerta	ukrat al bāb (f)	أوكرة الباب
cerradura (f)	qifl al bāb (m)	قفل الباب
matrícula (f)	lawḥat raqm as sayyāra (f)	لوحة رقم السيّارة
silenciador (m)	kātim aṣ ṣawt (m)	كاتم الصوت

tanque (m) de gasolina	xazzān al banzīn (m)	خزّان البنزين
tubo (m) de escape	umbūb al 'ādim (m)	أنبوب العادم
acelerador (m)	ɣāz (m)	غاز
pedal (m)	dawwāsa (f)	دوّاسة
pedal (m) de acelerador	dawwāsat al wuqūd (f)	دوّاسة الوقود
freno (m)	farāmil (pl)	فرامل
pedal (m) de freno	dawwāsat al farāmil (m)	دوّاسة الفرامل
frenar (vi)	farmal	فرمل
freno (m) de mano	farmalat al yad (f)	فرملة اليد
embrague (m)	ta'ʃīq (m)	تعشيق
pedal (m) de embrague	dawwāsat at ta'ʃīq (f)	دوّاسة التعشيق
disco (m) de embrague	quṛs at ta'ʃīq (m)	قرص التعشيق
amortiguador (m)	mumtaṣṣ liṣ ṣadamāt (m)	ممتصّ الصدمات
rueda (f)	'aɣala (f)	عجلة
rueda (f) de repuesto	'aɣala ihtiyāṭiyya (f)	عجلة احتياطيّة
neumático (m)	iṭār (m)	إطار
tapacubo (m)	ɣitā' miḥwar al 'aɣala (m)	غطاء محور العجلة
ruedas (f pl) motrices	'aɣalāt al qiyāda (pl)	عجلات القيادة
de tracción delantera	daf' amāmiy (m)	دفع أماميّ
de tracción trasera	daf' xalfiy (m)	دفع خلفيّ
de tracción integral	daf' rubā'iy (m)	دفع رباعيّ
caja (f) de cambios	ṣundūq at turūs (m)	صندوق التروس
automático (adj)	utumatīkiy	أوتوماتيكيّ
mecánico (adj)	yadawiy	يدويّ
palanca (f) de cambios	nāqil as sur'a (m)	ناقل السرعة
faro (m) delantero	al miṣbāḥ al amāmiy (m)	المصباح الأماميّ
faros (m pl)	al maṣābīḥ al amāmiyya (pl)	المصابيح الأماميّة
luz (f) de cruce	al anwār al munxafiḍa (pl)	الأنوار المنخفضة
luz (f) de carretera	al anwār al 'āliya (pl)	الأنوار العالية
luz (f) de freno	ḍū' al farāmil (m)	ضوء الفرامل
luz (f) de posición	aḍwā' ɣānibiyya (pl)	أضواء جانبيّة
luces (f pl) de emergencia	aḍwā' at taḥðīr (pl)	أضواء التحذير
luces (f pl) antiniebla	aḍwā' aḍ ḍabāb (pl)	أضواء الضباب
intermitente (m)	iʃārat al in'iṭāf (f)	إشارة الإنعطاف
luz (f) de marcha atrás	miṣbāḥ ar ruɣū' lil xalf (m)	مصباح الرجوع للخلف

176. Los carros. El compartimento de pasajeros

habitáculo (m)	ṣālūn as sayyāra (m)	صالون السيّارة
de cuero (adj)	min al ɣild	من الجلد
de felpa (adj)	min al muxmal	من المخمل
revestimiento (m)	tanɣīd (m)	تنجيد
instrumento (m)	ɣihāz (m)	جهاز
salpicadero (m)	lawḥat at taḥakkum (f)	لوحة التحكم

velocímetro (m)	'addād sur'a (m)	عدّاد سرعة
aguja (f)	mu'aʃʃir (m)	مؤشّر
cuentakilómetros (m)	'addād al masāfāt (m)	عدّاد المسافات
indicador (m)	'addād (m)	عدّاد
nivel (m)	mustawa (m)	مستوى
testigo (m) (~ luminoso)	lammbat inðār (f)	لمبة إنذار
volante (m)	miqwad (m)	مقود
bocina (f)	zāmūr (m)	زامور
botón (m)	zirr (m)	زر
interruptor (m)	nāqil, miftāḥ (m)	ناقل, مفتاح
asiento (m)	maq'ad (m)	مقعد
respaldo (m)	misnad aẓ ẓahr (m)	مسند الظهر
reposacabezas (m)	masnad ar ra's (m)	مسند الرأس
cinturón (m) de seguridad	ḥizām al amn (m)	حزام الأمن
abrocharse el cinturón	rabaṭ al ḥizām	ربط الحزام
reglaje (m)	ḍabṭ (m)	ضبط
bolsa (f) de aire (airbag)	wisāda hawā'iyya (f)	وسادة هوائيّة
climatizador (m)	takyīf (m)	تكييف
radio (f)	iðā'a (f)	إذاعة
reproductor (m) de CD	muʃayɣil sidi (m)	مشغّل سي دي
encender (vt)	fataḥ, ʃayɣal	فتح, شغّل
antena (f)	hawā'iy (m)	هوائي
guantera (f)	durʒ (m)	درج
cenicero (m)	ṭaqṭūqa (f)	طقطوقة

177. Los carros. El motor

motor (m)	muḥarrik (m)	محرّك
motor (m)	mutūr (m)	موتور
diesel (adj)	dīzil	ديزل
a gasolina (adj)	'alal banzīn	على البنزين
volumen (m) del motor	si'at al muḥarrik (f)	سعة المحرّك
potencia (f)	qudra (f)	قدرة
caballo (m) de fuerza	ḥiṣān (m)	حصان
pistón (m)	mikbas (m)	مكبس
cilindro (m)	usṭuwāna (f)	أسطوانة
válvula (f)	ṣimām (m)	صمام
inyector (m)	ʒihāz baxxāx (f)	جهاز بخّاخ
generador (m)	muwallid (m)	مولّد
carburador (m)	karburātir (m)	كاربراتير
aceite (m) de motor	zayt al muḥarrik (m)	زيت المحرّك
radiador (m)	mubarrid al muḥarrik (m)	مبرّد المحرّك
liquido (m) refrigerante	mādda mubarrida (f)	مادّة مبرّدة
ventilador (m)	mirwaḥa (f)	مروحة
batería (f)	baṭṭāriyya (f)	بطّاريّة
estárter (m)	miftāḥ at taʃɣīl (m)	مفتاح التشغيل

encendido (m)	niẓām tafɣīl (m)	نظام تشغيل
bujía (f) de ignición	ʃam'at al iḥtirāq (f)	شمعة الاحتراق
terminal (f)	ṭaraf tawṣīl (m)	طرف توصيل
terminal (f) positiva	ṭaraf mūʒab (m)	طرف موجب
terminal (f) negativa	ṭaraf sālib (m)	طرف سالب
fusible (m)	fāṣima (f)	فاصمة
filtro (m) de aire	miṣfāt al hawā' (f)	مصفاة الهواء
filtro (m) de aceite	miṣfāt az zayt (f)	مصفاة الزيت
filtro (m) de combustible	miṣfāt al banzīn (f)	مصفاة البنزين

178. Los carros. Los choques. La reparación

accidente (m)	ḥādiθ sayyāra (f)	حادث سيّارة
accidente (m) de tráfico	ḥādiθ murūriy (m)	حادث مروريّ
chocar contra ...	iṣṭadam	إصطدم
tener un accidente	taḥaṭṭam	تحطّم
daño (m)	χasāra (f)	خسارة
intacto (adj)	salīm	سليم
averiarse (vr)	ta'aṭṭal	تعطّل
remolque (m) (cuerda)	ḥabl as saḥb (m)	حبل السحب
pinchazo (m)	θuqb (m)	ثقب
desinflarse (vr)	faʃʃ	فشّ
inflar (vt)	nafaχ	نفخ
presión (f)	ḍaɣṭ (m)	ضغط
verificar (vt)	iχtabar	إختبر
reparación (f)	iṣlāḥ (m)	إصلاح
taller (m)	warʃat iṣlāḥ as sayyārāt (f)	ورشة إصلاح السيّارات
parte (f) de repuesto	qiṭ'at ɣiyār (f)	قطعة غيار
parte (f)	qiṭ'a (f)	قطعة
perno (m)	mismār qalāwūz (m)	مسمار قلاووظ
tornillo (m)	burɣiy (m)	برغيّ
tuerca (f)	ṣamūla (f)	صامولة
arandela (f)	ḥalqa (f)	حلقة
rodamiento (m)	maḥmal (m)	محمل
tubo (m)	umbūba (f)	أنبوبة
junta (f)	'azaqa (f)	عزقة
hilo (m)	silk (m)	سلك
gato (m)	rāfi'at sayyāra (f)	رافعة سيّارة
llave (f) de tuerca	miftāḥ aṣ ṣawāmīl (m)	مفتاح الصواميل
martillo (m)	miṭraqa (f)	مطرقة
bomba (f)	ṭulumba (f)	طلمبة
destornillador (m)	mifakk (m)	مفكّ
extintor (m)	miṭfa'at ḥarīq (f)	مطفأة حريق
triángulo (m) de avería	muθallaθ taḥðīr (m)	مثلّث تحذير
calarse (vr)	tawaqqaf	توقّف

parada (f) (del motor)	tawaqquf (m)	توقّف
estar averiado	kān maksūran	كان مكسورًا
recalentarse (vr)	saxan bi ʃidda	سخن بشدّة
estar atascado	kān masdūdan	كان مسدودًا
congelarse (vr)	taʒammad	تجمّد
reventar (vi)	infaʒar	إنفجر
presión (f)	dayṭ (m)	ضغط
nivel (m)	mustawa (m)	مستوى
flojo (correa ~a)	ḍa'īf	ضعيف
abolladura (f)	ba'ʒa (f)	بعجة
ruido (m) (en el motor)	daqq (m)	دقّ
grieta (f)	ʃaqq (m)	شقّ
rozadura (f)	xadʃ (m)	خدش

179. Los carros. La calle

camino (m)	ṭarīq (m)	طريق
autovía (f)	ṭarīq sarī' (m)	طريق سريع
carretera (f)	ṭarīq sarī' (m)	طريق سريع
dirección (f)	ittiʒāh (m)	إتّجاه
distancia (f)	masāfa (f)	مسافة
puente (m)	ʒisr (m)	جسر
aparcamiento (m)	mawqif as sayyārāt (m)	موقف السيّارات
plaza (f)	maydān (m)	ميدان
intercambiador (m)	taqāṭu' ṭuruq (m)	تقاطع طرق
túnel (m)	nafaq (m)	نفق
gasolinera (f)	maḥaṭṭat banzīn (f)	محطّة بنزين
aparcamiento (m)	mawqif as sayyārāt (m)	موقف السيّارات
surtidor (m)	miḍaxxat banzīn (f)	مضخّة بنزين
taller (m)	warʃat iṣlāḥ as sayyārāt (f)	ورشة إصلاح السيّارات
cargar gasolina	mala' bil wuqūd	ملأ بالوقود
combustible (m)	wuqūd (m)	وقود
bidón (m) de gasolina	ʒirikan (m)	جركن
asfalto (m)	asfalt (m)	أسفلت
señalización (f) vial	'alāmāt aṭ ṭarīq (pl)	علامات الطريق
bordillo (m)	ḥāffat ar raṣīf (f)	حافة الرصيف
barrera (f) de seguridad	sūr (m)	سور
cuneta (f)	qanāt (f)	قناة
borde (m) de la carretera	ḥāffat aṭ ṭarīq (f)	حافة الطريق
farola (f)	'amūd nūr (m)	عمود نور
conducir (vi, vt)	sāq	ساق
girar (~ a la izquierda)	in'aṭaf	إنعطف
dar la vuelta en U	istadār lil xalf	إستدار للخلف
marcha (f) atrás	ḥaraka ilal warā' (f)	حركة إلى الوراء
tocar la bocina	zammar	زمّر
bocinazo (m)	ṣawt az zāmūr (m)	صوت الزامور

atascarse (vr)	waḥil	وحل
patinar (vi)	dawwar al ʻaǧala	دوّر العجلة
parar (el motor)	awqaf	أوقف
velocidad (f)	surʻa (f)	سرعة
exceder la velocidad	taǧāwaz as surʻa al quṣwa	تجاوز السرعة القصوى
multar (vt)	faraḍ ɣarāma	فرض غرامة
semáforo (m)	iʃārāt al murūr (pl)	إشارات المرور
permiso (m) de conducir	ruxṣat al qiyāda (f)	رخصة قيادة
paso (m) a nivel	maʻbar (m)	معبر
cruce (m)	taqāṭuʻ (m)	تقاطع
paso (m) de peatones	maʻbar al muʃāt (m)	معبر المشاة
curva (f)	munʻaṭif (m)	منعطف
zona (f) de peatones	makān muxaṣṣaṣ lil muʃāt (m)	مكان مخصّص للمشاة

180. Las señales de tráfico

reglas (f pl) de tránsito	qawāʻid al murūr (pl)	قواعد المرور
señal (m) de tráfico	ʻalāma (f)	علامة
adelantamiento (m)	taǧāwuz (m)	تجاوز
curva (f)	munʻaṭif (m)	منعطف
vuelta (f) en U	dawarān lil xalf (m)	دوران للخلف
rotonda (f)	dawarān murūriy (m)	دوران مروري
prohibido el paso	mamnūʻ ad duxūl	ممنوع الدخول
circulación prohibida	mamnūʻ murūr as sayyārāt	ممنوع مرور السيارات
prohibido adelantar	mamnūʻ at taǧāwuz	ممنوع التجاوز
prohibido aparcar	mamnūʻ al wuqūf	ممنوع الوقوف
prohibido parar	mamnūʻ al wuqūf	ممنوع الوقوف
curva (f) peligrosa	munʻaṭaf xaṭir (m)	منعطف خطر
bajada con fuerte pendiente	munḥadar xaṭar (m)	منحدر خطر
sentido (m) único	ṭarīq ittiǧāh wāḥid (m)	طريق إتّجاه واحد
paso (m) de peatones	maʻbar al muʃāt (m)	معبر المشاة
pavimento (m) deslizante	ṭarīq zaliq (m)	طريق زلق
ceda el paso	iʃārat waḍʻiyyat tark al awlawiyya	إشارة وضعيّة ترك الأولويّة

LA GENTE. ACONTECIMIENTOS DE LA VIDA

Acontecimentos de la vida

181. Los días festivos. Los eventos

fiesta (f)	'īd (m)	عيد
fiesta (f) nacional	'īd waṭaniy (m)	عيد وطنيّ
día (m) de fiesta	yawm al 'uṭla ar rasmiyya (m)	يوم العطلة الرسمية
festejar (vt)	iḥtafal	إحتفل
evento (m)	ḥadaθ (m)	حدث
medida (f)	munasaba (f)	مناسبة
banquete (m)	walīma (f)	وليمة
recepción (f)	ḥaflat istiqbāl (f)	حفلة إستقبال
festín (m)	walīma (f)	وليمة
aniversario (m)	ðikra sanawiyya (f)	ذكرى سنويّة
jubileo (m)	yubīl (m)	يوبيل
celebrar (vt)	iḥtafal	إحتفل
Año (m) Nuevo	ra's as sana (m)	رأس السنة
¡Feliz Año Nuevo!	kull sana wa anta ṭayyib!	كلّ سنة وأنت طيّب!
Papá Noel (m)	baba nuwīl (m)	بابا نويل
Navidad (f)	'īd al mīlād (m)	عيد الميلاد
¡Feliz Navidad!	'īd mīlād sa'īd!	عيد ميلاد سعيد!
árbol (m) de Navidad	ʃaʒarat ra's as sana (f)	شجرة رأس السنة
fuegos (m pl) artificiales	al'āb nāriyya (pl)	ألعاب ناريّة
boda (f)	zifāf (m)	زفاف
novio (m)	'arīs (m)	عريس
novia (f)	'arūsa (f)	عروسة
invitar (vt)	da'a	دعا
tarjeta (f) de invitación	biṭāqat da'wa (f)	بطاقة دعوة
invitado (m)	ḍayf (m)	ضيف
visitar (vt) (a los amigos)	zār	زار
recibir a los invitados	istaqbal aḍ ḍuyūf	إستقبل الضيوف
regalo (m)	hadiyya (f)	هديّة
regalar (vt)	qaddam	قدّم
recibir regalos	istalam al hadāya	إستلم الهدايا
ramo (m) de flores	bāqat zuhūr (f)	باقة زهور
felicitación (f)	tahni'a (f)	تهنئة
felicitar (vt)	hanna'	هنّأ
tarjeta (f) de felicitación	biṭāqat tahni'a (f)	بطاقة تهنئة

161

enviar una tarjeta	arsal biṭāqat tahni'a	أرسل بطاقة تهنئة
recibir una tarjeta	istalam biṭāqat tahnī'a	إستلم بطاقة تهنئة
brindis (m)	naχb (m)	نخب
ofrecer (~ una copa)	ḍayyaf	ضيّف
champaña (f)	ʃambāniya (f)	شمبانيا
divertirse (vr)	istamtaʿ	إستمتع
diversión (f)	faraḥ (m)	فرح
alegría (f) (emoción)	saʿāda (f)	سعادة
baile (m)	rāqiṣa (f)	رقصة
bailar (vi, vt)	raqaṣ	رقص
vals (m)	vāls (m)	فالس
tango (m)	tāngu (m)	تانجو

182. Los funerales. El entierro

cementerio (m)	maqbara (f)	مقبرة
tumba (f)	qabr (m)	قبر
cruz (f)	ṣalīb (m)	صليب
lápida (f)	ʃāhid al qabr (m)	شاهد القبر
verja (f)	sūr (m)	سور
capilla (f)	kanīsa saɣīra (f)	كنيسة صغيرة
muerte (f)	mawt (m)	موت
morir (vi)	māt	مات
difunto (m)	al mutawaffi (m)	المتوفّي
luto (m)	ḥidād (m)	حداد
enterrar (vt)	dafan	دفن
funeraria (f)	bayt al ʒanāzāt (m)	بيت الجنازات
entierro (m)	ʒanāza (f)	جنازة
corona (f) funeraria	iklīl (m)	إكليل
ataúd (m)	tābūt (m)	تابوت
coche (m) fúnebre	sayyārat naql al mawta (f)	سيّارة نقل الموتى
mortaja (f)	kafan (m)	كفن
cortejo (m) fúnebre	ʒanāza (f)	جنازة
urna (f) funeraria	qārūra li ḥifz ramād al mawta (f)	قارورة لحفظ رماد الموتى
crematorio (m)	maḥraqat ʒuθaθ al mawta (f)	محرقة جثث الموتى
necrología (f)	naʿiy (m)	نعيّ
llorar (vi)	baka	بكى
sollozar (vi)	naḥab	نحب

183. La guerra. Los soldados

sección (f)	faṣīla (f)	فصيلة
compañía (f)	sariyya (f)	سريّة

regimiento (m)	fawʒ (m)	فوج
ejército (m)	ʒayʃ (m)	جيش
división (f)	firqa (f)	فرقة
destacamento (m)	waḥda (f)	وحدة
hueste (f)	ʒayʃ (m)	جيش
soldado (m)	ʒundiy (m)	جنديّ
oficial (m)	ḍābiṭ (m)	ضابط
soldado (m) raso	ʒundiy (m)	جنديّ
sargento (m)	raqīb (m)	رقيب
teniente (m)	mulāzim (m)	ملازم
capitán (m)	naqīb (m)	نقيب
mayor (m)	rāʾid (m)	رائد
coronel (m)	ʿaqīd (m)	عقيد
general (m)	ʒinirāl (m)	جنرال
marino (m)	baḥḥār (m)	بحّار
capitán (m)	qubṭān (m)	قبطان
contramaestre (m)	raʾīs al baḥḥāra (m)	رئيس البحّارة
artillero (m)	madfaʿiy (m)	مدفعيّ
paracaidista (m)	ʒundiy al maẓallāt (m)	جنديّ المظلّات
piloto (m)	ṭayyār (m)	طيّار
navegador (m)	mallāḥ (m)	ملّاح
mecánico (m)	mikanīkiy (m)	ميكانيكيّ
zapador (m)	muhandis ʿaskariy (m)	مهندس عسكريّ
paracaidista (m)	miẓalliy (m)	مظلّيّ
explorador (m)	mustakʃif (m)	مستكشف
francotirador (m)	qannāṣ (m)	قنّاص
patrulla (f)	dawriyya (f)	دوريّة
patrullar (vi, vt)	qām bi dawriyya	قام بدوريّة
centinela (m)	ḥāris (m)	حارس
guerrero (m)	muḥārib (m)	محارب
patriota (m)	waṭaniy (m)	وطنيّ
héroe (m)	baṭal (m)	بطل
heroína (f)	baṭala (f)	بطلة
traidor (m)	χāʾin (m)	خائن
traicionar (vt)	χān	خان
desertor (m)	hārib min al ʒayʃ (m)	هارب من الجيش
desertar (vi)	harab min al ʒayʃ	هرب من الجيش
mercenario (m)	maʾʒūr (m)	مأجور
recluta (m)	ʒundiy ʒadīd (m)	جنديّ جديد
voluntario (m)	mutaṭawwiʿ (m)	متطوّع
muerto (m)	qatīl (m)	قتيل
herido (m)	ʒarīḥ (m)	جريح
prisionero (m)	asīr (m)	أسير

184. La guerra. Las maniobras militares. Unidad 1

guerra (f)	ḥarb (f)	حرب
estar en guerra	ḥārab	حارب
guerra (f) civil	ḥarb ahliyya (f)	حرب أهليَّة
pérfidamente (adv)	ɣadran	غدرًا
declaración (f) de guerra	i'lān ḥarb (m)	إعلان حرب
declarar (~ la guerra)	a'lan	أعلن
agresión (f)	'udwān (m)	عدوان
atacar (~ a un país)	haʒam	هجم
invadir (vt)	iḥtall	إحتلّ
invasor (m)	muḥtall (m)	محتلّ
conquistador (m)	fātiḥ (m)	فاتح
defensa (f)	difā' (m)	دفاع
defender (vt)	dāfa'	دافع
defenderse (vr)	dāfa' 'an nafsih	دافع عن نفسه
enemigo (m)	'aduww (m)	عدوّ
adversario (m)	xaṣm (m)	خصم
enemigo (adj)	'aduww	عدوّ
estrategia (f)	istratiʒiyya (f)	إستراتيجيَّة
táctica (f)	taktīk (m)	تكتيك
orden (f)	amr (m)	أمر
comando (m)	amr (m)	أمر
ordenar (vt)	amar	أمر
misión (f)	muhimma (f)	مهمَّة
secreto (adj)	sirriy	سرِّيّ
batalla (f)	ma'raka (f)	معركة
combate (m)	qitāl (m)	قتال
ataque (m)	huʒūm (m)	هجوم
asalto (m)	inqiḍāḍ (m)	إنقضاض
tomar por asalto	inqaḍḍ	إنقضّ
asedio (m), sitio (m)	ḥiṣār (m)	حصار
ofensiva (f)	huʒūm (m)	هجوم
tomar la ofensiva	haʒam	هجم
retirada (f)	insiḥāb (m)	إنسحاب
retirarse (vr)	insaḥab	إنسحب
envolvimiento (m)	iḥāṭa (f)	إحاطة
cercar (vt)	aḥāṭ	أحاط
bombardeo (m)	qaṣf (m)	قصف
lanzar una bomba	asqaṭ qumbula	أسقط قنبلة
bombear (vt)	qaṣaf	قصف
explosión (f)	infiʒār (m)	إنفجار
tiro (m), disparo (m)	ṭalaqa (f)	طلقة

disparar (vi)	aṭlaq an nār	أطلق النار
tiroteo (m)	iṭlāq an nār (m)	إطلاق النار
apuntar a …	ṣawwab	صوّب
encarar (apuntar)	ṣawwab	صوّب
alcanzar (el objetivo)	aṣāb al hadaf	أصاب الهدف
hundir (vt)	aɣraq	أغرق
brecha (f) (~ en el casco)	θuqb (m)	ثقب
hundirse (vr)	ɣariq	غرق
frente (m)	ʒabha (f)	جبهة
evacuación (f)	iχlā' aṭ ṭawāri' (m)	إخلاء الطوارئ
evacuar (vt)	aχla	أخلى
trinchera (f)	χandaq (m)	خندق
alambre (m) de púas	aslāk ʃā'ika (pl)	أسلاك شائكة
barrera (f) (~ antitanque)	ḥāʒiz (m)	حاجز
torre (f) de vigilancia	burʒ muraqaba (m)	برج مراقبة
hospital (m)	mustaʃfa 'askariy (m)	مستشفى عسكريّ
herir (vt)	ʒaraḥ	جرح
herida (f)	ʒurḥ (m)	جرح
herido (m)	ʒarīḥ (m)	جريح
recibir una herida	uṣīb bil ʒirāḥ	أصيب بالجراح
grave (herida)	χaṭīr	خطير

185. La guerra. Las maniobras militares. Unidad 2

cautiverio (m)	asr (m)	أسر
capturar (vt)	asar	أسر
estar en cautiverio	kān asīran	كان أسيرًا
caer prisionero	waqa' fil asr	وقع في الأسر
campo (m) de concentración	mu'askar i'tiqāl (m)	معسكر إعتقال
prisionero (m)	asīr (m)	أسير
escapar (de cautiverio)	harab	هرب
traicionar (vt)	χān	خان
traidor (m)	χā'in (m)	خائن
traición (f)	χiyāna (f)	خيانة
fusilar (vt)	a'dam ramyan bir raṣāṣ	أعدم رميًا بالرصاص
fusilamiento (m)	i'dām ramyan bir raṣāṣ (m)	إعدام رميًا بالرصاص
equipo (m) (uniforme, etc.)	al 'itād al 'askariy (m)	العتاد العسكريّ
hombrera (f)	katāfa (f)	كتافة
máscara (f) antigás	qinā' al ɣāz (m)	قناع الغاز
radio transmisor (m)	ʒihāz lāsilkiy (m)	جهاز لاسلكيّ
cifra (f) (código)	ʃifra (f)	شفرة
conspiración (f)	sirriyya (f)	سرّيّة
contraseña (f)	kalimat al murūr (f)	كلمة مرور
mina (f) terrestre	laɣm (m)	لغم

minar (poner minas)	laɣɣam	لغّم
campo (m) minado	ḥaql alɣām (m)	حقل ألغام
alarma (f) aérea	inðār ʒawwiy (m)	إنذار جوّيّ
alarma (f)	inðār (m)	إنذار
señal (f)	iʃāra (f)	إشارة
cohete (m) de señales	iʃāra muḍī'a (f)	إشارة مضيئة
estado (m) mayor	maqarr (m)	مقرّ
reconocimiento (m)	kaʃʃāfat al istiṭlā' (f)	كشّافة الإستطلاع
situación (f)	waḍ' (m)	وضع
informe (m)	taqrīr (m)	تقرير
emboscada (f)	kamīn (m)	كمين
refuerzo (m)	imdādāt 'askariyya (pl)	إمدادات عسكريّة
blanco (m)	hadaf (m)	هدف
terreno (m) de prueba	ḥaql taʒārib (m)	حقل تجارب
maniobras (f pl)	munāwarāt 'askariyya (pl)	مناورات عسكريّة
pánico (m)	ðu'r (m)	ذعر
devastación (f)	damār (m)	دمار
destrucciones (f pl)	ḥiṭām (pl)	حطام
destruir (vt)	dammar	دمّر
sobrevivir (vi, vt)	naʒa	نجا
desarmar (vt)	ʒarrad min as silāḥ	جرّد من السلاح
manejar (un arma)	ista'mal	إستعمل
¡Firmes!	intibāh!	إنتباه!
¡Descanso!	istariḥ!	إسترح!
hazaña (f)	ma'θara (f)	مأثرة
juramento (m)	qasam (m)	قسم
jurar (vt)	aqsam	أقسم
condecoración (f)	wisām (m)	وسام
condecorar (vt)	manaḥ	منح
medalla (f)	midāliyya (f)	ميداليّة
orden (f) (~ de Merito)	wisām 'askariy (m)	وسام عسكريّ
victoria (f)	intiṣār - fawz (m)	إنتصار, فوز
derrota (f)	hazīma (f)	هزيمة
armisticio (m)	hudna (f)	هدنة
bandera (f)	rāyat al ma'raka (f)	راية المعركة
gloria (f)	maʒd (m)	مجد
desfile (m) militar	isti'rāḍ 'askariy (m)	إستعراض عسكريّ
marchar (desfilar)	sār	سار

186. Las armas

arma (f)	asliḥa (pl)	أسلحة
arma (f) de fuego	asliḥa nāriyya (pl)	أسلحة ناريّة
arma (f) blanca	asliḥa bayḍā' (pl)	أسلحة بيضاء

arma (f) química	asliḥa kīmyā'iyya (pl)	أسلحة كيميائية
nuclear (adj)	nawawiy	نووي
arma (f) nuclear	asliḥa nawawiyya (pl)	أسلحة نووية
bomba (f)	qumbula (f)	قنبلة
bomba (f) atómica	qumbula nawawiyya (f)	قنبلة نووية
pistola (f)	musaddas (m)	مسدس
fusil (m)	bunduqiyya (f)	بندقية
metralleta (f)	bunduqiyya huʒūmiyya (f)	بندقية هجومية
ametralladora (f)	raʃʃāʃ (m)	رشاش
boca (f)	fūha (f)	فوهة
cañón (m) (del arma)	sabṭāna (f)	سبطانة
calibre (m)	'iyār (m)	عيار
gatillo (m)	zinād (m)	زناد
alza (f)	muṣawwib (m)	مصوب
cargador (m)	maxzan (m)	مخزن
culata (f)	'aqab al bunduqiyya (m)	عقب البندقية
granada (f) de mano	qumbula yadawiyya (f)	قنبلة يدوية
explosivo (m)	mawādd mutafaʒʒira (pl)	مواد متفجرة
bala (f)	ruṣāṣa (f)	رصاصة
cartucho (m)	xarṭūʃa (f)	خرطوشة
carga (f)	ḥaʃwa (f)	حشوة
pertrechos (m pl)	ðaxā'ir (pl)	ذخائر
bombardero (m)	qāðifat qanābil (f)	قاذفة قنابل
avión (m) de caza	ṭā'ira muqātila (f)	طائرة مقاتلة
helicóptero (m)	hiliukūbtir (m)	هليكوبتر
antiaéreo (m)	madfaθ muḍādd liṭ ṭa'irāṭ (m)	مدفع مضاد للطائرات
tanque (m)	dabbāba (f)	دبابة
cañón (m) (de un tanque)	madfa' ad dabbāba (m)	مدفع الدبابة
artillería (f)	madfa'iyya (f)	مدفعية
cañón (m) (arma)	madfa' (m)	مدفع
dirigir (un misil, etc.)	ṣawwab	صوب
obús (m)	qaðīfa (f)	قذيفة
bomba (f) de mortero	qumbula hāwun (f)	قنبلة هاون
mortero (m)	hāwun (m)	هاون
trozo (m) de obús	ʃaẓiyya (f)	شظية
submarino (m)	ɣawwāṣa (f)	غواصة
torpedo (m)	ṭurbīd (m)	طوربيد
misil (m)	ṣārūx (m)	صاروخ
cargar (pistola)	ḥaʃa	حشا
tirar (vi)	aṭlaq an nār	أطلق النار
apuntar a …	ṣawwab	صوب
bayoneta (f)	ḥarba (f)	حربة
espada (f) (duelo a ~)	ʃīʃ (m)	شيش
sable (m)	sayf munḥani (m)	سيف منحني

lanza (f)	rumḥ (m)	رمح
arco (m)	qaws (m)	قوس
flecha (f)	sahm (m)	سهم
mosquete (m)	muskīt (m)	مسكيت
ballesta (f)	qaws musta'raḍ (m)	قوس مستعرض

187. Los pueblos antiguos

primitivo (adj)	bidā'iy	بدائيّ
prehistórico (adj)	ma qabl at tarīx	ما قبل التاريخ
antiguo (adj)	qadīm	قديم
Edad (f) de Piedra	al 'aṣr al ḥaʒariy (m)	العصر الحجريّ
Edad (f) de Bronce	al 'aṣr al brunziy (m)	العصر البرونزيّ
Edad (f) de Hielo	al 'aṣr al ʒalīdiy (m)	العصر الجليديّ
tribu (f)	qabīla (f)	قبيلة
caníbal (m)	'ākil laḥm al baʃar (m)	آكل لحم البشر
cazador (m)	ṣayyād (m)	صيّاد
cazar (vi, vt)	iṣṭād	إصطاد
mamut (m)	mamūθ (m)	ماموث
caverna (f)	kahf (m)	كهف
fuego (m)	nār (f)	نار
hoguera (f)	nār muxayyam (m)	نار مخيّم
pintura (f) rupestre	rasm fil kahf (m)	رسم في الكهف
útil (m)	adāt (f)	أداة
lanza (f)	rumḥ (m)	رمح
hacha (f) de piedra	fa's ḥaʒariy (m)	فأس حجريّ
estar en guerra	ḥārab	حارب
domesticar (vt)	daʒʒan	دجّن
ídolo (m)	ṣanam (m)	صنم
adorar (vt)	'abad	عبد
superstición (f)	xurāfa (f)	خرافة
rito (m)	mansak (m)	منسك
evolución (f)	taṭawwur (m)	تطوّر
desarrollo (m)	numuww (m)	نموّ
desaparición (f)	ixtifā' (m)	إختفاء
adaptarse (vr)	takayyaf	تكيّف
arqueología (f)	'ilm al 'āθār (m)	علم الآثار
arqueólogo (m)	'ālim 'āθār (m)	عالم آثار
arqueológico (adj)	aθariy	أثريّ
sitio (m) de excavación	mawqi' ḥafr (m)	موقع حفر
excavaciones (f pl)	tanqīb (m)	تنقيب
hallazgo (m)	iktiʃāf (m)	إكتشاف
fragmento (m)	qiṭ'a (f)	قطعة

188. La edad media

pueblo (m)	ʃa'b (m)	شعب
pueblos (m pl)	ʃu'ūb (pl)	شعوب
tribu (f)	qabīla (f)	قبيلة
tribus (f pl)	qabā'il (pl)	قبائل
bárbaros (m pl)	al barābira (pl)	البرابرة
galos (m pl)	al ɣalyūn (pl)	الغاليون
godos (m pl)	al qūṭiyyūn (pl)	القوطيّون
eslavos (m pl)	as silāf (pl)	السلاف
vikingos (m pl)	al vaykinɣ (pl)	الفايكينغ
romanos (m pl)	ar rūmān (pl)	الرومان
romano (adj)	rumāniy	رومانيّ
bizantinos (m pl)	bizanṭiyyūn (pl)	بيزنطيّون
Bizancio (m)	bīzanṭa (f)	بيزنطة
bizantino (adj)	bizanṭiy	بيزنطيّ
emperador (m)	imbiraṭūr (m)	إمبراطور
jefe (m)	za'īm (m)	زعيم
poderoso (adj)	qawiy	قويّ
rey (m)	malik (m)	ملك
gobernador (m)	ḥākim (m)	حاكم
caballero (m)	fāris (m)	فارس
señor (m) feudal	iqṭā'iy (m)	إقطاعيّ
feudal (adj)	iqṭā'iy	إقطاعيّ
vasallo (m)	muqta' (m)	مقطع
duque (m)	dūq (m)	دوق
conde (m)	īrl (m)	إيرل
barón (m)	barūn (m)	بارون
obispo (m)	usquf (m)	أسقف
armadura (f)	dir' (m)	درع
escudo (m)	turs (m)	ترس
espada (f) (danza de ~s)	sayf (m)	سيف
visera (f)	ḥāffa amāmiyya lil xūða (f)	حافة أماميّة للخوذة
cota (f) de malla	dir' az zarad (m)	درع الزرد
cruzada (f)	ḥamla ṣalībiyya (f)	حملة صليبيّة
cruzado (m)	ṣalībiy (m)	صليبيّ
territorio (m)	arḍ (f)	أرض
atacar (~ a un país)	haʒam	هجم
conquistar (vt)	fataḥ	فتح
ocupar (invadir)	iḥtall	إحتلّ
asedio (m), sitio (m)	ḥiṣār (m)	حصار
sitiado (adj)	muḥāṣar	محاصر
asediar, sitiar (vt)	ḥāṣar	حاصر
inquisición (f)	maḥākim at taftīʃ (pl)	محاكم التفتيش
inquisidor (m)	mufattiʃ (m)	مفتش

169

tortura (f)	ta'ðīb (m)	تعذيب
cruel (adj)	qās	قاس
hereje (m)	hartūqiy (m)	هرطوقيّ
herejía (f)	hartaqa (f)	هرطقة
navegación (f) marítima	as safar bil bahr (m)	السفر بالبحر
pirata (m)	qurṣān (m)	قرصان
piratería (f)	qarṣana (f)	قرصنة
abordaje (m)	muhāʒmat safīna (f)	مهاجمة سفينة
botín (m)	ɣanīma (f)	غنيمة
tesoros (m pl)	kunūz (pl)	كنوز
descubrimiento (m)	iktiʃāf (m)	إكتشاف
descubrir (tierras nuevas)	iktaʃaf	إكتشف
expedición (f)	baʻθa (f)	بعثة
mosquetero (m)	fāris (m)	فارس
cardenal (m)	kardināl (m)	كاردينال
heráldica (f)	ʃiʻārāt an nabāla (pl)	شعارات النبالة
heráldico (adj)	χāṣṣ bi ʃiʻārāt an nabāla	خاصّ بشعارات النبالة

189. El líder. El jefe. Las autoridades

rey (m)	malik (m)	ملك
reina (f)	malika (f)	ملكة
real (adj)	malakiy	ملكيّ
reino (m)	mamlaka (f)	مملكة
príncipe (m)	amīr (m)	أمير
princesa (f)	amīra (f)	أميرة
presidente (m)	raʼīs (m)	رئيس
vicepresidente (m)	nāʼib ar raʼīs (m)	نائب الرئيس
senador (m)	ʻuḍw maʒlis aʃ ʃuyūχ (m)	عضو مجلس الشيوخ
monarca (m)	ʻāhil (m)	عاهل
gobernador (m)	ḥākim (m)	حاكم
dictador (m)	diktatūr (m)	ديكتاتور
tirano (m)	tāɣiya (f)	طاغية
magnate (m)	raʼsmāliy kabīr (m)	رأسمالي كبير
director (m)	mudīr (m)	مدير
jefe (m)	raʼīs (m)	رئيس
gerente (m)	mudīr (m)	مدير
amo (m)	raʼīs (m), mudīr (m)	رئيس، مدير
dueño (m)	ṣāḥib (m)	صاحب
jefe (m), líder (m)	zaʻīm (m)	زعيم
jefe (m) (~ de delegación)	raʼīs (m)	رئيس
autoridades (f pl)	suluṭāt (pl)	سلطات
superiores (m pl)	ruʼasāʼ (pl)	رؤساء
gobernador (m)	muḥāfiẓ (m)	محافظ
cónsul (m)	qunṣul (m)	قنصل

diplomático (m)	diblumāsiy (m)	دبلوماسيّ
alcalde (m)	ra'īs al baladiyya (m)	رئيس البلديّة
sheriff (m)	ʃarīf (m)	شريف
emperador (m)	imbiraṭūr (m)	إمبراطور
zar (m)	qayṣar (m)	قيصر
faraón (m)	fir'awn (m)	فرعون
jan (m), kan (m)	χān (m)	خان

190. La calle. El camino. Las direcciones

camino (m)	ṭarīq (m)	طريق
vía (f)	ṭarīq (m)	طريق
carretera (f)	ṭarīq sarī' (m)	طريق سريع
autovía (f)	ṭarīq sarī' (m)	طريق سريع
camino (m) nacional	ṭarīq waṭaniy (m)	طريق وطنيّ
camino (m) principal	ṭarīq ra'īsiy (m)	طريق رئيسيّ
camino (m) de tierra	ṭarīq turābiy (m)	طريق ترابيّ
sendero (m)	mamarr (m)	ممرّ
senda (f)	mamarr (m)	ممرّ
¿Dónde?	ayna?	أين؟
¿A dónde?	ila ayna?	إلى أين؟
¿De dónde?	min ayna?	من أين؟
dirección (f)	ittiʒāh (m)	إتّجاه
mostrar (~ el camino)	aʃār	أشار
a la izquierda (girar ~)	ilaʃ ʃimāl	إلى الشمال
a la derecha (girar)	ilal yamīn	إلى اليمين
todo recto (adv)	ilal amām	إلى الأمام
atrás (adv)	ilal warā'	إلى الوراء
curva (f)	mun'aṭif (m)	منعطف
girar (~ a la izquierda)	in'aṭaf	إنعطف
dar la vuelta en U	istadār lil χalf	إستدار للخلف
divisarse (vr)	ẓahar	ظهر
aparecer (vi)	ẓahar	ظهر
alto (m)	istirāḥa (f)	إستراحة
descansar (vi)	istarāḥ	إستراح
reposo (m)	istirāḥa (f)	إستراحة
perderse (vr)	tāh	تاه
llevar a ... (el camino)	adda ila ...	أدّى إلى ...
llegar a ...	waṣal ila ...	وصل إلى ...
tramo (m) (~ del camino)	imtidād (m)	إمتداد
asfalto (m)	asfalt (m)	اسفلت
bordillo (m)	ḥāffat ar raṣīf (f)	حافة الرصيف

171

cuneta (f)	χandaq (m)	خندق
pozo (m) de alcantarillado	fatḥat ad duχūl (f)	فتحة الدخول
arcén (m)	ḥāffat aṭ ṭarīq (f)	حافة الطريق
bache (m)	ḥufra (f)	حفرة
ir (a pie)	maʃa	مشى
adelantar (vt)	laḥiq bi	لحق بـ
paso (m)	χaṭwa (f)	خطوة
a pie	māʃiyan	ماشيًا
bloquear (vt)	sadd	سدَّ
barrera (f) (~ automática)	ḥāʒiz ṭarīq (m)	حاجز طريق
callejón (m) sin salida	ṭarīq masdūd (m)	طريق مسدود

191. Violar la ley. Los criminales. Unidad 1

bandido (m)	qāṭiʽ ṭarīq (m)	قاطع طريق
crimen (m)	ʒarīma (f)	جريمة
criminal (m)	muʒrim (m)	مجرم
ladrón (m)	sāriq (m)	سارق
robar (vt)	saraq	سرق
robo (m)	sirqa (f)	سرقة
secuestrar (vt)	χaṭaf	خطف
secuestro (m)	χaṭf (m)	خطف
secuestrador (m)	χāṭif (m)	خاطف
rescate (m)	fidya (f)	فدية
exigir un rescate	ṭalab fidya	طلب فدية
robar (vt)	nahab	نهب
robo (m)	nahb (m)	نهب
atracador (m)	nahhāb (m)	نهَّاب
extorsionar (vt)	balṭaʒ	بلطج
extorsionista (m)	balṭaʒiy (m)	بلطجيّ
extorsión (f)	balṭaʒa (f)	بلطجة
matar, asesinar (vt)	qatal	قتل
asesinato (m)	qatl (m)	قتل
asesino (m)	qātil (m)	قاتل
tiro (m), disparo (m)	ṭalaqat nār (f)	طلقة نار
disparar (vi)	aṭlaq an nār	أطلق النار
matar (a tiros)	qatal bir ruṣāṣ	قتل بالرصاص
tirar (vi)	aṭlaq an nār	أطلق النار
tiroteo (m)	iṭlāq an nār (m)	إطلاق النار
incidente (m)	ḥādiθ (m)	حادث
pelea (f)	ʽirāk (m)	عراك
¡Socorro!	sāʽidni	ساعدني!
víctima (f)	ḍaḥiyya (f)	ضحيَّة

perjudicar (vt)	atlaf	أتلف
daño (m)	χasāra (f)	خسارة
cadáver (m)	ʒuθθa (f)	جثّة
grave (un delito ~)	ʻanīf	عنيف
atacar (vt)	haʒam	هجم
pegar (golpear)	ḍarab	ضرب
apporear (vt)	ḍarab	ضرب
quitar (robar)	salab	سلب
acuchillar (vt)	ṭaʻan ḥatta al mawt	طعن حتّى الموت
mutilar (vt)	ʃawwah	شوّه
herir (vt)	ʒaraḥ	جرح
chantaje (m)	balṭaʒa (f)	بلطجة
hacer chantaje	ibtazz	إبتزّ
chantajista (m)	mubtazz (m)	مبتزّ
extorsión (f)	naṣb (m)	نصب
extorsionador (m)	naṣṣāb (m)	نصّاب
gángster (m)	raʒul ʻiṣāba (m)	رجل عصابة
mafia (f)	māfia (f)	مافيا
carterista (m)	naʃʃāl (m)	نشّال
ladrón (m) de viviendas	liṣṣ buyūt (m)	لصّ بيوت
contrabandismo (m)	tahrīb (m)	تهريب
contrabandista (m)	muharrib (m)	مهرّب
falsificación (f)	tazwīr (m)	تزوير
falsificar (vt)	zawwar	زوّر
falso (falsificado)	muzawwar	مزوّر

192. Violar la ley. Los criminales. Unidad 2

violación (f)	iɣtiṣāb (m)	إغتصاب
violar (vt)	iɣtaṣab	إغتصب
violador (m)	muɣtaṣib (m)	مغتصب
maníaco (m)	mahwūs (m)	مهووس
prostituta (f)	ʻāhira (f)	عاهرة
prostitución (f)	daʻāra (f)	دعارة
chulo (m), proxeneta (m)	qawwād (m)	قوّاد
drogadicto (m)	mudmin muχaddirāt (m)	مدمن مخدّرات
narcotraficante (m)	tāʒir muχaddirāt (m)	تاجر مخدّرات
hacer explotar	faʒʒar	فجّر
explosión (f)	infiʒār (m)	إنفجار
incendiar (vt)	aʃʻal an nār	أشعل النار
incendiario (m)	muʃʻil ḥarīq (m)	مشعل حريق
terrorismo (m)	irhāb (m)	إرهاب
terrorista (m)	irhābiy (m)	إرهابيّ
rehén (m)	rahīna (m)	رهينة
estafar (vt)	iḥtāl	إحتال

estafa (f)	iḥtiyāl (m)	إحتيال
estafador (m)	muḥtāl (m)	محتال
sobornar (vt)	raʃa	رشا
soborno (m) (delito)	irtiʃāʾ (m)	إرتشاء
soborno (m) (dinero, etc.)	raʃwa (f)	رشوة
veneno (m)	samm (m)	سمّ
envenenar (vt)	sammam	سمّم
envenenarse (vr)	sammam nafsahu	سمّم نفسه
suicidio (m)	intiḥār (m)	إنتحار
suicida (m, f)	muntaḥir (m)	منتحر
amenazar (vt)	haddad	هدّد
amenaza (f)	tahdīd (m)	تهديد
atentar (vi)	ḥāwal iytiyāl	حاول الإغتيال
atentado (m)	muḥāwalat iytiyāl (f)	محاولة إغتيال
robar (un coche)	saraq	سرق
secuestrar (un avión)	ixtataf	إختطف
venganza (f)	intiqām (m)	إنتقام
vengar (vt)	intaqam	إنتقم
torturar (vt)	ʿaððab	عذّب
tortura (f)	taʿðīb (m)	تعذيب
atormentar (vt)	ʿaððab	عذّب
pirata (m)	qurṣān (m)	قرصان
gamberro (m)	wabaʃ (m)	وبش
armado (adj)	musallaḥ	مسلّح
violencia (f)	ʿunf (m)	عنف
ilegal (adj)	ɣayr qānūniy	غير قانونيّ
espionaje (m)	taʒassas (m)	تجسّس
espiar (vi, vt)	taʒassas	تجسّس

193. La policía. La ley. Unidad 1

justicia (f)	qaḍāʾ (m)	قضاء
tribunal (m)	maḥkama (f)	محكمة
juez (m)	qāḍi (m)	قاض
jurados (m pl)	muḥallafūn (pl)	محلّفون
tribunal (m) de jurados	qaḍāʾ al muḥallafīn (m)	قضاء المحلّفين
juzgar (vt)	ḥakam	حكم
abogado (m)	muḥāmi (m)	محام
acusado (m)	muddaʿa ʿalayh (m)	مدّعى عليه
banquillo (m) de los acusados	qafṣ al ittihām (m)	قفص الإتّهام
inculpación (f)	ittihām (m)	إتّهام
inculpado (m)	muttaham (m)	متّهم

sentencia (f)	ḥukm (m)	حكم
sentenciar (vt)	ḥakam	حكم
culpable (m)	muðnib (m)	مذنب
castigar (vt)	'āqab	عاقب
castigo (m)	'uqūba (f), 'iqāb (m)	عقوبة, عقاب
multa (f)	γarāma (f)	غرامة
cadena (f) perpetua	siʒn mada al ḥayāt (m)	سجن مدى الحياة
pena (f) de muerte	'uqūbat 'i'dām (f)	عقوبة إعدام
silla (f) eléctrica	kursiy kaharabā'iy (m)	كرسيّ كهربائيّ
horca (f)	maʃnaqa (f)	مشنقة
ejecutar (vt)	a'dam	أعدم
ejecución (f)	i'dām (m)	إعدام
prisión (f)	siʒn (m)	سجن
celda (f)	zinzāna (f)	زنزانة
escolta (f)	ḥirāsa (f)	حراسة
guardia (m) de prisiones	ḥāris siʒn (m)	حارس سجن
prisionero (m)	saʒīn (m)	سجين
esposas (f pl)	aṣfād (pl)	أصفاد
esposar (vt)	ṣaffad	صفّد
escape (m)	hurūb min as siʒn (m)	هروب من السجن
escaparse (vr)	harab	هرب
desaparecer (vi)	ixtafa	إختفى
liberar (vt)	axla sabīl	أخلى سبيل
amnistía (f)	'afw 'āmm (m)	عفو عامّ
policía (f) (~ nacional)	ʃurṭa (f)	شرطة
policía (m)	ʃurṭiy (m)	شرطيّ
comisaría (f) de policía	qism ʃurṭa (m)	قسم شرطة
porra (f)	hirāwat aʃ ʃurṭiy (f)	هراوة الشرطيّ
megáfono (m)	būq (m)	بوق
coche (m) patrulla	sayyārat dawrīyyāt (f)	سيّارة دوريّات
sirena (f)	ṣaffārat inðār (f)	صفّارة إنذار
poner la sirena	aṭlaq sirīna	أطلق سيرينا
canto (m) de la sirena	ṣawt sirīna (m)	صوت سيرينا
escena (f) del delito	masraḥ al ʒarīma (m)	مسرح الجريمة
testigo (m)	ʃāhid (m)	شاهد
libertad (f)	ḥurriyya (f)	حرّيّة
cómplice (m)	ʃarīk fil ʒarīma (m)	شريك في الجريمة
escapar de …	harab	هرب
rastro (m)	aθar (m)	أثر

194. La policía. La ley. Unidad 2

búsqueda (f)	baḥθ (m)	بحث
buscar (~ el criminal)	baḥaθ	بحث

sospecha (f)	ʃubha (f)	شبهة
sospechoso (adj)	maʃbūh	مشبوه
parar (~ en la calle)	awqaf	أوقف
retener (vt)	iʻtaqal	إعتقل

causa (f) (~ penal)	qaḍiyya (f)	قضيّة
investigación (f)	taḥqīq (m)	تحقيق
detective (m)	muḥaqqiq (m)	محقّق
investigador (m)	mufattiʃ (m)	مفتّش
versión (f)	riwāya (f)	رواية

motivo (m)	dāfiʻ (m)	دافع
interrogatorio (m)	istiʒwāb (m)	إستجواب
interrogar (vt)	istaʒwab	إستجوب
interrogar (al testigo)	istanṭaq	إستنطق
control (m) (de vehículos, etc.)	faḥṣ (m)	فحص

redada (f)	ʒamʻ (m)	جمع
registro (m) (~ de la casa)	taftīʃ (m)	تفتيش
persecución (f)	muṭārada (f)	مطاردة
perseguir (vt)	ṭārad	طارد
rastrear (~ al criminal)	tābaʻ	تابع

arresto (m)	iʻtiqāl (m)	إعتقال
arrestar (vt)	iʻtaqal	إعتقل
capturar (vt)	qabaḍ	قبض
captura (f)	qabḍ (m)	قبض

documento (m)	waθīqa (f)	وثيقة
prueba (f)	dalīl (m)	دليل
probar (vt)	aθbat	أثبت
huella (f) (pisada)	baṣma (f)	بصمة
huellas (f pl) digitales	baṣamāt al aṣābiʻ (pl)	بصمات الأصابع
elemento (m) de prueba	dalīl (m)	دليل

coartada (f)	dafʻ bil ɣayba (f)	دفع بالغيبة
inocente (no culpable)	barīʼ	بريء
injusticia (f)	ẓulm (m)	ظلم
injusto (adj)	ɣayr ʻādil	غير عادل

criminal (adj)	iʒrāmiy	إجراميّ
confiscar (vt)	ṣādar	صادر
narcótico (f)	muxaddirāt (pl)	مخدّرات
arma (f)	silāḥ (m)	سلاح
desarmar (vt)	ʒarrad min as silāḥ	جرّد من السلاح
ordenar (vt)	amar	أمر
desaparecer (vi)	ixtafa	إختفى

ley (f)	qānūn (m)	قانون
legal (adj)	qānūniy, ʃarʻiy	قانونيّ، شرعيّ
ilegal (adj)	ɣayr qanūny, ɣayr ʃarʻi	غير قانونيّ، غير شرعيّ

| responsabilidad (f) | masʼūliyya (f) | مسؤوليّة |
| responsable (adj) | masʼūl (m) | مسؤول |

LA NATURALEZA

La tierra. Unidad 1

195. El espacio

Español	Transliteración	Árabe
cosmos (m)	faḍā' (m)	فضاء
espacial, cósmico (adj)	faḍā'iy	فضائيّ
espacio (m) cósmico	faḍā' (m)	فضاء
mundo (m)	'ālam (m)	عالم
universo (m)	al kawn (m)	الكون
galaxia (f)	al maʒarra (f)	المجرّة
estrella (f)	naʒm (m)	نجم
constelación (f)	burʒ (m)	برج
planeta (m)	kawkab (m)	كوكب
satélite (m)	qamar ṣinā'iy (m)	قمر صناعيّ
meteorito (m)	haʒar nayzakiy (m)	حجر نيزكيّ
cometa (f)	muðannab (m)	مذنّب
asteroide (m)	kuwaykib (m)	كويكب
órbita (f)	madār (m)	مدار
girar (vi)	dār	دار
atmósfera (f)	al ɣilāf al ʒawwiy (m)	الغلاف الجوّيّ
Sol (m)	aʃ ʃams (f)	الشمس
Sistema (m) Solar	al maʒmū'a aʃ ʃamsiyya (f)	المجموعة الشمسيّة
eclipse (m) de Sol	kusūf aʃ ʃams (m)	كسوف الشمس
Tierra (f)	al arḍ (f)	الأرض
Luna (f)	al qamar (m)	القمر
Marte (m)	al mirrīχ (m)	المرّيخ
Venus (f)	az zahra (f)	الزهرة
Júpiter (m)	al muʃtari (m)	المشتري
Saturno (m)	zuḥal (m)	زحل
Mercurio (m)	'aṭārid (m)	عطارد
Urano (m)	urānus (m)	اورانوس
Neptuno (m)	nibtūn (m)	نبتون
Plutón (m)	blūtu (m)	بلوتو
la Vía Láctea	darb at tabbāna (m)	درب التبّانة
la Osa Mayor	ad dubb al akbar (m)	الدبّ الأكبر
la Estrella Polar	naʒm al 'quṭb (m)	نجم القطب
marciano (m)	sākin al mirrīχ (m)	ساكن المرّيخ
extraterrestre (m)	faḍā'iy (m)	فضائيّ

planetícola (m)	faḍā'iy (m)	فَضائِيّ
platillo (m) volante	ṭabaq ṭā'ir (m)	طبق طائر
nave (f) espacial	markaba faḍā'iyya (f)	مركبة فَضائِيّة
estación (f) orbital	maḥaṭṭat faḍā' (f)	محطة فضاء
despegue (m)	intịlāq (m)	إنطلاق
motor (m)	mutūr (m)	موتور
tobera (f)	manfaθ (m)	منفث
combustible (m)	wuqūd (m)	وقود
carlinga (f)	kabīna (f)	كابينة
antena (f)	hawā'iy (m)	هَوائِيّ
ventana (f)	kuwwa mustadīra (f)	كُوّة مستديرة
batería (f) solar	lawḥ ʃamsiy (m)	لوح شَمسِيّ
escafandra (f)	baðlat al faḍā' (f)	بذلة الفضاء
ingravidez (f)	in'idām al wazn (m)	إنعدام الوزن
oxígeno (m)	uksiʒīn (m)	أكسجين
atraque (m)	rasw (m)	رسو
realizar el atraque	rasa	رسا
observatorio (m)	marṣad (m)	مرصد
telescopio (m)	tiliskūp (m)	تلسكوب
observar (vt)	rāqab	راقب
explorar (~ el universo)	istakʃaf	إستكشف

196. La tierra

Tierra (f)	al arḍ (f)	الأرض
globo (m) terrestre	al kura al arḍiyya (f)	الكرة الأرضيّة
planeta (m)	kawkab (m)	كوكب
atmósfera (f)	al ɣilāf al ʒawwiy (m)	الغِلاف الجَوِّيّ
geografía (f)	ʒuɣrāfiya (f)	جغرافيا
naturaleza (f)	ṭabī'a (f)	طبيعة
globo (m) terráqueo	namūðaʒ lil kura al arḍiyya (m)	نموذج للكرة الأرضيّة
mapa (m)	xarīṭa (f)	خريطة
atlas (m)	aṭlas (m)	أطلس
Europa (f)	urūbba (f)	أوروبا
Asia (f)	'āsiya (f)	آسيا
África (f)	afrīqiya (f)	أفريقيا
Australia (f)	usturāliya (f)	أستراليا
América (f)	amrīka (f)	أمريكا
América (f) del Norte	amrīka aʃ ʃimāliyya (f)	أمريكا الشماليّة
América (f) del Sur	amrīka al ʒanūbiyya (f)	أمريكا الجنوبيّة
Antártida (f)	al quṭb al ʒanūbiy (m)	القطب الجنوبيّ
Ártico (m)	al quṭb aʃ ʃimāliy (m)	القطب الشماليّ

197. Los puntos cardinales

norte (m)	ʃimāl (m)	شمال
al norte	ilaʃ ʃimāl	إلى الشمال
en el norte	fiʃ ʃimāl	في الشمال
del norte (adj)	ʃimāliy	شماليّ
sur (m)	ȝanūb (m)	جنوب
al sur	ilal ȝanūb	إلى الجنوب
en el sur	fil ȝanūb	في الجنوب
del sur (adj)	ȝanūbiy	جنوبيّ
oeste (m)	ɣarb (m)	غرب
al oeste	ilal ɣarb	إلى الغرب
en el oeste	fil ɣarb	في الغرب
del oeste (adj)	ɣarbiy	غربيّ
este (m)	ʃarq (m)	شرق
al este	ilaʃ ʃarq	إلى الشرق
en el este	fiʃ ʃarq	في الشرق
del este (adj)	ʃarqiy	شرقيّ

198. El mar. El océano

mar (m)	baḥr (m)	بحر
océano (m)	muḥīṭ (m)	محيط
golfo (m)	xalīȝ (m)	خليج
estrecho (m)	maḍīq (m)	مضيق
tierra (f) firme	barr (m)	برّ
continente (m)	qārra (f)	قارّة
isla (f)	ȝazīra (f)	جزيرة
península (f)	ʃibh ȝazīra (f)	شبه جزيرة
archipiélago (m)	maȝmūʿat ȝuzur (f)	مجموعة جزر
bahía (f)	xalīȝ (m)	خليج
puerto (m)	mīnāʾ (m)	ميناء
laguna (f)	buḥayra ʃāṭiʾa (f)	بحيرة شاطئة
cabo (m)	raʾs (m)	رأس
atolón (m)	ȝazīra marȝāniyya istiwāʾiyya (f)	جزيرة مرجانيّة إستوائيّة
arrecife (m)	ʃiʿāb (pl)	شعاب
coral (m)	murȝān (m)	مرجان
arrecife (m) de coral	ʃiʿāb marȝāniyya (pl)	شعاب مرجانيّة
profundo (adj)	ʿamīq	عميق
profundidad (f)	ʿumq (m)	عمق
abismo (m)	mahwāt (f)	مهواة
fosa (f) oceánica	xandaq (m)	خندق
corriente (f)	tayyār (m)	تيّار
bañar (rodear)	aḥāṭ	أحاط

orilla (f)	sāḥil (m)	ساحل
costa (f)	sāḥil (m)	ساحل
flujo (m)	madd (m)	مدّ
reflujo (m)	ʒazr (m)	جزر
banco (m) de arena	miyāh ḍaḥla (f)	مياه ضحلة
fondo (m)	qāʻ (m)	قاع
ola (f)	mawʒa (f)	موجة
cresta (f) de la ola	qimmat mawʒa (f)	قمّة موجة
espuma (f)	zabad al baḥr (m)	زبد البحر
tempestad (f)	ʻāṣifa (f)	عاصفة
huracán (m)	iʻṣār (m)	إعصار
tsunami (m)	tsunāmi (m)	تسونامي
bonanza (f)	hudūʼ (m)	هدوء
calmo, tranquilo	hādiʼ	هادئ
polo (m)	quṭb (m)	قطب
polar (adj)	quṭby	قطبيّ
latitud (f)	ʻarḍ (m)	عرض
longitud (f)	ṭūl (m)	طول
paralelo (m)	mutawāzi (m)	متواز
ecuador (m)	χaṭṭ al istiwāʼ (m)	خط الإستواء
cielo (m)	samāʼ (f)	سماء
horizonte (m)	ufuq (m)	أفق
aire (m)	hawāʼ (m)	هواء
faro (m)	manāra (f)	منارة
bucear (vi)	ɣāṣ	غاص
hundirse (vr)	ɣariq	غرق
tesoros (m pl)	kunūz (pl)	كنوز

199. Los nombres de los mares y los océanos

océano (m) Atlántico	al muḥīṭ al aṭlasiy (m)	المحيط الأطلسيّ
océano (m) Índico	al muḥīṭ al hindiy (m)	المحيط الهنديّ
océano (m) Pacífico	al muḥīṭ al hādiʼ (m)	المحيط الهادئ
océano (m) Glacial Ártico	al muḥīṭ il mutaʒammid aʃ ʃimāliy (m)	المحيط المتجمّد الشماليّ
mar (m) Negro	al baḥr al aswad (m)	البحر الأسود
mar (m) Rojo	al baḥr al aḥmar (m)	البحر الأحمر
mar (m) Amarillo	al baḥr al aṣfar (m)	البحر الأصفر
mar (m) Blanco	al baḥr al abyaḍ (m)	البحر الأبيض
mar (m) Caspio	baḥr qazwīn (m)	بحر قزوين
mar (m) Muerto	al baḥr al mayyit (m)	البحر الميّت
mar (m) Mediterráneo	al baḥr al abyaḍ al mutawassiṭ (m)	البحر الأبيض المتوسّط
mar (m) Egeo	baḥr ʼiʒah (m)	بحر إجة
mar (m) Adriático	al baḥr al adriyatīkiy (m)	البحر الأدرياتيكيّ

mar (m) Arábigo	bahr al ʻarab (m)	بحر العرب
mar (m) del Japón	bahr al yabān (m)	بحر اليابان
mar (m) de Bering	bahr birinʒ (m)	بحر بيرينغ
mar (m) de la China Meridional	bahr aṣ ṣīn al ʒanūbiy (m)	بحر الصين الجنوبي
mar (m) del Coral	bahr al marʒān (m)	بحر المرجان
mar (m) de Tasmania	bahr tasmān (m)	بحر تسمان
mar (m) Caribe	al bahr al karībiy (m)	البحر الكاريبي
mar (m) de Barents	bahr barints (m)	بحر بارينس
mar (m) de Kara	bahr kara (m)	بحر كارا
mar (m) del Norte	bahr aʃ ʃimāl (m)	بحر الشمال
mar (m) Báltico	al bahr al balṭīq (m)	البحر البلطيق
mar (m) de Noruega	bahr an narwīʒ (m)	بحر النرويج

200. Las montañas

montaña (f)	ʒabal (m)	جبل
cadena (f) de montañas	silsilat ʒibāl (f)	سلسلة جبال
cresta (f) de montañas	qimam ʒabaliyya (pl)	قمم جبلية
cima (f)	qimma (f)	قمة
pico (m)	qimma (f)	قمة
pie (m)	asfal (m)	أسفل
cuesta (f)	munhadar (m)	منحدر
volcán (m)	burkān (m)	بركان
volcán (m) activo	burkān nāʃiṭ (m)	بركان نشط
volcán (m) apagado	burkān xāmid (m)	بركان خامد
erupción (f)	θawrān (m)	ثوران
cráter (m)	fūhat al burkān (f)	فوهة البركان
magma (m)	māɣma (f)	ماغما
lava (f)	humam burkāniyya (pl)	حمم بركانية
fundido (lava ~a)	munṣahira	منصهرة
cañón (m)	talʻa (m)	تلعة
desfiladero (m)	wādi ḍayyiq (m)	واد ضيق
grieta (f)	ʃaqq (m)	شق
precipicio (m)	hāwiya (f)	هاوية
puerto (m) (paso)	mamarr ʒabaliy (m)	ممر جبلي
meseta (f)	haḍba (f)	هضبة
roca (f)	ʒurf (m)	جرف
colina (f)	tall (m)	تل
glaciar (m)	nahr ʒalīdiy (m)	نهر جليدي
cascada (f)	ʃallāl (m)	شلال
geiser (m)	fawwāra hārra (f)	فوارة حارة
lago (m)	buhayra (f)	بحيرة
llanura (f)	sahl (m)	سهل
paisaje (m)	manẓar ṭabīʻiy (m)	منظر طبيعي

eco (m)	ṣada (m)	صدى
alpinista (m)	mutasalliq al ʒibāl (m)	متسلّق الجبال
escalador (m)	mutasalliq ṣuχūr (m)	متسلّق صخور
conquistar (vt)	taɣallab ʻala	تغلّب على
ascensión (f)	tasalluq (m)	تسلّق

201. Los nombres de las montañas

Alpes (m pl)	ʒibāl al alb (pl)	جبال الألب
Montblanc (m)	mūn blūn (m)	مون بلون
Pirineos (m pl)	ʒibāl al barānis (pl)	جبال البرانس
Cárpatos (m pl)	ʒibāl al karbāt (pl)	جبال الكاربات
Urales (m pl)	ʒibāl al ʼūrāl (pl)	جبال الأورال
Cáucaso (m)	ʒibāl al qawqāz (pl)	جبال القوقاز
Elbrus (m)	ʒabal ilbrūs (m)	جبل إلبروس
Altai (m)	ʒibāl altāy (pl)	جبال ألتاي
Tian-Shan (m)	ʒibāl tian ʃan (pl)	جبال تيان شان
Pamir (m)	ʒibāl bamīr (pl)	جبال بامير
Himalayos (m pl)	himalāya (pl)	هيمالايا
Everest (m)	ʒabal ivirist (m)	جبل افرست
Andes (m pl)	ʒibāl al andīz (pl)	جبال الأنديز
Kilimanjaro (m)	ʒabal kilimanʒāru (m)	جبل كليمنجارو

202. Los ríos

río (m)	nahr (m)	نهر
manantial (m)	ʻayn (m)	عين
lecho (m) (curso de agua)	maʒra an nahr (m)	مجرى النهر
cuenca (f) fluvial	ḥawḍ (m)	حوض
desembocar en ...	ṣabb fi ...	صبّ في...
afluente (m)	rāfid (m)	رافد
ribera (f)	ḍiffa (f)	ضفّة
corriente (f)	tayyār (m)	تيّار
río abajo (adv)	f ittiʒāh maʒra an nahr	في إتجاه مجرى النهر
río arriba (adv)	ḍidd at tayyār	ضدّ التيّار
inundación (f)	ɣamr (m)	غمر
riada (f)	fayaḍān (m)	فيضان
desbordarse (vr)	fāḍ	فاض
inundar (vt)	ɣamar	غمر
bajo (m) arenoso	miyāh ḍaḥla (f)	مياه ضحلة
rápido (m)	munḥadar an nahr (m)	منحدر النهر
presa (f)	sadd (m)	سدّ
canal (m)	qanāt (f)	قناة
lago (m) artificiale	χazzān māʼiy (m)	خزّان مائيّ

esclusa (f)	hawīs (m)	هويس
cuerpo (m) de agua	mastaḥ mā'iy (m)	مسطح مائيّ
pantano (m)	mustanqaʻ (m)	مستنقع
ciénaga (m)	mustanqaʻ (m)	مستنقع
remolino (m)	dawwāma (f)	دوّامة
arroyo (m)	ʒadwal mā'iy (m)	جدول مائيّ
potable (adj)	aʃʃurb	الشرب
dulce (agua ~)	ʻaðb	عذب
hielo (m)	ʒalīd (m)	جليد
helarse (el lago, etc.)	taʒammad	تجمّد

203. Los nombres de los ríos

Sena (m)	nahr as sīn (m)	نهر السين
Loira (m)	nahr al lua:r (m)	نهر اللوار
Támesis (m)	nahr at tīmz (m)	نهر التيمز
Rin (m)	nahr ar rayn (m)	نهر الراين
Danubio (m)	nahr ad danūb (m)	نهر الدانوب
Volga (m)	nahr al vulɣa (m)	نهر الفولغا
Don (m)	nahr ad dūn (m)	نهر الدون
Lena (m)	nahr līna (m)	نهر لينا
Río (m) Amarillo	an nahr al aṣfar (m)	النهر الأصفر
Río (m) Azul	nahr al yanɣtsi (m)	نهر اليانغتسي
Mekong (m)	nahr al mikunɣ (m)	نهر الميكونغ
Ganges (m)	nahr al ɣānʒ (m)	نهر الغانج
Nilo (m)	nahr an nīl (m)	نهر النيل
Congo (m)	nahr al kunɣu (m)	نهر الكونغو
Okavango (m)	nahr ukavanʒu (m)	نهر اوكافانجو
Zambeze (m)	nahr az zambizi (m)	نهر الزمبيزي
Limpopo (m)	nahr limbubu (m)	نهر ليمبوبو
Misisipí (m)	nahr al mississibbi (m)	نهر الميسيسيبي

204. El bosque

bosque (m)	ɣāba (f)	غابة
de bosque (adj)	ɣāba	غابة
espesura (f)	ɣāba kaθīfa (f)	غابة كثيفة
bosquecillo (m)	ɣāba ṣaɣīra (f)	غابة صغيرة
claro (m)	minṭaqa uzīlat minha al aʃʒār (f)	منطقة أزيلت منها الأشجار
maleza (f)	aʒama (f)	أجمة
matorral (m)	ʃuʒayrāt (pl)	شجيرات
senda (f)	mamarr (m)	ممرّ
barranco (m)	wādi ḍayyiq (m)	واد ضيّق

árbol (m)	ʃaӡara (f)	شجرة
hoja (f)	waraqa (f)	ورقة
follaje (m)	waraq (m)	ورق
caída (f) de hojas	tasāquṭ al awrāq (m)	تساقط الأوراق
caer (las hojas)	saqaṭ	سقط
cima (f)	ra's (m)	رأس
rama (f)	ɣuṣn (m)	غصن
rama (f) (gruesa)	ɣuṣn (m)	غصن
brote (m)	bur'um (m)	برعم
aguja (f)	ʃawka (f)	شوكة
piña (f)	kūz aṣ ṣanawbar (m)	كوز الصنوبر
agujero (m)	ӡawf (m)	جوف
nido (m)	'uʃʃ (m)	عش
madriguera (f)	ӡuḥr (m)	جحر
tronco (m)	ӡiδ' (m)	جذع
raíz (f)	ӡiδr (m)	جذر
corteza (f)	liḥā' (m)	لحاء
musgo (m)	ṭuḥlub (m)	طحلب
extirpar (vt)	iqtala'	إقتلع
talar (vt)	qaṭa'	قطع
deforestar (vt)	azāl al ɣābāt	أزال الغابات
tocón (m)	ӡiδ' aʃ ʃaӡara (m)	جذع الشجرة
hoguera (f)	nār muxayyam (m)	نار مخيّم
incendio (m)	ḥarīq ɣāba (m)	حريق غابة
apagar (~ el incendio)	aṭfa'	أطفأ
guarda (m) forestal	ḥāris al ɣāba (m)	حارس الغابة
protección (f)	ḥimāya (f)	حماية
proteger (vt)	ḥama	حمى
cazador (m) furtivo	sāriq aṣ ṣayd (m)	سارق الصيد
cepo (m)	maṣyada (f)	مصيدة
recoger (setas, bayas)	ӡama'	جمع
perderse (vr)	tāh	تاه

205. Los recursos naturales

recursos (m pl) naturales	θarawāt ṭabī'iyya (pl)	ثروات طبيعيّة
minerales (m pl)	ma'ādin (pl)	معادن
depósitos (m pl)	makāmin (pl)	مكامن
yacimiento (m)	ḥaql (m)	حقل
extraer (vt)	istaxraӡ	إستخرج
extracción (f)	istixrāӡ (m)	إستخراج
mineral (m)	xām (m)	خام
mina (f)	manӡam (m)	منجم
pozo (m) de mina	manӡam (m)	منجم
minero (m)	'āmil manӡam (m)	عامل منجم

gas (m)	ɣāz (m)	غاز
gasoducto (m)	χaṭṭ anābīb ɣāz (m)	خط أنابيب غاز
petróleo (m)	nafṭ (m)	نفط
oleoducto (m)	anābīb an nafṭ (pl)	أنابيب النفط
torre (f) petrolera	bi'r an nafṭ (m)	بئر النفط
torre (f) de sondeo	ḥaffāra (f)	حفّارة
petrolero (m)	nāqilat an nafṭ (f)	ناقلة النفط
arena (f)	raml (m)	رمل
caliza (f)	ḥaӡar kalsiy (m)	حجر كلسيّ
grava (f)	ḥaṣa (m)	حصى
turba (f)	χaθθ faḥm nabātiy (m)	خثّ فحم نباتيّ
arcilla (f)	ṭīn (m)	طين
carbón (m)	faḥm (m)	فحم
hierro (m)	ḥadīd (m)	حديد
oro (m)	ðahab (m)	ذهب
plata (f)	fiḍḍa (f)	فضّة
níquel (m)	nikil (m)	نيكل
cobre (m)	nuḥās (m)	نحاس
zinc (m)	zink (m)	زنك
manganeso (m)	manɣanīz (m)	منغنيز
mercurio (m)	zi'baq (m)	زئبق
plomo (m)	ruṣāṣ (m)	رصاص
mineral (m)	ma'dan (m)	معدن
cristal (m)	ballūra (f)	بلّورة
mármol (m)	ruχām (m)	رخام
uranio (m)	yurānuim (m)	يورانيوم

La tierra. Unidad 2

206. El tiempo

tiempo (m)	ṭaqs (m)	طقس
previsión (m) del tiempo	naʃra ʒawwiyya (f)	نشرة جوّيّة
temperatura (f)	ḥarāra (f)	حرارة
termómetro (m)	tirmūmitr (m)	ترمومتر
barómetro (m)	barūmitr (m)	بارومتر
húmedo (adj)	raṭib	رطب
humedad (f)	ruṭūba (f)	رطوبة
bochorno (m)	ḥarāra (f)	حرارة
tórrido (adj)	ḥārr	حارّ
hace mucho calor	al ʒaww ḥārr	الجوّ حارّ
hace calor (templado)	al ʒaww dāfiʼ	الجوّ دافئ
templado (adj)	dāfiʼ	دافئ
hace frío	al ʒaww bārid	الجوّ بارد
frío (adj)	bārid	بارد
sol (m)	ʃams (f)	شمس
brillar (vi)	aḍāʼ	أضاء
soleado (un día ~)	muʃmis	مشمس
elevarse (el sol)	ʃaraq	شرق
ponerse (vr)	ɣarab	غرب
nube (f)	saḥāba (f)	سحابة
nuboso (adj)	ɣāʼim	غائم
nubarrón (m)	saḥābat maṭar (f)	سحابة مطر
nublado (adj)	ɣāʼim	غائم
lluvia (f)	maṭar (m)	مطر
está lloviendo	innaha tamṭur	إنّها تمطر
lluvioso (adj)	mumṭir	ممطر
lloviznar (vi)	raðð	رذّ
aguacero (m)	maṭar munhamir (f)	مطر منهمر
chaparrón (m)	maṭar ɣazīr (m)	مطر غزير
fuerte (la lluvia ~)	ʃadīd	شديد
charco (m)	birka (f)	بركة
mojarse (vr)	ibtall	إبتلّ
niebla (f)	ḍabāb (m)	ضباب
nebuloso (adj)	muḍabbab	مضبّب
nieve (f)	θalʒ (m)	ثلج
está nevando	innaha taθluʒ	إنّها تثلج

207. Los eventos climáticos severos. Los desastres naturales

tormenta (f)	'āṣifa ra'diyya (f)	عاصفة رعديّة
relámpago (m)	barq (m)	برق
relampaguear (vi)	baraq	برق
trueno (m)	ra'd (m)	رعد
tronar (vi)	ra'ad	رعد
está tronando	tar'ad as samā'	ترعد السماء
granizo (m)	maṭar bard (m)	مطر برد
está granizando	tamṭur as samā' bardan	تمطر السماء بردًا
inundar (vt)	γamar	غمر
inundación (f)	fayaḍān (m)	فيضان
terremoto (m)	zilzāl (m)	زلزال
sacudida (f)	hazza arḍiyya (f)	هزّة أرضيّة
epicentro (m)	markaz az zilzāl (m)	مركز الزلزال
erupción (f)	θawrān (m)	ثوران
lava (f)	humam burkāniyya (pl)	حمم بركانيّة
torbellino (m), tornado (m)	i'ṣār (m)	إعصار
tifón (m)	ṭūfān (m)	طوفان
huracán (m)	i'ṣār (m)	إعصار
tempestad (f)	'āṣifa (f)	عاصفة
tsunami (m)	tsunāmi (m)	تسونامي
ciclón (m)	i'ṣār (m)	إعصار
mal tiempo (m)	ṭaqs sayyi' (m)	طقس سيّء
incendio (m)	harīq (m)	حريق
catástrofe (f)	kāriθa (f)	كارثة
meteorito (m)	haʒar nayzakiy (m)	حجر نيزكيّ
avalancha (f)	inhiyār θalʒiy (m)	إنهيار ثلجيّ
alud (m) de nieve	inhiyār θalʒiy (m)	إنهيار ثلجيّ
ventisca (f)	'āṣifa θalʒiyya (f)	عاصفة ثلجيّة
nevasca (f)	'āṣifa θalʒiyya (f)	عاصفة ثلجيّة

208. Los ruidos. Los sonidos

silencio (m)	ṣamt (m)	صمت
sonido (m)	ṣawt (m)	صوت
ruido (m)	ḍawḍā' (f)	ضوضاء
hacer ruido	'amal aḍ ḍawḍā'	عمل الضوضاء
ruidoso (adj)	muz'iʒ	مزعج
alto (adv)	bi ṣawt 'āli	بصوت عال
fuerte (~ voz)	'āli	عال
constante (ruido, etc.)	mustamirr	مستمرّ
grito (m)	ṣarχa (f)	صرخة

gritar (vi)	ṣarax	صرخ
susurro (m)	hamsa (f)	همسة
susurrar (vi, vt)	hamas	همس
ladrido (m)	nubāḥ (m)	نباح
ladrar (vi)	nabaḥ	نبح
gemido (m)	anīn (m)	أنين
gemir (vi)	anna	أنّ
tos (f)	su'āl (m)	سعال
toser (vi)	sa'al	سعل
silbido (m)	taṣfīr (m)	تصفير
silbar (vi)	ṣaffar	صفّر
llamada (f) (golpes)	ṭarq, daqq (m)	طرق، دقّ
golpear (la puerta)	daqq	دقّ
crepitar (vi)	farqa'	فرقع
crepitación (f)	farqa'a (f)	فرقعة
sirena (f)	ṣaffārat inðār (f)	صفّارة إنذار
pito (m) (de la fábrica)	ṣafīr (m)	صفير
pitar (un tren, etc.)	ṣaffar	صفّر
bocinazo (m)	tazmīr (m)	تزمير
tocar la bocina	zammar	زمّر

209. El invierno

invierno (m)	ʃitā' (m)	شتاء
de invierno (adj)	ʃitawiy	شتويّ
en invierno	fiʃ ʃitā'	في الشتاء
nieve (f)	θalʒ (m)	ثلج
está nevando	innaha taθluʒ	إنّها تثلج
nevada (f)	tasāquṭ aθ θulūʒ (m)	تساقط الثلوج
montón (m) de nieve	rukma θalʒiyya (f)	ركمة ثلجيّة
copo (m) de nieve	nudfat θalʒ (f)	ندفة ثلج
bola (f) de nieve	kurat θalʒ (f)	كرة ثلج
monigote (m) de nieve	raʒul θalʒ (m)	رجل ثلج
carámbano (m)	qiṭ'at ʒalīd (f)	قطعة جليد
diciembre (m)	disimbar (m)	ديسمبر
enero (m)	yanāyir (m)	يناير
febrero (m)	fibrāyir (m)	فبراير
helada (f)	ṣaqī' (m)	صقيع
helado (~a noche)	ṣāqi'	صاقع
bajo cero (adv)	taḥt aṣ ṣifr	تحت الصفر
primeras heladas (f pl)	ṣaqī' (m)	صقيع
escarcha (f)	ṣaqī' (m)	صقيع
frío (m)	bard (m)	برد
hace frío	al ʒaww bārid	الجوّ بارد

abrigo (m) de piel	mi'taf farw (m)	معطف فرو
manoplas (f pl)	quffāz muɣlaq (m)	قفّاز مغلق
enfermarse (vr)	maraḍ	مرض
resfriado (m)	bard (m)	برد
resfriarse (vr)	aṣābahu al bard	أصابه البرد
hielo (m)	ʒalīd (m)	جليد
hielo (m) negro	ʒalīd (m)	جليد
helarse (el lago, etc.)	taʒammad	تجمّد
bloque (m) de hielo	ṭāfiya ʒalīdiyya (f)	طافية جليديّة
esquís (m pl)	zallāʒāt (pl)	زلّاجات
esquiador (m)	mutazalliʒ bil iski (m)	متزلّج بالإسكي
esquiar (vi)	tazallaʒ	تزلّج
patinar (vi)	tazaḥlaq 'alal ʒalīd	تزحلق على الجليد

La fauna

210. Los mamíferos. Los predadores

carnívoro (m)	ḥayawān muftaris (m)	حيوان مفترس
tigre (m)	namir (m)	نمر
león (m)	asad (m)	أسد
lobo (m)	ði'b (m)	ذئب
zorro (m)	θa'lab (m)	ثعلب
jaguar (m)	namir amrīkiy (m)	نمر أمريكيّ
leopardo (m)	fahd (m)	فهد
guepardo (m)	namir ṣayyād (m)	نمر صيّاد
pantera (f)	namir aswad (m)	نمر أسود
puma (f)	būma (m)	بوما
leopardo (m) de las nieves	namir aθ θulūʒ (m)	نمر الثلوج
lince (m)	waʃaq (m)	وشق
coyote (m)	qayūṭ (m)	قيوط
chacal (m)	ibn 'āwa (m)	ابن آوى
hiena (f)	ḍabu' (m)	ضبع

211. Los animales salvajes

animal (m)	ḥayawān (m)	حيوان
bestia (f)	ḥayawān (m)	حيوان
ardilla (f)	sinʒāb (m)	سنجاب
erizo (m)	qumfuð (m)	قنفذ
liebre (f)	arnab barriy (m)	أرنب برّيّ
conejo (m)	arnab (m)	أرنب
tejón (m)	ɣarīr (m)	غرير
mapache (m)	rākūn (m)	راكون
hámster (m)	qidād (m)	قداد
marmota (f)	marmuṭ (m)	مرموط
topo (m)	χuld (m)	خلد
ratón (m)	fa'r (m)	فأر
rata (f)	ʒurað (m)	جرذ
murciélago (m)	χuffāʃ (m)	خفّاش
armiño (m)	qāqum (m)	قاقمّ
cebellina (f)	sammūr (m)	سمّور
marta (f)	dalaq (m)	دلق
comadreja (f)	ibn 'irs (m)	إبن عرس
visón (m)	mink (m)	منك

castor (m)	qundus (m)	قندس
nutria (f)	quḍā'a (f)	قضاعة
caballo (m)	ḥiṣān (m)	حصان
alce (m)	mūz (m)	موظ
ciervo (m)	ayyil (m)	أيّل
camello (m)	ʒamal (m)	جمل
bisonte (m)	bisūn (m)	بيسون
uro (m)	θawr barriy (m)	ثور برّيّ
búfalo (m)	ʒāmūs (m)	جاموس
cebra (f)	ḥimār zarad (m)	حمار زرد
antílope (m)	ẓabiy (m)	ظبي
corzo (m)	yaḥmūr (m)	يحمور
gamo (m)	ayyil asmar urubbiy (m)	أيّل أسمر أوروبّيّ
gamuza (f)	ʃamwāh (f)	شاموَاه
jabalí (m)	xinzīr barriy (m)	خنزير برّيّ
ballena (f)	ḥūt (m)	حوت
foca (f)	fuqma (f)	فقمة
morsa (f)	faẓẓ (m)	فظّ
oso (m) marino	fuqmat al firā' (f)	فقمة الفراء
delfín (m)	dilfīn (m)	دلفين
oso (m)	dubb (m)	دبّ
oso (m) blanco	dubb quṭbiy (m)	دبّ قطبيّ
panda (f)	bānda (m)	باندا
mono (m)	qird (m)	قرد
chimpancé (m)	ʃimbanzi (m)	شيمبانزي
orangután (m)	urangutān (m)	أورنغوتان
gorila (m)	ɣurīlla (f)	غوريلا
macaco (m)	qird al makāk (m)	قرد المكاك
gibón (m)	ʒibbūn (m)	جيبون
elefante (m)	fīl (m)	فيل
rinoceronte (m)	xartīt (m)	خرتيت
jirafa (f)	zarāfa (f)	زرافة
hipopótamo (m)	faras an nahr (m)	فرس النهر
canguro (m)	kanɣar (m)	كنغر
koala (f)	kuala (m)	كوالا
mangosta (f)	nims (m)	نمس
chinchilla (f)	ʃinʃila (f)	شنشيلة
mofeta (f)	ẓaribān (m)	ظربان
espín (m)	nīṣ (m)	نيص

212. Los animales domésticos

gata (f)	qiṭṭa (f)	قطّة
gato (m)	ðakar al qiṭṭ (m)	ذكر القطّ
perro (m)	kalb (m)	كلب

caballo (m)	ḥiṣān (m)	حصان
garañón (m)	faḥl al ҳayl (m)	فحل الخيل
yegua (f)	unθa al faras (f)	أنثى الفرس
vaca (f)	baqara (f)	بقرة
toro (m)	θawr (m)	ثور
buey (m)	θawr (m)	ثور
oveja (f)	ҳarūf (f)	خروف
carnero (m)	kabʃ (m)	كبش
cabra (f)	māʻiz (m)	ماعز
cabrón (m)	ðakar al māʻið (m)	ذكر الماعز
asno (m)	ḥimār (m)	حمار
mulo (m)	baɣl (m)	بغل
cerdo (m)	ҳinzīr (m)	خنزير
cerdito (m)	ҳannūṣ (m)	خنوص
conejo (m)	arnab (m)	أرنب
gallina (f)	daʒāʒa (f)	دجاجة
gallo (m)	dīk (m)	ديك
pato (m)	baṭṭa (f)	بطّة
ánade (m)	ðakar al baṭṭ (m)	ذكر البطّ
ganso (m)	iwazza (f)	إوزّة
pavo (m)	dīk rūmiy (m)	ديك روميّ
pava (f)	daʒāʒ rūmiy (f)	دجاج روميّ
animales (m pl) domésticos	ḥayawānāt dawāʒin (pl)	حيوانات دواجن
domesticado (adj)	alīf	أليف
domesticar (vt)	allaf	ألّف
criar (vt)	rabba	ربّى
granja (f)	mazraʻa (f)	مزرعة
aves (f pl) de corral	ṭuyūr dāʒina (pl)	طيور داجنة
ganado (m)	māʃiya (f)	ماشية
rebaño (m)	qaṭīʻ (m)	قطيع
caballeriza (f)	isṭabl ҳayl (m)	إسطبل خيل
porqueriza (f)	ḥaẓīrat al ҳanāzīr (f)	حظيرة الخنازير
vaquería (f)	zirībåt al baqar (f)	زريبة البقر
conejal (m)	qunn al arānib (m)	قنّ الأرانب
gallinero (m)	qunn ad daʒāʒ (m)	قنّ الدجاج

213. Los perros. Las razas de perros

perro (m)	kalb (m)	كلب
perro (m) pastor	kalb raʻy (m)	كلب رعي
pastor (m) alemán	kalb ar rāʻi al almāniy (m)	كلب الراعي الألمانيّ
caniche (m), poodle (m)	būdli (m)	بودل
teckel (m)	daʃhund (m)	دشهند
buldog (m)	bulduɣ (m)	بلدغ

bóxer (m)	buksir (m)	بوكسر
mastín (m) inglés	mastīf (m)	ماستيف
rottweiler (m)	rut vāylir (m)	روت فايلر
dóberman (m)	dubirmān (m)	دوبرمان
basset hound (m)	bāsit (m)	باسيت
Bobtail (m)	bubteyl (m)	بوبتيل
dálmata (m)	kalb dalmāsiy (m)	كلب دلماسي
cocker spaniel (m)	kukkir spaniil (m)	كوكر سبانييل
Terranova (m)	nyu faundland (m)	نيوفاوندلاند
san bernardo (m)	san birnār (m)	سنبرنار
husky (m)	haski (m)	هاسكي
chow chow (m)	tʃaw tʃaw (m)	تشاوتشاو
pomerania (m)	ʃbītz (m)	شبيتز
pug (m), carlino (m)	bāk (m)	باك

214. Los sonidos de los animales

ladrido (m)	nubāḥ (m)	نباح
ladrar (vi)	nabaḥ	نبح
maullar (vi)	mā'	ماء
ronronear (vi)	χarχar	خرخر
mugir (vi)	χār	خار
bramar (toro)	χār	خار
rugir (vi)	damdam	دمدم
aullido (m)	'uwā' (m)	عواء
aullar (vi)	'awa	عوى
gañir (vi)	'awa	عوى
balar (vi)	ma'ma'	مأمأ
gruñir (cerdo)	qaba'	قبع
chillar (vi)	ṣāḥ	صاح
croar (vi)	naqq	نَقَّ
zumbar (vi)	ṭann	طنّ
chirriar (vi)	zaqzaq	زقزق

215. Los animales jóvenes

cría (f)	ʒarw (m)	جرو
gatito (m)	qiṭṭa ṣaɣīra (f)	قطة صغيرة
ratoncillo (m)	fa'r ṣaɣīr (m)	فأر صغير
cachorro (m)	ʒarw (m)	جرو
cría (f) de liebre	χirniq (m)	خرنق
conejito (m)	arnab ṣaɣīr (m)	أرنب صغير
lobato (m)	dayfal ṣaɣīr að ði'ab (m)	دغفل صغير الذئب
cría (f) de zorro	haʒras ṣaɣīr aθ θa'lab (m)	هجرس صغير الثعلب

osito (m)	daysam ṣaɣīr ad dubb (m)	ديسم صغير الدبّ
cachorro (m) de león	ʃibl al asad (m)	شبل الأسد
cachorro (m) de tigre	ʃibl an namir (m)	شبل النمر
elefantino (m)	saɣīr al fīl (m)	صغير الفيل
cerdito (m)	χannūṣ (m)	خنّوص
ternero (m)	ʻiʒl (m)	عجل
cabrito (m)	ʒaday (m)	جدي
cordero (m)	ḥaml (m)	حمل
cervato (m)	raʃaʼ saɣīr al ayyil (m)	رشأ صغير الأيّل
cría (f) de camello	saɣīr al ʒamal (m)	صغير الجمل
serpezuela (f)	ṣaɣīr aθ θuʻbān (m)	صغير الثعبان
ranita (f)	ḍifḍaʻ saɣīr (m)	ضفدع صغير
pajarillo (m)	farχ (m)	فرخ
pollo (m)	katkūt (m)	كتكوت
patito (m)	faraχ baṭṭ (m)	فرخ بطّ

216. Los pájaros

pájaro (m)	ṭāʼir (m)	طائر
paloma (f)	ḥamāma (f)	حمامة
gorrión (m)	ʻuṣfūr (m)	عصفور
paro (m)	qurquf (m)	قرقف
cotorra (f)	ʻaqʻaq (m)	عقعق
cuervo (m)	ɣurāb aswad (m)	غراب أسود
corneja (f)	ɣurāb (m)	غراب
chova (f)	zāɣ (m)	زاغ
grajo (m)	ɣurāb al qayẓ (m)	غراب القيظ
pato (m)	baṭṭa (f)	بطّة
ganso (m)	iwazza (f)	إوزّة
faisán (m)	tadarruʒ (m)	تدرج
águila (f)	nasr (m)	نسر
azor (m)	bāz (m)	باز
halcón (m)	ṣaqr (m)	صقر
buitre (m)	raχam (m)	رخم
cóndor (m)	kundūr (m)	كندور
cisne (m)	timma (m)	تمَّة
grulla (f)	kurkiy (m)	كركي
cigüeña (f)	laqlaq (m)	لقلق
loro (m), papagayo (m)	babaɣāʼ (m)	ببغاء
colibrí (m)	ṭannān (m)	طنّان
pavo (m) real	ṭāwūs (m)	طاووس
avestruz (m)	naʻāma (f)	نعامة
garza (f)	balaʃūn (m)	بلشون
flamenco (m)	nuḥām wardiy (m)	نحام وردي
pelícano (m)	baʒaʻa (f)	بجعة

ruiseñor (m)	bulbul (m)	بلبل
golondrina (f)	sunūnū (m)	سنونو
tordo (m)	sumna (m)	سمنة
zorzal (m)	summuna muɣarrida (m)	سمنة مغرّدة
mirlo (m)	ʃaḥrūr aswad (m)	شحرور أسود
vencejo (m)	samāma (m)	سمامة
alondra (f)	qubbara (f)	قبّرة
codorniz (f)	sammān (m)	سمّان
pico (m)	naqqār al xaʃab (m)	نقّار الخشب
cuco (m)	waqwāq (m)	وقواق
lechuza (f)	būma (f)	بومة
búho (m)	būm urāsiy (m)	بوم أوراسيّ
urogallo (m)	dīk il xalanʒ (m)	ديك الخلنج
gallo lira (m)	ṭayhūʒ aswad (m)	طيهوج أسود
perdiz (f)	ḥaʒal (m)	حجل
estornino (m)	zurzūr (m)	زرزور
canario (m)	kanāriy (m)	كناريّ
ortega (f)	ṭayhūʒ il bunduq (m)	طيهوج البندق
pinzón (m)	ʃurʃūr (m)	شرشور
camachuelo (m)	diɣnāʃ (m)	دغناش
gaviota (f)	nawras (m)	نورس
albatros (m)	al qaṭras (m)	القطرس
pingüino (m)	biṭrīq (m)	بطريق

217. Los pájaros. El canto y los sonidos

cantar (vi)	ɣanna	غنّى
gritar, llamar (vi)	nāda	نادى
cantar (el gallo)	ṣāḥ	صاح
quiquiriquí (m)	kukukuku	كوكوكوكو
cloquear (vi)	qaraq	قرق
graznar (vi)	naʻaq	نعق
graznar, parpar (vi)	baṭbaṭ	بطبط
piar (vi)	ṣa'ṣa'	صأصأ
gorjear (vi)	zaqzaq	زقزق

218. Los peces. Los animales marinos

brema (f)	abramīs (m)	أبراميس
carpa (f)	ʃabbūṭ (m)	شبّوط
perca (f)	farx (m)	فرخ
siluro (m)	qarmūṭ (m)	قرموط
lucio (m)	samak al karāki (m)	سمك الكراكي
salmón (m)	salmūn (m)	سلمون
esturión (m)	ḥafʃ (m)	حفش

arenque (m)	rinǧa (f)	رنجة
salmón (m) del Atlántico	salmūn aṭlasiy (m)	سلمون أطلسيَ
caballa (f)	usqumriy (m)	أسقمريَ
lenguado (m)	samak mufalṭaḥ (f)	سمك مفلطح
lucioperca (m)	samak sandar (m)	سمك سندر
bacalao (m)	qudd (m)	قدَ
atún (m)	tūna (f)	تونة
trucha (f)	salmūn muraqqaṭ (m)	سلمون مرقَط
anguila (f)	ḥankalīs (m)	حنكليس
tembladera (f)	ra''ād (m)	رعَاد
morena (f)	murāy (m)	موراي
piraña (f)	birāna (f)	بيرانا
tiburón (m)	qirʃ (m)	قرش
delfín (m)	dilfīn (m)	دلفين
ballena (f)	ḥūt (m)	حوت
centolla (f)	salṭa'ūn (m)	سلطعون
medusa (f)	qindīl al baḥr (m)	قنديل البحر
pulpo (m)	uxṭubūṭ (m)	أخطبوط
estrella (f) de mar	naǧmat al baḥr (f)	نجمة البحر
erizo (m) de mar	qumfuḏ al baḥr (m)	قنفذ البحر
caballito (m) de mar	ḥiṣān al baḥr (m)	فرس البحر
ostra (f)	maḥār (m)	محار
camarón (m)	ǧambari (m)	جمبريَ
bogavante (m)	istakūza (f)	إستكوزا
langosta (f)	karkand ʃāik (m)	كركند شائك

219. Los anfibios. Los reptiles

serpiente (f)	θu'bān (m)	ثعبان
venenoso (adj)	sāmm	سامَ
víbora (f)	afʿa (f)	أفعى
cobra (f)	kūbra (m)	كوبرا
pitón (m)	biθūn (m)	بيثون
boa (f)	buwā' (f)	بواء
culebra (f)	θu'bān al 'uʃb (m)	ثعبان العشب
serpiente (m) de cascabel	afʿa al ǧalǧala (f)	أفعى الجلجلة
anaconda (f)	anakūnda (f)	أناكوندا
lagarto (m)	siḥliyya (f)	سحليَة
iguana (f)	iɣwāna (f)	إغوانة
varano (m)	waral (m)	ورل
salamandra (f)	samandar (m)	سمندر
camaleón (m)	ḥirbā' (f)	حرباء
escorpión (m)	'aqrab (m)	عقرب
tortuga (f)	sulaḥfāt (f)	سلحفاة
rana (f)	ḍifḍa' (m)	ضفدع

sapo (m)	ḍifḍaʿ aṭ ṭīn (m)	ضفدع الطين
cocodrilo (m)	timsāḥ (m)	تمساح

220. Los insectos

insecto (m)	ḥaʃara (f)	حشرة
mariposa (f)	farāʃa (f)	فراشة
hormiga (f)	namla (f)	نملة
mosca (f)	ðubāba (f)	ذبابة
mosquito (m) (picadura de ~)	namūsa (f)	ناموسة
escarabajo (m)	χunfusa (f)	خنفسة
avispa (f)	dabbūr (m)	دبّور
abeja (f)	naḥla (f)	نحلة
abejorro (m)	naḥla ṭannāna (f)	نحلة طنّانة
moscardón (m)	naʿra (f)	نعرة
araña (f)	ʿankabūt (m)	عنكبوت
telaraña (f)	nasīʒ ʿankabūt (m)	نسيج عنكبوت
libélula (f)	yaʿsūb (m)	يعسوب
saltamontes (m)	ʒarād (m)	جراد
mariposa (f) nocturna	ʿitta (f)	عتّة
cucaracha (f)	ṣurṣūr (m)	صرصور
garrapata (f)	qurāda (f)	قرادة
pulga (f)	burγūθ (m)	برغوث
mosca (f) negra	baʿūḍa (f)	بعوضة
langosta (f)	ʒarād (m)	جراد
caracol (m)	ḥalzūn (m)	حلزون
grillo (m)	ṣarrār al layl (m)	صرّار الليل
luciérnaga (f)	yarāʿa muḍīʾa (f)	يراعة مضيئة
mariquita (f)	daʿsūqa (f)	دعسوقة
escarabajo (m) sanjuanero	χunfusa kabīra (f)	خنفسة كبيرة
sanguijuela (f)	ʿalaqa (f)	علقة
oruga (f)	yasrūʿ (m)	يسروع
gusano (m)	dūda (f)	دودة
larva (f)	yaraqa (f)	يرقة

221. Los animales. Las partes del cuerpo

pico (m)	minqār (m)	منقار
alas (f pl)	aʒniḥa (pl)	أجنحة
pata (f)	riʒl (f)	رجل
plumaje (m)	rīʃ (m)	ريش
pluma (f)	rīʃa (f)	ريشة
penacho (m)	tāʒ (m)	تاج
branquias (f pl)	χayāʃīm (pl)	خياشيم
huevas (f pl)	bayḍ as samak (pl)	بيض السمك

larva (f)	yaraqa (f)	يرقة
aleta (f)	zi'nifa (f)	زعنفة
escamas (f pl)	ḥarāfiʃ (pl)	حرافش
colmillo (m)	nāb (m)	ناب
garra (f), pata (f)	qadam (f)	قدم
hocico (m)	xaṭm (m)	خطم
boca (f)	fam (m)	فم
cola (f)	ðayl (m)	ذيل
bigotes (m pl)	ʃawārib (pl)	شوارب
casco (m) (pezuña)	ḥāfir (m)	حافر
cuerno (m)	qarn (m)	قرن
caparazón (m)	dir' (m)	درع
concha (f) (de moluscos)	mahāra (f)	محارة
cáscara (f) (de huevo)	qiʃrat bayḍa (f)	قشرة بيضة
pelo (m) (de perro)	ʃa'r (m)	شعر
piel (f) (de vaca, etc.)	ʒild (m)	جلد

222. Las costumbres de los animales

volar (vi)	ṭār	طار
dar vueltas	ḥallaq	حلّق
echar a volar	ṭār	طار
batir las alas	rafraf	رفرف
picotear (vt)	naqar	نقر
empollar (vt)	qa'ad 'alal bayḍ	قعد على البيض
salir del cascarón	faqas	فقس
hacer el nido	bana 'iʃʃa	بنى عشّة
reptar (serpiente)	zaḥaf	زحف
picar (vt)	lasa'	لسع
morder (animal)	'aḍḍ	عضّ
olfatear (vt)	taʃammam	تشمّم
ladrar (vi)	nabaḥ	نبح
sisear (culebra)	hashas	هسهس
asustar (vt)	xawwaf	خوّف
atacar (vt)	haʒam	هجم
roer (vt)	qaraḍ	قرض
arañar (vt)	xadaʃ	خدش
esconderse (vr)	istaxba'	إختبأ
jugar (gatitos, etc.)	la'ib	لعب
cazar (vi, vt)	iṣṭād	إصطاد
hibernar (vi)	kān di subāt aʃ ʃitā'	كان في سبات الشتاء
extinguirse (vr)	inqaraḍ	إنقرض

223. Los animales. El hábitat

hábitat (m)	mawṭin (m)	موطن
migración (f)	hiʒra (f)	هجرة
montaña (f)	ʒabal (m)	جبل
arrecife (m)	ʃiʿāb (pl)	شعاب
roca (f)	ʒurf (m)	جرف
bosque (m)	ɣāba (f)	غابة
jungla (f)	adɣāl (pl)	أدغال
sabana (f)	savānna (f)	سافانا
tundra (f)	tundra (f)	تندرا
estepa (f)	sahb (m)	سهب
desierto (m)	ṣaḥrā' (f)	صحراء
oasis (m)	wāḥa (f)	واحة
mar (m)	baḥr (m)	بحر
lago (m)	buḥayra (f)	بحيرة
océano (m)	muḥīṭ (m)	محيط
pantano (m)	mustanqaʿ (m)	مستنقع
de agua dulce (adj)	al miyāh al ʿaðba	المياه العذبة
estanque (m)	birka (f)	بركة
río (m)	nahr (m)	نهر
cubil (m)	wakr (m)	وكر
nido (m)	ʿuʃʃ (m)	عشّ
agujero (m)	ʒawf (m)	جوف
madriguera (f)	ʒuḥr (m)	جحر
hormiguero (m)	ʿuʃʃ naml (m)	عشّ نمل

224. El cuidado de los animales

zoo (m)	ḥadīqat al ḥayawān (f)	حديقة حيوان
reserva (f) natural	maḥmiyya ṭabiʿiyya (f)	محميّة طبيعيّة
club (m) de criadores	murabba (m)	مربّى
jaula (f) al aire libre	qafṣ fil hawā' aṭ ṭalq (m)	قفص في الهواء الطلق
jaula (f)	qafṣ (m)	قفص
perrera (f)	bayt al kalb (m)	بيت الكلب
palomar (m)	burʒ al ḥamām (m)	برج الحمام
acuario (m)	ḥawḍ samak (m)	حوض سمك
delfinario (m)	ḥawḍ dilfīn (m)	حوض دلفين
criar (~ animales)	rabba	ربّى
crías (f pl)	ðurriyya (f)	ذرّيّة
domesticar (vt)	allaf	ألف
adiestrar (~ animales)	darrab	درّب
pienso (m), comida (f)	ʿalaf (m)	علف
dar de comer	aṭʿam	أطعم

tienda (f) de animales	maḥall ḥayawānāt (m)	محلَ حيوانات
bozal (m) de perro	kimāma (f)	كمامة
collar (m)	ṭawq (m)	طوق
nombre (m) (de perro, etc.)	ism (m)	إسم
pedigrí (m)	silsilat an nasab (f)	سلسلة النسب

225. Los animales. Miscelánea

manada (f) (de lobos)	qaṭīʼ (m)	قطيع
bandada (f) (de pájaros)	sirb (m)	سرب
banco (m) de peces	sirb (m)	سرب
caballada (f)	qaṭīʼ (m)	قطيع
macho (m)	ðakar (m)	ذكر
hembra (f)	unθa (f)	أنثى
hambriento (adj)	ʒawʻān	جوعان
salvaje (adj)	barriy	برّيّ
peligroso (adj)	χaṭīr	خطير

226. Los caballos

caballo (m)	ḥiṣān (m)	حصان
raza (f)	sulāla (f)	سلالة
potro (m)	muhr (m)	مهر
yegua (f)	unθa al faras (f)	أنثى الفرس
caballo mustang (m)	mustān (m)	موستان
poni (m)	ḥiṣān qazam (m)	حصان قزم
caballo (m) de tiro	ḥiṣān an naql (m)	حسان النقل
crin (f)	ʻurf (m)	عرف
cola (f)	ðayl (m)	ذيل
casco (m) (pezuña)	ḥāfir (m)	حافر
herradura (f)	naʻl (m)	نعل
herrar (vt)	naʻʻal	نعّل
herrero (m)	ḥaddād (m)	حدّاد
silla (f)	sarʒ (m)	سرج
estribo (m)	rikāb (m)	ركاب
bridón (m)	liʒām (m)	لجام
riendas (f pl)	ʻinān (m)	عنان
fusta (f)	kurbāʒ (m)	كرباج
jinete (m)	fāris (m)	فارس
ensillar (vt)	asraʒ	أسرج
montar al caballo	rakib ḥiṣān	جلس على سرج
galope (m)	rimāḥa (f)	رماحة
ir al galope	ʻada bil ḥiṣān	عدا بالحصان

200

trote (m)	xabab (m)	خبب
al trote (adv)	xābban	خابًا
ir al trote, trotar (vi)	intalaq rākiḍan	إنطلق راكضا
caballo (m) de carreras	hiṣān sibāq (m)	حصان سباق
carreras (f pl)	sibāq al xayl (m)	سباق الخيل
caballeriza (f)	istabl xayl (m)	إسطبل خيل
dar de comer	aṭ'am	أطعم
heno (m)	qaʃʃ (m)	قشّ
dar de beber	saqa	سقى
limpiar (el caballo)	nazzaf	نظّف
carro (m)	'arabat xayl (f)	عربة خيل
pastar (vi)	irta'a	إرتعى
relinchar (vi)	ṣahal	صهل
cocear (vi)	rafas	رفس

La flora

227. Los árboles

árbol (m)	ʃaʒara (f)	شجرة
foliáceo (adj)	nafḍiyya	نفضيّة
conífero (adj)	ṣanawbariyya	صنوبريّة
de hoja perenne	dā'imat al xuḍra	دائمة الخضرة
manzano (m)	ʃaʒarat tuffāḥ (f)	شجرة تفّاح
peral (m)	ʃaʒarat kummaθra (f)	شجرة كمّثرى
cerezo (m), guindo (m)	ʃaʒarat karaz (f)	شجرة كرز
ciruelo (m)	ʃaʒarat barqūq (f)	شجرة برقوق
abedul (m)	batūla (f)	بتولا
roble (m)	ballūṭ (f)	بلّوط
tilo (m)	ʃaʒarat zayzafūn (f)	شجرة زيزفون
pobo (m)	ḥawr raʒrāʒ (m)	حور رجراج
arce (m)	qayqab (f)	قيقب
picea (m)	ratinaʒ (f)	راتينج
pino (m)	ṣanawbar (f)	صنوبر
alerce (m)	arziyya (f)	أرزيّة
abeto (m)	tannūb (f)	تنّوب
cedro (m)	arz (f)	أرز
álamo (m)	ḥawr (f)	حور
serbal (m)	ɣubayrā' (f)	غبيراء
sauce (m)	ṣafṣāf (f)	صفصاف
aliso (m)	ʒār il mā' (m)	جار الماء
haya (f)	zān (m)	زان
olmo (m)	dardār (f)	دردار
fresno (m)	marān (f)	مران
castaño (m)	kastanā' (f)	كستناء
magnolia (f)	maɣnūliya (f)	مغنوليا
palmera (f)	naxla (f)	نخلة
ciprés (m)	sarw (f)	سرو
mangle (m)	ayka sāḥiliyya (f)	أيكة ساحليّة
baobab (m)	bāubāb (f)	باوباب
eucalipto (m)	ukaliptus (f)	أوكاليبتوس
secoya (f)	siqūya (f)	سيكويا

228. Los arbustos

mata (f)	ʃuʒayra (f)	شجيرة
arbusto (m)	ʃuʒayrāt (pl)	شجيرات

vid (f)	karma (f)	كرمة
viñedo (m)	karam (m)	كرم
frambueso (m)	tūt al 'ullayq al aḥmar (m)	توت العلّيق الأحمر
grosellero (f) rojo	kiʃmiʃ aḥmar (m)	كشمش أحمر
grosellero (m) espinoso	'inab aθ θa'lab (m)	عنب الثعلب
acacia (f)	sanṭ (f)	سنط
berberís (m)	amīr barīs (m)	أمير باريس
jazmín (m)	yāsmīn (m)	ياسمين
enebro (m)	'ar'ar (m)	عرعر
rosal (m)	ʃuʒayrat ward (f)	شجيرة ورد
escaramujo (m)	ward ʒabaliy (m)	ورد جبليّ

229. Los hongos

seta (f)	fuṭr (f)	فطر
seta (f) comestible	fuṭr ṣāliḥ lil akl (m)	فطر صالح للأكل
seta (f) venenosa	fuṭr sāmm (m)	فطر سامّ
sombrerete (m)	ṭarbūʃ al fuṭr (m)	طربوش الفطر
estipe (m)	sāq al fuṭr (m)	ساق الفطر
seta calabaza (f)	fuṭr bulīṭ ma'kūl (m)	فطر بوليط مأكول
boleto (m) castaño	fuṭr aḥmar (m)	فطر أحمر
boleto (m) áspero	fuṭr bulīṭ (m)	فطر بوليط
rebozuelo (m)	fuṭr kwīzi (m)	فطر كويزي
rúsula (f)	fuṭr russūla (m)	فطر روسّولا
colmenilla (f)	fuṭr al ɣūʃna (m)	فطر الغوشنة
matamoscas (m)	fuṭr amānīt aṭ ṭā'ir as sāmm (m)	فطر أمانيت الطائر السامّ
oronja (f) verde	fuṭr amānīt falusyāniy as sāmm (m)	فطر أمانيت فالوسياني السامّ

230. Las frutas. Las bayas

fruto (m)	θamra (f)	ثمرة
frutos (m pl)	θamr (m)	ثمر
manzana (f)	tuffāḥa (f)	تفّاحة
pera (f)	kummaθra (f)	كمّثرى
ciruela (f)	barqūq (m)	برقوق
fresa (f)	farawla (f)	فراولة
guinda (f), cereza (f)	karaz (m)	كرز
uva (f)	'inab (m)	عنب
frambuesa (f)	tūt al 'ullayq al aḥmar (m)	توت العلّيق الأحمر
grosella (f) negra	'inab aθ θa'lab al aswad (m)	عنب الثعلب الأسود
grosella (f) roja	kiʃmiʃ aḥmar (m)	كشمش أحمر
grosella (f) espinosa	'inab aθ θa'lab (m)	عنب الثعلب
arándano (m) agrio	tūt aḥmar barriy (m)	توت أحمر برّيّ

naranja (f)	burtuqāl (m)	برتقال
mandarina (f)	yūsufiy (m)	يوسفي
ananás (m)	ananās (m)	أناناس
banana (f)	mawz (m)	موز
dátil (m)	tamr (m)	تمر
limón (m)	laymūn (m)	ليمون
albaricoque (m)	miʃmiʃ (f)	مشمش
melocotón (m)	durrāq (m)	دراق
kiwi (m)	kiwi (m)	كيوي
pomelo (m)	zinbāʻ (m)	زنباع
baya (f)	ḥabba (f)	حبّة
bayas (f pl)	ḥabbāt (pl)	حبّات
arándano (m) rojo	ʻinab aθ θawr (m)	عنب الثور
fresa (f) silvestre	farāwla barriyya (f)	فراولة بريّة
arándano (m)	ʻinab al aḥrāʒ (m)	عنب الأحراج

231. Las flores. Las plantas

flor (f)	zahra (f)	زهرة
ramo (m) de flores	bāqat zuhūr (f)	باقة زهور
rosa (f)	warda (f)	وردة
tulipán (m)	tulīb (f)	توليب
clavel (m)	qurumful (m)	قرنفل
gladiolo (m)	dalbūθ (f)	دلبوث
aciano (m)	turunʃāh (m)	ترنشاه
campanilla (f)	ʒarīs (m)	جريس
diente (m) de león	hindibāʼ (f)	هندباء
manzanilla (f)	babunʒ (m)	بابونج
áloe (m)	aluwwa (m)	ألوّة
cacto (m)	ṣabbār (m)	صبّار
ficus (m)	tīn (m)	تين
azucena (f)	sawsan (m)	سوسن
geranio (m)	ibrat ar rāʻi (f)	إبرة الراعي
jacinto (m)	zanbaq (f)	زنبق
mimosa (f)	mimūza (f)	ميموزا
narciso (m)	narʒis (f)	نرجس
capuchina (f)	abu xanʒar (f)	أبو خنجر
orquídea (f)	saḥlab (f)	سحلب
peonía (f)	fawniya (f)	فاوانيا
violeta (f)	banafsaʒ (f)	بنفسج
trinitaria (f)	banafsaʒ muθallaθ (m)	بنفسج مثلث
nomeolvides (f)	ʼāðān al faʼr (pl)	آذان الفأر
margarita (f)	uqḥuwān (f)	أقحوان
amapola (f)	xaʃxāʃ (f)	خشخاش
cáñamo (m)	qinnab (f)	قنب

menta (f)	na'nā' (m)	نعناع
muguete (m)	sawsan al wādi (m)	سوسن الوادي
campanilla (f) de las nieves	zahrat al laban (f)	زهرة اللبن
ortiga (f)	qarrāṣ (m)	قرّاص
acedera (f)	ḥammāḍ (m)	حمّاض
nenúfar (m)	nilūfar (m)	نيلوفر
helecho (m)	saraxs (m)	سرخس
liquen (m)	uʃna (f)	أشنة
invernadero (m) tropical	dafi'a (f)	دفيئة
césped (m)	'uʃb (m)	عشب
macizo (m) de flores	ɜunaynat zuhūr (f)	جنينة زهور
planta (f)	nabāt (m)	نبات
hierba (f)	'uʃb (m)	عشب
hoja (f) de hierba	'uʃba (f)	عشبة
hoja (f)	waraqa (f)	ورقة
pétalo (m)	waraqat az zahra (f)	ورقة الزهرة
tallo (m)	sāq (f)	ساق
tubérculo (m)	darnat nabāt (f)	درنة نبات
retoño (m)	nabta sayīra (f)	نبتة صغيرة
espina (f)	ʃawka (f)	شوكة
florecer (vi)	nawwar	نوّر
marchitarse (vr)	ðabal	ذبل
olor (m)	rā'iḥa (f)	رائحة
cortar (vt)	qaṭa'	قطع
coger (una flor)	qaṭaf	قطف

232. Los cereales, los granos

grano (m)	ḥubūb (pl)	حبوب
cereales (m pl) (plantas)	maḥāṣīl al ḥubūb (pl)	محاصيل الحبوب
espiga (f)	sumbula (f)	سنبلة
trigo (m)	qamḥ (m)	قمح
centeno (m)	ɜāwdār (m)	جاودار
avena (f)	ʃūfān (m)	شوفان
mijo (m)	duxn (m)	دخن
cebada (f)	ʃa'īr (m)	شعير
maíz (m)	ðura (f)	ذرة
arroz (m)	urz (m)	أرز
alforfón (m)	ḥinṭa sawdā' (f)	حنطة سوداء
guisante (m)	bisilla (f)	بسلّة
fréjol (m)	faṣūliya (f)	فاصوليا
soya (f)	fūl aṣ ṣūya (m)	فول الصويا
lenteja (f)	'adas (m)	عدس
habas (f pl)	fūl (m)	فول

233. Los vegetales. Las verduras

legumbres (f pl)	xuḍār (pl)	خضار
verduras (f pl)	xuḍrawāt waraqiyya (pl)	خضروات ورقيّة
tomate (m)	ṭamāṭim (f)	طماطم
pepino (m)	xiyār (m)	خيار
zanahoria (f)	ʒazar (m)	جزر
patata (f)	baṭāṭis (f)	بطاطس
cebolla (f)	baṣal (m)	بصل
ajo (m)	θūm (m)	ثوم
col (f)	kurumb (m)	كرنب
coliflor (f)	qarnabīṭ (m)	قرنبيط
col (f) de Bruselas	kurumb brūksil (m)	كرنب بروكسل
brócoli (m)	brūkuli (m)	بروكلي
remolacha (f)	banʒar (m)	بنجر
berenjena (f)	bātinʒān (m)	باذنجان
calabacín (m)	kūsa (f)	كوسة
calabaza (f)	qarʻ (m)	قرع
nabo (m)	lift (m)	لفت
perejil (m)	baqdūnis (m)	بقدونس
eneldo (m)	ʃabat (m)	شبت
lechuga (f)	xass (m)	خسّ
apio (m)	karafs (m)	كرفس
espárrago (m)	halyūn (m)	هليون
espinaca (f)	sabāniX (m)	سبانخ
guisante (m)	bisilla (f)	بسلة
habas (f pl)	fūl (m)	فول
maíz (m)	ðura (f)	ذرة
fréjol (m)	faṣūliya (f)	فاصوليا
pimentón (m)	filfil (m)	فلفل
rábano (m)	fiʒl (m)	فجل
alcachofa (f)	xurʃūf (m)	خرشوف

GEOGRAFÍA REGIONAL

Los países. Las nacionalidades

234. Europa occidental

Europa (f)	urūbba (f)	أُورُوبًّا
Unión (f) Europea	al ittiḥād al urubbiy (m)	الإتّحَاد الأُورُوبِّيّ
europeo (m)	urūbbiy (m)	أُورُوبِّيّ
europeo (adj)	urūbbiy	أُورُوبِّيّ
Austria (f)	an nimsa (f)	النِمسا
austriaco (m)	nimsāwy (m)	نِمساوِيّ
austriaca (f)	nimsāwiyya (f)	نِمساوِيّة
austriaco (adj)	nimsāwiy	نِمساوِيّ
Gran Bretaña (f)	briṭāniya al ʿuẓma (f)	بريطانيا العُظمى
Inglaterra (f)	inʒiltirra (f)	إنجلترا
inglés (m)	briṭāniy (m)	بريطانيّ
inglesa (f)	briṭāniyya (f)	بريطانيّة
inglés (adj)	inʒlīziy	إنجليزيّ
Bélgica (f)	balʒīka (f)	بلجيكا
belga (m)	balʒīkiy (m)	بلجيكيّ
belga (f)	balʒīkiyya (f)	بلجيكيّة
belga (adj)	balʒīkiy	بلجيكيّ
Alemania (f)	almāniya (f)	ألمانيا
alemán (m)	almāniy (m)	ألمانيّ
alemana (f)	almāniyya (f)	ألمانيّة
alemán (adj)	almāniy	ألمانيّ
Países Bajos (m pl)	hulanda (f)	هولندا
Holanda (f)	hulanda (f)	هولندا
holandés (m)	hulandiy (m)	هولنديّ
holandesa (f)	hulandiyya (f)	هولنديّة
holandés (adj)	hulandiy	هولنديّ
Grecia (f)	al yūnān (f)	اليونان
griego (m)	yunāniy (m)	يونانيّ
griega (f)	yunāniyya (f)	يونانيّة
griego (adj)	yunāniy	يونانيّ
Dinamarca (f)	ad danimārk (f)	الدانمارك
danés (m)	danimārkiy (m)	دانماركيّ
danesa (f)	dānimarkiyya (f)	دانماركيّة
danés (adj)	danimārkiy	دانماركيّ
Irlanda (f)	irlanda (f)	أيرلندا
irlandés (m)	irlandiy (m)	أيرلنديّ

irlandesa (f)	irlandiyya (f)	أيرلنديّة
irlandés (adj)	irlandiy	أيرلنديّ
Islandia (f)	'āyslanda (f)	آيسلاندا
islandés (m)	'āyslandiy (m)	آيسلنديّ
islandesa (f)	'āyslandiyya (f)	آيسلنديّة
islandés (adj)	'āyslandiy	آيسلنديّ
España (f)	isbāniya (f)	إسبانيا
español (m)	isbāniy (m)	إسبانيّ
española (f)	isbāniyya (f)	إسبانيّة
español (adj)	isbāniy	إسبانيّ
Italia (f)	iṭāliya (f)	إيطاليا
italiano (m)	iṭāliy (m)	إيطاليّ
italiana (f)	iṭāliyya (f)	إيطاليّة
italiano (adj)	iṭāliy	إيطاليّ
Chipre (m)	qubruṣ (f)	قبرص
chipriota (m)	qubruṣiy (m)	قبرصيّ
chipriota (f)	qubruṣiyya (f)	قبرصيّة
chipriota (adj)	qubruṣiy	قبرصيّ
Malta (f)	malṭa (f)	مالطا
maltés (m)	mālṭiy (m)	مالطيّ
maltesa (f)	mālṭiyya (f)	مالطيّة
maltés (adj)	mālṭiy	مالطيّ
Noruega (f)	an nirwīʒ (f)	النرويج
noruego (m)	nurwīʒiy (m)	نرويجيّ
noruega (f)	nurwīʒiyya (f)	نرويجيّة
noruego (adj)	nurwīʒiy	نرويجيّ
Portugal (f)	al burtuɣāl (f)	البرتغال
portugués (m)	burtuɣāliy (m)	برتغاليّ
portuguesa (f)	burtuɣāliyya (f)	برتغاليّة
portugués (adj)	burtuɣāliy	برتغاليّ
Finlandia (f)	finlanda (f)	فنلندا
finlandés (m)	finlandiy (m)	فنلنديّ
finlandesa (f)	finlandiyya (f)	فنلنديّة
finlandés (adj)	finlandiy	فنلنديّ
Francia (f)	faransa (f)	فرنسا
francés (m)	faransiy (m)	فرنسيّ
francesa (f)	faransiyya (f)	فرنسيّة
francés (adj)	faransiy	فرنسيّ
Suecia (f)	as suwayd (f)	السويد
sueco (m)	suwaydiy (m)	سويديّ
sueca (f)	suwaydiyya (f)	سويديّة
sueco (adj)	suwaydiy	سويديّ
Suiza (f)	swīsra (f)	سويسرا
suizo (m)	swisriy (m)	سويسريّ
suiza (f)	swisriyya (f)	سويسريّة

suizo (adj)	swisriy	سويسريّ
Escocia (f)	iskutlanda (f)	اسكتلندا
escocés (m)	iskutlandiy (m)	اسكتلنديّ
escocesa (f)	iskutlandiyya (f)	اسكتلنديّة
escocés (adj)	iskutlandiy	اسكتلنديّ
Vaticano (m)	al vatikān (m)	الفاتيكان
Liechtenstein (m)	liʃtinʃtāyn (m)	ليشتنشتاين
Luxemburgo (m)	luksimburɣ (f)	لوكسمبورغ
Mónaco (m)	munāku (f)	موناكو

235. Europa central y oriental

Albania (f)	albāniya (f)	ألبانيا
albanés (m)	albāniy (m)	ألبانيّ
albanesa (f)	albāniyya (f)	ألبانيّة
albanés (adj)	albāniy	ألبانيّ
Bulgaria (f)	bulɣāriya (f)	بلغاريا
búlgaro (m)	bulɣāriy (m)	بلغاريّ
búlgara (f)	bulɣāriyya (f)	بلغاريّة
búlgaro (adj)	bulɣāriy	بلغاريّ
Hungría (f)	al maʒar (f)	المجر
húngaro (m)	maʒariy (m)	مجريّ
húngara (f)	maʒariyya (f)	مجريّة
húngaro (adj)	maʒariy	مجريّ
Letonia (f)	lātviya (f)	لاتفيا
letón (m)	lātviy (m)	لاتفيّ
letona (f)	lātviyya (f)	لاتفيّة
letón (adj)	lātviy	لاتفيّ
Lituania (f)	litwāniya (f)	ليتوانيا
lituano (m)	litwāniy (m)	ليتوانيّ
lituana (f)	litwāniyya (f)	ليتوانيّة
lituano (adj)	litwāny	ليتوانيّ
Polonia (f)	bulanda (f)	بولندا
polaco (m)	bulandiy (m)	بولنديّ
polaca (f)	bulandiyya (f)	بولنديّة
polaco (adj)	bulandiy	بولنديّ
Rumania (f)	rumāniya (f)	رومانيا
rumano (m)	rumāniy (m)	رومانيّ
rumana (f)	rumāniyya (f)	رومانيّة
rumano (adj)	rumāniy	رومانيّ
Serbia (f)	ṣirbiya (f)	صربيا
serbio (m)	ṣirbiy (m)	صربيّ
serbia (f)	ṣirbiyya (f)	صربيّة
serbio (adj)	ṣirbiy	صربيّ
Eslovaquia (f)	sluvākiya (f)	سلوفاكيا
eslovaco (m)	sluvākiy (m)	سلوفاكيّ

eslovaca (f)	sluvākiyya (f)	سلوفاكِيَّة
eslovaco (adj)	sluvākiy	سلوفاكِيّ
Croacia (f)	kruātiya (f)	كرواتيا
croata (m)	kruātiy (m)	كرواتِيّ
croata (f)	kruātiyya (f)	كرواتِيَّة
croata (adj)	kruātiy	كرواتِيّ
Chequia (f)	atʃtʃīk (f)	التشيك
checo (m)	tʃīkiy (m)	تشيكِيّ
checa (f)	tʃīkiyya (f)	تشيكِيَّة
checo (adj)	tʃīkiy	تشيكِيّ
Estonia (f)	istūniya (f)	إستونيا
estonio (m)	istūniy (m)	إستونِيّ
estonia (f)	istūniyya (f)	إستونِيَّة
estonio (adj)	istūniy	إستونِيّ
Bosnia y Herzegovina	al busna wal hirsuk (f)	البوسنة والهرسك
Macedonia	maqdūniya (f)	مقدونيا
Eslovenia	sluvīniya (f)	سلوفينيا
Montenegro (m)	al ʒabal al aswad (m)	الجبل الأسود

236. Los países de la antes Unión Soviética

Azerbaidzhán (m)	aðarbiʒān (m)	أذربيجان
azerbaidzhano (m)	aðarbiʒāniy (m)	أذربيجانِيّ
azerbaidzhana (f)	aðarbiʒāniyya (f)	أذربيجانِيَّة
azerbaidzhano (adj)	aðarbiʒāniy	أذربيجانِيّ
Armenia (f)	armīniya (f)	أرمينيا
armenio (m)	armaniy (m)	أرمنِيّ
armenia (f)	armaniyya (f)	أرمنِيَّة
armenio (adj)	armaniy	أرمنِيّ
Bielorrusia (f)	bilarūs (f)	بيلاروس
bielorruso (m)	bilarūsiy (m)	بيلاروسِيّ
bielorrusa (f)	bilārūsiyya (f)	بيلاروسِيَّة
bielorruso (adj)	bilarūsiy	بيلاروسِيّ
Georgia (f)	ʒūrʒiya (f)	جورجيا
georgiano (m)	ʒurʒiy (m)	جورجِيّ
georgiana (f)	ʒurʒiyya (f)	جورجِيَّة
georgiano (adj)	ʒurʒiy	جورجِيّ
Kazajstán (m)	kazaxstān (f)	كازاخستان
kazajo (m)	kazaxstāniy (m)	كازاخستانِيّ
kazaja (f)	kazaxstāniyya (f)	كازاخستانِيَّة
kazajo (adj)	kazaxstāniy	كازاخستانِيّ
Kirguizistán (m)	qirɣizistān (f)	قيرغيزستان
kirguís (m)	qirɣizistāny (m)	قيرغيزستانِيّ
kirguisa (f)	qirɣizistāniyya (f)	قيرغيزستانِيَّة
kirguís (adj)	qirɣizistāniy	قيرغيزستانِيّ

Moldavia (f)	muldāviya (f)	مولدافيا
moldavo (m)	muldāviy (m)	مولدافيّ
moldava (f)	muldāviyya (f)	مولدافيّة
moldavo (adj)	muldāviy	مولدافيّ
Rusia (f)	rūsiya (f)	روسيا
ruso (m)	rūsiy (m)	روسيّ
rusa (f)	rūsiyya (f)	روسيّة
ruso (adj)	rūsiy	روسيّ
Tayikistán (m)	ṭaӡīkistān (f)	طاجيكستان
tayiko (m)	ṭaӡīkiy (m)	طاجيكيّ
tayika (f)	ṭaӡīkiyya (f)	طاجيكيّة
tayiko (adj)	ṭaӡīkiy	طاجيكيّ
Turkmenia (f)	turkmānistān (f)	تركمانستان
turkmeno (m)	turkmāniy (m)	تركمانيّ
turkmena (f)	turkmāniyya (f)	تركمانيّة
turkmeno (adj)	turkmāniy	تركمانيّ
Uzbekistán (m)	uzbikistān (f)	أوزيكستان
uzbeko (m)	uzbikiy (m)	أوزبكيّ
uzbeka (f)	uzbikiyya (f)	أوزبكيّة
uzbeko (adj)	uzbikiy	أوزبكيّ
Ucrania (f)	ukrāniya (f)	أوكرانيا
ucraniano (m)	ukrāniy (m)	أوكرانيّ
ucraniana (f)	ukrāniyya (f)	أوكرانيّة
ucraniano (adj)	ukrāniy	أوكرانيّ

237. Asia

Asia (f)	'āsiya (f)	آسيا
asiático (adj)	'āsyawiy	آسيويّ
Vietnam (m)	vitnām (f)	فيتنام
vietnamita (m)	vitnāmiy (m)	فيتناميّ
vietnamita (f)	vitnāmiyya (f)	فيتناميّة
vietnamita (adj)	vitnāmiy	فيتناميّ
India (f)	al hind (f)	الهند
indio (m)	hindiy (m)	هنديّ
india (f)	hindiyya (f)	هنديّة
indio (adj)	hindiy	هنديّ
Israel (m)	isrā'īl (f)	إسرائيل
israelí (m)	isrā'īliy (m)	إسرائيليّ
israelí (f)	isrā'īliyya (f)	إسرائيليّة
israelí (adj)	isrā'īliy	إسرائيليّ
hebreo (m)	yahūdiy (m)	يهوديّ
hebrea (f)	yahūdiyya (f)	يهوديّة
hebreo (adj)	yahūdiy	يهوديّ
China (f)	aṣ ṣīn (f)	الصين

chino (m)	ṣīniy (m)	صينيّ
china (f)	ṣīniyya (f)	صينيّة
chino (adj)	ṣīniy	صينيّ
coreano (m)	kūriy (m)	كوريّ
coreana (f)	kuriyya (f)	كوريّة
coreano (adj)	kūriy	كوريّ
Líbano (m)	lubnān (f)	لبنان
libanés (m)	lubnāniy (m)	لبنانيّ
libanesa (f)	lubnāniyya (f)	لبنانيّة
libanés (adj)	lubnāniy	لبنانيّ
Mongolia (f)	manɣūliya (f)	منغوليا
mongol (m)	manɣūliy (m)	منغوليّ
mongola (f)	manɣūliyya (f)	منغوليّة
mongol (adj)	manɣūliy	منغوليّ
Malasia (f)	malīziya (f)	ماليزيا
malayo (m)	malīziy (m)	ماليزيّ
malaya (f)	malīziyya (f)	ماليزيّة
malayo (adj)	malīziy	ماليزيّ
Pakistán (m)	bakistān (f)	باكستان
pakistaní (m)	bakistāniy (m)	باكستانيّ
pakistaní (f)	bakistāniyya (f)	باكستانيّة
pakistaní (adj)	bakistāniy	باكستانيّ
Arabia (f) Saudita	as saʿūdiyya (f)	السعوديّة
árabe (m)	ʿarabiy (m)	عربيّ
árabe (f)	ʿarabiyya (f)	عربيّة
árabe (adj)	ʿarabiy	عربيّ
Tailandia (f)	taylānd (f)	تايلند
tailandés (m)	taylāndiy (m)	تايلنديّ
tailandesa (f)	taylandiyya (f)	تايلنديّة
tailandés (adj)	taylāndiy	تايلنديّ
Taiwán (m)	taywān (f)	تايوان
taiwanés (m)	taywāniy (m)	تايوانيّ
taiwanesa (f)	taywāniyya (f)	تايوانيّة
taiwanés (adj)	taywāniy	تايوانيّ
Turquía (f)	turkiya (f)	تركيا
turco (m)	turkiy (m)	تركيّ
turca (f)	turkiyya (f)	تركيّة
turco (adj)	turkiy	تركيّ
Japón (m)	al yabān (f)	اليابان
japonés (m)	yabāniy (m)	يابانيّ
japonesa (f)	yabāniyya (f)	يابانيّة
japonés (adj)	yabāniy	يابانيّ
Afganistán (m)	afɣanistān (f)	أفغانستان
Bangladesh (m)	banɡladīʃ (f)	بنجلاديش
Indonesia (f)	indunīsiya (f)	إندونيسيا

Jordania (f)	al urdun (m)	الأردن
Irak (m)	al 'irāq (m)	العراق
Irán (m)	īrān (f)	إيران
Camboya (f)	kambūdya (f)	كمبوديا
Kuwait (m)	al kuwayt (f)	الكويت
Laos (m)	lawus (f)	لاوس
Myanmar (m)	myanmār (f)	ميانمار
Nepal (m)	nibāl (f)	نيبال
Emiratos (m pl) Árabes Unidos	al imārāt al 'arabiyya al muttaḥida (pl)	الإمارات العربيّة المتّحدة
Siria (f)	sūriya (f)	سوريا
Palestina (f)	filisṭīn (f)	فلسطين
Corea (f) del Sur	kuriya al ʒanūbiyya (f)	كوريا الجنوبيّة
Corea (f) del Norte	kūria aʃ ʃimāliyya (f)	كوريا الشماليّة

238. América del Norte

Estados Unidos de América (m pl)	al wilāyāt al muttaḥida al amrīkiyya (pl)	الولايات المتّحدة الأمريكيّة
americano (m)	amrīkiy (m)	أمريكيّ
americana (f)	amrīkiyya (f)	أمريكيّة
americano (adj)	amrīkiy	أمريكيّ
Canadá (f)	kanada (f)	كندا
canadiense (m)	kanadiy (m)	كنديّ
canadiense (f)	kanadiyya (f)	كنديّة
canadiense (adj)	kanadiy	كنديّ
Méjico (m)	al maksīk (f)	المكسيك
mejicano (m)	maksīkiy (m)	مكسيكيّ
mejicana (f)	maksīkiyya (f)	مكسيكيّة
mejicano (adj)	maksīkiy	مكسيكيّ

239. Centroamérica y Sudamérica

Argentina (f)	arʒantīn (f)	الأرجنتين
argentino (m)	arʒantīniy (m)	أرجنتينيّ
argentina (f)	arʒantīniyya (f)	أرجنتينيّة
argentino (adj)	arʒantīniy	أرجنتينيّ
Brasil (f)	al brazīl (f)	البرازيل
brasileño (m)	brazīliy (m)	برازيليّ
brasileña (f)	brazīliyya (f)	برازيليّة
brasileño (adj)	brazīliy	برازيليّ
Colombia (f)	kulumbiya (f)	كولومبيا
colombiano (m)	kulumbiy (m)	كولومبيّ
colombiana (f)	kulumbiyya (f)	كولومبيّة
colombiano (adj)	kulumbiy	كولومبيّ
Cuba (f)	kūba (f)	كوبا

cubano (m)	kūbiy (m)	كوبيّ
cubana (f)	kūbiyya (f)	كوبيّة
cubano (adj)	kūbiy	كوبيّ

Chile (m)	tʃīli (f)	تشيلي
chileno (m)	tʃīliy (m)	تشيليّ
chilena (f)	tʃīliyya (f)	تشيليّة
chileno (adj)	tʃīliy	تشيليّ

Bolivia (f)	bulīviya (f)	بوليفيا
Venezuela (f)	vinizwiyla (f)	فنزويلا
Paraguay (m)	baraɣwāy (f)	باراغواي
Perú (m)	biru (f)	بيرو
Surinam (m)	surinām (f)	سورينام
Uruguay (m)	uruɣwāy (f)	الأوروغواي
Ecuador (m)	al iqwadūr (f)	الإكوادور

Islas (f pl) Bahamas	ʒuzur bahāmas (pl)	جزر باهاماس
Haití (m)	haīti (f)	هايتي
República (f) Dominicana	ʒumhūriyyat ad duminikan (f)	جمهوريّة الدومينيكان
Panamá (f)	banama (f)	بنما
Jamaica (f)	ʒamāyka (f)	جامايكا

240. África

Egipto (m)	miṣr (f)	مصر
egipcio (m)	miṣriy (m)	مصريّ
egipcia (f)	miṣriyya (f)	مصريّة
egipcio (adj)	miṣriy	مصريّ

Marruecos (m)	al maɣrib (m)	المغرب
marroquí (m)	maɣribiy (m)	مغربيّ
marroquí (f)	maɣribiyya (f)	مغربيّة
marroquí (adj)	maɣribiy	مغربيّ

Túnez (m)	tūnis (f)	تونس
tunecino (m)	tūnisiy (m)	تونسيّ
tunecina (f)	tūnisiyya (f)	تونسيّة
tunecino (adj)	tūnisiy	تونسيّ

Ghana (f)	ɣāna (f)	غانا
Zanzíbar (m)	zanʒibār (f)	زنجبار
Kenia (f)	kiniya (f)	كينيا
Libia (f)	lībiya (f)	ليبيا
Madagascar (m)	madaɣaʃqar (f)	مدغشقر

Namibia (f)	namībiya (f)	ناميبيا
Senegal	as siniɣāl (f)	السنغال
Tanzania (f)	tanzāniya (f)	تنزانيا
República (f) Sudafricana	ʒumhūriyyat afrīqiya al ʒanūbiyya (f)	جمهوريّة أفريقيا الجنوبيّة

africano (m)	afrīqiy (m)	أفريقيّ
africana (f)	afrīqiyya (f)	أفريقيّة
africano (adj)	afrīqiy	أفريقيّ

241. Australia. Oceanía

Australia (f)	usturāliya (f)	أستراليا
australiano (m)	usturāliy (m)	أستراليّ
australiana (f)	usturāliyya (f)	أستراليّة
australiano (adj)	usturāliy	أستراليّ

Nueva Zelanda (f)	nyu zilanda (f)	نيوزيلندا
neocelandés (m)	nyu zilandiy (m)	نيوزيلنديّ
neocelandesa (f)	nyu zilandiyya (f)	نيوزيلنديّة
neocelandés (adj)	nyu zilandiy	نيوزيلنديّ

| Tasmania (f) | tasmāniya (f) | تاسمانيا |
| Polinesia (f) Francesa | bulinīziya al faransiyya (f) | بولينزيا الفرنسيّة |

242. Las ciudades

Ámsterdam	amstirdām (f)	أمستردام
Ankara	anqara (f)	أنقرة
Atenas	aθīna (f)	أثينا

Bagdad	baɣdād (f)	بغداد
Bangkok	bankūk (f)	بانكوك
Barcelona	barʃalūna (f)	برشلونة
Beirut	bayrūt (f)	بيروت
Berlín	birlīn (f)	برلين

Bombay	bumbāy (f)	بومباي
Bonn	būn (f)	بون
Bratislava	bratislāva (f)	براتيسلافا
Bruselas	brūksil (f)	بروكسل
Bucarest	buxarist (f)	بوخارست
Budapest	budabist (f)	بودابست
Burdeos	burdu (f)	بوردو

El Cairo	al qāhira (f)	القاهرة
Calcuta	kalkutta (f)	كلكتا
Chicago	ʃikāɣu (f)	شيكاغو
Copenhague	kubinhāʒin (f)	كوبنهاجن

Dar-es-Salam	dar as salām (f)	دار السلام
Delhi	dilhi (f)	دلهي
Dubai	dibay (f)	دبي
Dublín	dablin (f)	دبلن
Dusseldorf	dusildurf (f)	دوسلدورف

Estambul	istanbūl (f)	إسطنبول
Estocolmo	stukhūlm (f)	ستوكهولم
Florencia	flurinsa (f)	فلورنسا
Fráncfort del Meno	frankfurt (f)	فرانكفورت
Ginebra	ʒinīv (f)	جنيف
La Habana	havāna (f)	هافانا
Hamburgo	hamburɣ (m)	هامبورغ

Hanói	hanuy (f)	هانوى
La Haya	lahāy (f)	لاهاى
Helsinki	hilsinki (f)	هلسنكي
Hiroshima	hiruʃīma (f)	هيروشيما
Hong Kong (m)	hunɣ kunɣ (f)	هونغ كونغ
Jerusalén	al quds (f)	القدس
Kiev	kiyiv (f)	كييف
Kuala Lumpur	kuala lumpur (f)	كوالالمبور
Lisboa	liʃbūna (f)	لشبونة
Londres	lundun (f)	لندن
Los Ángeles	lus anʒilis (f)	لوس أنجلوس
Lyon	liyūn (f)	ليون
Madrid	madrīd (f)	مدريد
Marsella	marsīliya (f)	مرسيليا
Méjico	madīnat maksiku (f)	مدينة مكسيكو
Miami	mayāmi (f)	ميامي
Montreal	muntriyāl (f)	مونتريال
Moscú	musku (f)	موسكو
Munich	myūniχ (f)	ميونخ
Nairobi	nayrūbi (f)	نيروبي
Nápoles	nabuli (f)	نابولي
Niza	nīs (f)	نيس
Nueva York	nyu yūrk (f)	نيويورك
Oslo	uslu (f)	أوسلو
Ottawa	uttawa (f)	أوتاوا
París	barīs (f)	باريس
Pekín	bikīn (f)	بيكين
Praga	brāɣ (f)	براغ
Río de Janeiro	riu di ʒaniyru (f)	ريو دي جانيرو
Roma	rūma (f)	روما
San Petersburgo	sant bitirsburɣ (f)	سانت بطرسبرغ
Seúl	siūl (f)	سيول
Shanghái	ʃanɣhāy (f)	شانغهاي
Singapur	sinɣafūra (f)	سنغافورة
Sydney	sidniy (f)	سيدني
Taipei	taybay (f)	تايبيه
Tokio	ṭukyu (f)	طوكيو
Toronto	turūntu (f)	تورونتو
Varsovia	warsaw (f)	وارسو
Venecia	al bunduqiyya (f)	البندقيّة
Viena	vyīna (f)	فيينا
Washington	wāʃinṭun (f)	واشنطن

243. La política. El gobierno. Unidad 1

política (f)	siyāsa (f)	سياسة
político (adj)	siyāsiy	سياسيّ

político (m)	siyāsiy (m)	سياسيّ
Estado (m)	dawla (f)	دولة
ciudadano (m)	muwāṭin (m)	مواطن
ciudadanía (f)	ʒinsiyya (f)	جنسيّة
escudo (m) nacional	ʃiʿār waṭaniy (m)	شعار وطنيّ
himno (m) nacional	naʃīd waṭaniy (m)	نشيد وطنيّ
gobierno (m)	ḥukūma (f)	حكومة
jefe (m) de estado	raʾs ad dawla (m)	رأس الدولة
parlamento (m)	barlamān (m)	برلمان
partido (m)	ḥizb (m)	حزب
capitalismo (m)	raʾsmāliyya (f)	رأسماليّة
capitalista (adj)	raʾsmāliy	رأسماليّ
socialismo (m)	iʃtirākiyya (f)	إشتراكيّة
socialista (adj)	iʃtirākiy	إشتراكيّ
comunismo (m)	ʃuyūʿiyya (f)	شيوعيّة
comunista (adj)	ʃuyūʿiy	شيوعيّ
comunista (m)	ʃuyūʿiy (m)	شيوعيّ
democracia (f)	dimuqraṭiyya (f)	ديموقراطيّة
demócrata (m)	dimuqrāṭiy (m)	ديموقراطيّ
democrático (adj)	dimuqrāṭiy	ديموقراطيّ
partido (m) democrático	al ḥizb ad dimukrāṭiy (m)	الحزب الديموقراطيّ
liberal (m)	libirāliy (m)	ليبراليّ
liberal (adj)	libirāliy	ليبراليّ
conservador (m)	muḥāfiẓ (m)	محافظ
conservador (adj)	muḥāfiẓ	محافظ
república (f)	ʒumhūriyya (f)	جمهوريّة
republicano (m)	ʒumhūriy (m)	جمهوريّ
partido (m) republicano	al ḥizb al ʒumhūriy (m)	الحزب الجمهوريّ
elecciones (f pl)	intixābāt (pl)	إنتخابات
elegir (vi)	intaxab	إنتخب
elector (m)	nāxib (m)	ناخب
campaña (f) electoral	ḥamla intixābiyya (f)	حملة إنتخابيّة
votación (f)	taṣwīt (m)	تصويت
votar (vi)	ṣawwat	صوّت
derecho (m) a voto	ḥaqq al intixāb (m)	حقّ الإنتخاب
candidato (m)	muraʃʃaḥ (m)	مرشّح
presentar su candidatura	raʃʃaḥ nafsahu	رشّح نفسه
campaña (f)	ḥamla (f)	حملة
de oposición (adj)	muʿāriḍ	معارض
oposición (f)	muʿāraḍa (f)	معارضة
visita (f)	ziyāra (f)	زيارة
visita (f) oficial	ziyāra rasmiyya (f)	زيارة رسميّة
internacional (adj)	duwaliy	دوليّ

negociaciones (f pl)	mubāḥaθāt (pl)	مباحثات
negociar (vi)	aʒra mubāḥaθāt	أجرى مباحثات

244. La política. El gobierno. Unidad 2

sociedad (f)	muʒtama' (m)	مجتمع
constitución (f)	dustūr (m)	دستور
poder (m)	sulṭa (f)	سلطة
corrupción (f)	fasād (m)	فساد
ley (f)	qānūn (m)	قانون
legal (adj)	qānūniy	قانونيّ
justicia (f)	'adāla (f)	عدالة
justo (adj)	'ādil	عادل
comité (m)	laʒna (f)	لجنة
proyecto (m) de ley	maʃrū' qānūn (m)	مشروع قانون
presupuesto (m)	mīzāniyya (f)	ميزانيّة
política (f)	siyāsa (f)	سياسة
reforma (f)	iṣlāḥ (m)	إصلاح
radical (adj)	radikāliy	راديكاليّ
potencia (f) (~ militar, etc.)	quwwa (f)	قوّة
poderoso (adj)	qawiy	قويّ
partidario (m)	mu'ayyid (m)	مؤيّد
influencia (f)	ta'θīr (m)	تأثير
régimen (m)	niẓām ḥukm (m)	نظام حكم
conflicto (m)	ḵilāf (m)	خلاف
complot (m)	mu'āmara (f)	مؤامرة
provocación (f)	istifzāz (m)	إستفزاز
derrocar (al régimen)	asqaṭ	أسقط
derrocamiento (m)	isqāṭ (m)	إسقاط
revolución (f)	θawra (f)	ثورة
golpe (m) de estado	inqilāb (m)	إنقلاب
golpe (m) militar	inqilāb 'askariy (m)	إنقلاب عسكريّ
crisis (m)	azma (f)	أزمة
recesión (f) económica	rukūd iqtiṣādiy (m)	ركود إقتصاديّ
manifestante (m)	mutaẓāhir (m)	متظاهر
manifestación (f)	muẓāhara (f)	مظاهرة
ley (m) marcial	al aḥkām al 'urfiyya (pl)	الأحكام العرفيّة
base (f) militar	qa'ida 'askariyya (f)	قاعدة عسكريّة
estabilidad (f)	istiqrār (m)	إستقرار
estable (adj)	mustaqirr	مستقرّ
explotación (f)	istiɣlāl (m)	إستغلال
explotar (vt)	istaɣall	إستغلّ
racismo (m)	'unṣuriyya (f)	عنصريّة
racista (m)	'unṣuriy (m)	عنصريّ

fascismo (m)	fāʃiyya (f)	فاشيّة
fascista (m)	fāʃiy (m)	فاشيّ

245. Los países. Miscelánea

extranjero (m)	aʒnabiy (m)	أجنبيّ
extranjero (adj)	aʒnabiy	أجنبيّ
en el extranjero	fil χāriʒ	في الخارج
emigrante (m)	nāziħ (m)	نازح
emigración (f)	nuziħ (m)	نزوح
emigrar (vi)	nazūħ	نزح
Oeste (m)	al ɣarb (m)	الغرب
Este (m)	aʃʃarq (m)	الشرق
Extremo Oriente (m)	aʃʃarq al aqṣa (m)	الشرق الأقصى
civilización (f)	ħaḍāra (f)	حضارة
humanidad (f)	al baʃariyya (f)	البشريّة
mundo (m)	al ʿālam (m)	العالم
paz (f)	salām (m)	سلام
mundial (adj)	ʿālamiy	عالميّ
patria (f)	waṭan (m)	وطن
pueblo (m)	ʃaʿb (m)	شعب
población (f)	sukkān (pl)	سكّان
gente (f)	nās (pl)	ناس
nación (f)	umma (f)	أمّة
generación (f)	ʒīl (m)	جيل
territorio (m)	arḍ (f)	أرض
región (f)	mintaqa (f)	منطقة
estado (m) (parte de un país)	wilāya (f)	ولاية
tradición (f)	taqlīd (m)	تقليد
costumbre (f)	ʿāda (f)	عادة
ecología (f)	ʿilm al bīʾa (m)	علم البيئة
indio (m)	hindiy aħmar (m)	هنديّ أحمر
gitano (m)	ɣaʒariy (m)	غجريّ
gitana (f)	ɣaʒariyya (f)	غجريّة
gitano (adj)	ɣaʒariy	غجريّ
imperio (m)	imbiraṭuriyya (f)	امبراطوريّة
colonia (f)	mustaʿmara (f)	مستعمرة
esclavitud (f)	ʿubūdiyya (f)	عبوديّة
invasión (f)	ɣazw (m)	غزو
hambruna (f)	maʒāʿa (f)	مجاعة

246. Grupos religiosos principales. Las confesiones

religión (f)	dīn (m)	دين
religioso (adj)	dīniy	دينيّ

Español	Transliteración	Árabe
creencia (f)	'īmān (m)	إيمان
creer (en Dios)	'āman	آمن
creyente (m)	mu'min (m)	مؤمن
ateísmo (m)	al ilḥād (m)	الإلحاد
ateo (m)	mulḥid (m)	ملحد
cristianismo (m)	al masīḥiyya (f)	المسيحيّة
cristiano (m)	masīḥiy (m)	مسيحيّ
cristiano (adj)	masīḥiy	مسيحيّ
catolicismo (m)	al kaθūlikiyya (f)	الكاثوليكيّة
católico (m)	kaθulīkiy (m)	كاثوليكيّ
católico (adj)	kaθulīkiy	كاثوليكيّ
protestantismo (m)	al brutistantiyya (f)	البروتستانتية
Iglesia (f) Protestante	al kanīsa al brutistantiyya (f)	الكنيسة البروتستانيّة
protestante (m)	brutistantiy (m)	بروتستانتيّ
Ortodoxia (f)	urθuðuksiyya (f)	الأرثوذكسيّة
Iglesia (f) Ortodoxa	al kanīsa al urθuðuksiyya (f)	الكنيسة الأرثوذكسيّة
ortodoxo (m)	urθuðuksiy (m)	أرثوذكسيّ
Presbiterianismo (m)	maʃīχiyya (f)	المشيخيّة
Iglesia (f) Presbiteriana	al kanīsa al maʃīχiyya (f)	الكنيسة المشيخيّة
presbiteriano (m)	maʃīχiy (m)	مشيخيّ
Iglesia (f) Luterana	al kanīsa al luθiriyya (f)	الكنيسة اللوثريّة
luterano (m)	luθiriy (m)	لوثريّ
Iglesia (f) Bautista	al kanīsa al ma'madāniyya (f)	الكنيسة المعمدانيّة
bautista (m)	ma'madāniy (m)	معمدانيّ
Iglesia (f) Anglicana	al kanīsa al anʒlikāniyya (f)	الكنيسة الإنجليكانيّة
anglicano (m)	anʒlikāniy (m)	أنجليكانيّ
mormonismo (m)	al murumūniyya (f)	المورمونيّة
mormón (m)	masīḥiy murmūn (m)	مسيحيّ مرمون
judaísmo (m)	al yahūdiyya (f)	اليهوديّة
judío (m)	yahūdiy (m)	يهوديّ
Budismo (m)	al būðiyya (f)	البوذيّة
budista (m)	būðiy (m)	بوذيّ
Hinduismo (m)	al hindūsiyya (f)	الهندوسيّة
hinduista (m)	hindūsiy (m)	هندوسيّ
Islam (m)	al islām (m)	الإسلام
musulmán (m)	muslim (m)	مسلم
musulmán (adj)	islāmiy	إسلاميّ
chiísmo (m)	al maðhab aʃ ʃīʿiy (m)	المذهب الشيعيّ
chiita (m)	ʃīʿiy (m)	شيعيّ
sunismo (m)	al maðhab as sunniy (m)	المذهب السنّيّ
suní (m, f)	sunniy (m)	سنّيّ

247. Las religiones. Los sacerdotes

sacerdote (m)	qissīs (m), kāhin (m)	قسّيس, كاهن
Papa (m)	al bāba (m)	البابا
monje (m)	rāhib (m)	راهب
monja (f)	rāhiba (f)	راهبة
pastor (m)	qissīs (m)	قسّيس
abad (m)	ra'īs ad dayr (m)	رئيس الدير
vicario (m)	viqār (m)	فيقار
obispo (m)	usquf (m)	أسقف
cardenal (m)	kardināl (m)	كارديـنال
predicador (m)	tabʃīr (m)	تبشير
prédica (f)	xutba (f)	خطبة
parroquianos (m pl)	ra'iyyat al abraʃiyya (f)	رعية الأبرشيّة
creyente (m)	mu'min (m)	مؤمن
ateo (m)	mulḥid (m)	ملحد

248. La fé. El cristianismo. El islamismo

Adán	'ādam (m)	آدم
Eva	ḥawā' (f)	حواء
Dios (m)	allah (m)	الله
Señor (m)	ar rabb (m)	الربّ
el Todopoderoso	al qadīr (m)	القدير
pecado (m)	ðamb (m)	ذنب
pecar (vi)	aðnab	أذنب
pecador (m)	muðnib (m)	مذنب
pecadora (f)	muðniba (f)	مذنبة
infierno (m)	al ʒaḥīm (f)	الجحيم
paraíso (m)	al ʒanna (f)	الجنّة
Jesús	yasū' (m)	يسوع
Jesucristo (m)	yasū' al masīḥ (m)	يسوع المسيح
Espíritu (m) Santo	ar rūḥ al qudus (m)	الروح القدس
el Salvador	al masīḥ (m)	المسيح
la Virgen María	maryam al 'aðrā' (f)	مريم العذراء
diablo (m)	aʃ ʃayṭān (m)	الشيطان
diabólico (adj)	ʃayṭāniy	شيطانيّ
Satán (m)	aʃ ʃayṭān (m)	الشيطان
satánico (adj)	ʃayṭāniy	شيطانيّ
ángel (m)	malāk (m)	ملاك
ángel (m) custodio	malāk ḥāris (m)	ملاك حارس
angelical (adj)	malā'ikiy	ملائكيّ

Español	Transliteración	العربية
apóstol (m)	rasūl (m)	رسول
arcángel (m)	al malak ar ra'īsiy (m)	الملك الرئيسي
anticristo (m)	al masīḥ ad daǧǧāl (m)	المسيح الدجّال
Iglesia (f)	al kanīsa (f)	الكنيسة
Biblia (f)	al kitāb al muqaddas (m)	الكتاب المقدّس
bíblico (adj)	tawrātiy	توراتيّ
Antiguo Testamento (m)	al 'ahd al qadīm (m)	العهد القديم
Nuevo Testamento (m)	al 'ahd al ǧadīd (m)	العهد الجديد
Evangelio (m)	inǧīl (m)	إنجيل
Sagrada Escritura (f)	al kitāb al muqaddas (m)	الكتاب المقدّس
cielo (m)	al ǧanna (f)	الجنّة
mandamiento (m)	waṣiyya (f)	وصيّة
profeta (m)	nabiy (m)	نبيّ
profecía (f)	nubū'a (f)	نبوءة
Alá	allāh (m)	الله
Mahoma	muḥammad (m)	محمّد
Corán (m)	al qur'ān (m)	القرآن
mezquita (f)	masǧid (m)	مسجد
mulá (m), mullah (m)	mulla (m)	ملّا
oración (f)	ṣalāt (f)	صلاة
orar (vi)	ṣalla	صلّى
peregrinación (f)	ḥaǧǧ (m)	حجّ
peregrino (m)	ḥāǧǧ (m)	حاجّ
La Meca	makka al mukarrama (f)	مكّة المكرّمة
iglesia (f)	kanīsa (f)	كنيسة
templo (m)	ma'bad (m)	معبد
catedral (f)	katidrā'iyya (f)	كاتدرائيّة
gótico (adj)	qūṭiy	قوطيّ
sinagoga (f)	kanīs ma'bad yahūdiy (m)	كنيس معبد يهوديّ
mezquita (f)	masǧid (m)	مسجد
capilla (f)	kanīsa ṣaɣīra (f)	كنيسة صغيرة
abadía (f)	dayr (m)	دير
convento (m)	dayr (m)	دير
monasterio (m)	dayr (m)	دير
campana (f)	ǧaras (m)	جرس
campanario (m)	burǧ al ǧaras (m)	برج الجرس
sonar (vi)	daqq	دقّ
cruz (f)	ṣalīb (m)	صليب
cúpula (f)	qubba (f)	قبّة
icono (m)	'īkūna (f)	ايقونة
alma (f)	nafs (f)	نفس
destino (m)	maṣīr (m)	مصير
maldad (f)	ʃarr (m)	شرّ
bien (m)	χayr (m)	خير
vampiro (m)	maṣṣāṣ dimā' (m)	مصّاص دماء

bruja (f)	sāḥira (f)	ساحرة
demonio (m)	ʃayṭān (m)	شيطان
espíritu (m)	rūḥ (m)	روح
redención (f)	takfīr (m)	تكفير
redimir (vt)	kaffar 'an	كفّر عن
culto (m), misa (f)	qaddās (m)	قدّاس
decir misa	alqa xuṭba bil kanīsa	ألقى خطبة بالكنيسة
confesión (f)	i'tirāf (m)	إعتراف
confesarse (vr)	i'taraf	إعترف
santo (m)	qiddīs (m)	قدّيس
sagrado (adj)	muqaddas (m)	مقدّس
agua (f) santa	mā' muqaddas (m)	ماء مقدّس
rito (m)	ṭuqūs (pl)	طقوس
ritual (adj)	ṭuqūsiy	طقوسيّ
sacrificio (m)	ðabīḥa (f)	ذبيحة
superstición (f)	xurāfa (f)	خرافة
supersticioso (adj)	mu'min bil xurāfāt (m)	مؤمن بالخرافات
vida (f) de ultratumba	al 'āxira (f)	الآخرة
vida (f) eterna	al ḥayāt al abadiyya (f)	الحياة الأبدية

MISCELÁNEA

249. Varias palabras útiles

alto (m) (descanso)	istirāḥa (f)	إستراحة
ayuda (f)	musāʿada (f)	مساعدة
balance (m)	tawāzun (m)	توازن
barrera (f)	ḥāǧiz (m)	حاجز
base (f) (~ científica)	asās (m)	أساس
categoría (f)	fiʾa (f)	فئة
causa (f)	sabab (m)	سبب
coincidencia (f)	ṣudfa (f)	صدفة
comienzo (m) (principio)	bidāya (f)	بداية
comparación (f)	muqārana (f)	مقارنة
compensación (f)	taʿwīḍ (m)	تعويض
confortable (adj)	murīḥ	مريح
cosa (f) (objeto)	ʃayʾ (m)	شيء
crecimiento (m)	numuww (m)	نمو
desarrollo (m)	tanmiya (f)	تنمية
diferencia (f)	farq (m)	فرق
efecto (m)	taʾθīr (m)	تأثير
ejemplo (m)	miθāl (m)	مثال
elección (f)	iχtiyār (m)	إختيار
elemento (m)	ʿunṣur (m)	عنصر
error (m)	χaṭaʾ (m)	خطأ
esfuerzo (m)	ʒuhd (m)	جهد
estándar (adj)	qiyāsiy	قياسيَ
estándar (m)	qiyās (m)	قياس
estilo (m)	uslūb (m)	أسلوب
fin (m)	nihāya (f)	نهاية
fondo (m) (color de ~)	χalfiyya (f)	خلفيَة
forma (f) (contorno)	ʃakl (m)	شكل
frecuente (adj)	mutakarrir (m)	متكرَر
grado (m) (en mayor ~)	daraʒa (f)	درجة
hecho (m)	ḥaqīqa (f)	حقيقة
ideal (m)	miθāl (m)	مثال
laberinto (m)	tayh (m)	تيه
modo (m) (de otro ~)	ṭarīqa (f)	طريقة
momento (m)	laḥza (f)	لحظة
objeto (m)	mawḍūʿ (m)	موضوع
obstáculo (m)	ʿaqba (f)	عقبة
original (m)	aṣl (m)	أصل
parte (f)	ʒuzʾ (m)	جزء

224

partícula (f)	ʒuz' (m)	جزء
pausa (f)	istirāḥa (f)	إستراحة
posición (f)	mawqif (m)	موقف
principio (m) (tener por ~)	mabda' (m)	مبدأ
problema (m)	muʃkila (f)	مشكلة
proceso (m)	ʿamaliyya (f)	عملية
progreso (m)	taqaddum (m)	تقدّم
propiedad (f) (cualidad)	χaṣṣa (f)	خاصّة
reacción (f)	radd fiʿl (m)	ردّ فعل
riesgo (m)	muχāṭara (f)	مغاطرة
secreto (m)	sirr (m)	سرّ
serie (f)	silsila (f)	سلسلة
sistema (m)	niẓām (m)	نظام
situación (f)	ḥāla (f), waḍʿ (m)	حالة, وضع
solución (f)	ḥall (m)	حلّ
tabla (f) (~ de multiplicar)	ʒadwal (m)	جدول
tempo (m) (ritmo)	surʿa (f)	سرعة
término (m)	muṣṭalaḥ (m)	مصطلح
tipo (m) (~ de deportes)	nawʿ (m)	نوع
tipo (m) (no es mi ~)	nawʿ (m)	نوع
turno (m) (esperar su ~)	dawr (m)	دور
urgente (adj)	ʿāʒil	عاجل
urgentemente	ʿāʒilan	عاجلًا
utilidad (f)	manfaʿa (f)	منفعة
variante (f)	ʃakl muχtalif (m)	شكل مختلف
verdad (f)	ḥaqīqa (f)	حقيقة
zona (f)	minṭaqa (f)	منطقة

250. Los modificadores. Los adjetivos. Unidad 1

abierto (adj)	maftūḥ	مفتوح
adicional (adj)	iḍāfiy	إضافي
agradable (~ voz)	laṭīf	لطيف
agradecido (adj)	ʃākir	شاكر
agrio (sabor ~)	ḥāmiḍ	حامض
agudo (adj)	ḥādd	حادّ
alegre (adj)	farḥān	فرحان
amargo (adj)	murr	مرّ
amplio (~a habitación)	wāsiʿ	واسع
ancho (camino ~)	wāsiʿ	واسع
antiguo (adj)	qadīm	قديم
apretado (falda ~a)	ḍayyiq	ضيّق
arriesgado (adj)	χaṭir	خطر
artificial (adj)	ṣināʿiy	صناعي
azucarado (adj)	musakkar	مسكّر
bajo (voz ~a)	munχafiḍ	منخفض

barato (adj)	raxīṣ	رخيص
bello (hermoso)	ʒamīl	جميل
blando (adj)	ṭariy	طريّ
bronceado (adj)	asmar	أسمر
bueno (de buen corazón)	ṭayyib	طيّب
bueno (un libro, etc.)	ʒayyid	جيّد
caliente (adj)	sāxin	ساخن
calmo, tranquilo	hādiʼ	هادئ
cansado (adj)	taʻbān	تعبان
cariñoso (un padre ~)	muhtamm	مهتمّ
caro (adj)	ɣāli	غال
central (adj)	markaziy	مركزيّ
cerrado (adj)	muɣlaq	مغلق
ciego (adj)	aʼma	أعمى
civil (derecho ~)	madaniy	مدنيّ
clandestino (adj)	sirriy	سرّيّ
claro (color)	fātiḥ	فاتح
claro (explicación, etc.)	wāḍiḥ	واضح
compatible (adj)	mutawāfiq	متوافق
congelado (pescado ~)	muʒammad	مجمّد
conjunto (decisión ~a)	muʃtarak	مشترك
considerable (adj)	muhimm	مهمّ
contento (adj)	rāḍi	راض
continuo (adj)	mumtadd	ممتدّ
continuo (incesante)	mutawāṣil	متواصل
conveniente (apto)	ṣāliḥ	صالح
correcto (adj)	ṣaḥīḥ	صحيح
cortés (adj)	muʼaddab	مؤدّب
corto (adj)	qaṣīr	قصير
crudo (huevos ~s)	nayy	نيّ
de atrás (adj)	xalfiy	خلفيّ
de corta duración (adj)	qaṣīr	قصير
de segunda mano	mustaʻmal	مستعمل
delgado (adj)	naḥīf	نحيف
demasiado magro	naḥīf	نحيف
denso (~a niebla)	kaθīf	كثيف
derecho (adj)	al yamīn	اليمين
diferente (adj)	muxtalif	مختلف
difícil (decisión)	ṣaʻb	صعب
difícil (problema ~)	ṣaʻb	صعب
distante (adj)	baʻīd	بعيد
dulce (agua ~)	ʻaðb	عذب
duro (material, etc.)	ʒāmid	جامد
el más alto	aʻla	أعلى
el más importante	ahamm	أهمّ
el más próximo	aqrab	أقرب
enfermo (adj)	marīḍ	مريض

enorme (adj)	daxm	ضخم
entero (adj)	kāmil	كامل
especial (adj)	xāṣṣ	خاص
espeso (niebla ~a)	kaθīf	كثيف
estrecho (calle, etc.)	ḍayyiq	ضيق

exacto (adj)	daqīq	دقيق
excelente (adj)	mumtāz	ممتاز
excesivo (adj)	mufriṭ	مفرط
exterior (adj)	xāriʒiy	خارجي
extranjero (adj)	aʒnabiy	أجنبي

fácil (adj)	sahl	سهل
fatigoso (adj)	mutʿib	متعب
feliz (adj)	saʿīd	سعيد
fértil (la tierra ~)	xaṣib	خصب

frágil (florero, etc.)	haʃʃ	هشّ
fresco (está ~ hoy)	qarīr	قرير
fresco (pan, etc.)	ṭāziʒ	طازج
frío (bebida ~a, etc.)	bārid	بارد

fuerte (~ voz)	ʿāli	عال
fuerte (adj)	qawiy	قوي
grande (en dimensiones)	kabīr	كبير
graso (alimento ~)	dasim	دسم

gratis (adj)	maʒʒāniy	مجّاني
grueso (muro, etc.)	θaxīn	ثخين
hambriento (adj)	ʒawʿān	جوعان
hermoso (~ palacio)	ʒamīl	جميل
hostil (adj)	muʿādin	معاد

húmedo (adj)	raṭib	رطب
igual, idéntico (adj)	mumāθil	مماثل
importante (adj)	muhimm	مهمّ
imposible (adj)	mustaḥīl	مستحيل

imprescindible (adj)	ḍarūriy	ضروري
indescifrable (adj)	ɣayr wāḍiḥ	غير واضح
infantil (adj)	lil aṭfāl	للأطفال
inmóvil (adj)	θābit	ثابت
insignificante (adj)	ɣayr muhimm	غير مهمّ

inteligente (adj)	ðakiy	ذكي
interior (adj)	dāxiliy	داخلي
izquierdo (adj)	al yasār	اليسار
joven (adj)	ʃābb	شاب

251. Los modificadores. Los adjetivos. Unidad 2

largo (camino)	ṭawīl	طويل
legal (adj)	qānūniy, ʃarʿiy	قانوني، شرعي
lejano (adj)	baʿīd	بعيد

libre (acceso ~)	ḥurr	حَر
ligero (un metal ~)	χafīf	خفيف
limitado (adj)	maḥdūd	محدود
limpio (camisa ~)	naẓīf	نظيف
líquido (adj)	sā'il	سائل
liso (piel, pelo, etc.)	amlas	أملس
lleno (adj)	malyān	مليان
maduro (fruto, etc.)	nāḍiʒ	ناضج
malo (adj)	sayyi'	سَيّئ
mas próximo	qarīb	قريب
mate (sin brillo)	munṭafi'	منطفئ
meticuloso (adj)	mutqan	متقن
miope (adj)	qaṣīr an naẓar	قصير النظر
misterioso (adj)	γarīb	غريب
mojado (adj)	mablūl	مبلول
moreno (adj)	asmar	أسمر
muerto (adj)	mayyit	مَيّت
natal (país ~)	aṣliy	أصليَ
necesario (adj)	lāzim	لازم
negativo (adj)	salbiy	سلبيَ
negligente (adj)	muhmil	مهمل
nervioso (adj)	'aṣabiy	عصبيَ
no difícil (adj)	γayr ṣa'b	غير صعب
no muy grande (adj)	γayr kabīr	غير كبير
normal (adj)	'ādiy	عاديَ
nuevo (adj)	ʒadīd	جديد
obligatorio (adj)	ḍarūriy	ضروريَ
opuesto (adj)	muqābil	مقابل
ordinario (adj)	'ādiy	عاديَ
original (inusual)	aṣliy	أصليَ
oscuro (cuarto ~)	muẓlim	مظلم
pasado (tiempo ~)	māḍi	ماض
peligroso (adj)	χaṭīr	خطير
pequeño (adj)	ṣaγīr	صغير
perfecto (adj)	mumtāz	ممتاز
permanente (adj)	dā'im	دائم
personal (adj)	ʃaχṣiy	شخصيَ
pesado (adj)	taqīl	ثقيل
plano (pantalla ~a)	musaṭṭaḥ	مسطّح
plano (superficie ~a)	musaṭṭaḥ	مسطّح
pobre (adj)	faqīr	فقير
indigente (adj)	mu'dim	معدم
poco claro (adj)	γayr wāḍiḥ	غير واضح
poco profundo (adj)	ḍaḥl	ضحل
posible (adj)	mumkin	ممكن
precedente (adj)	māḍi	ماض
presente (momento ~)	ḥāḍir	حاضر

principal (~ idea)	asāsiy	أساسيّ
principal (la entrada ~)	ra'īsi	رئيسي
privado (avión ~)	ʃaxṣiy	شخصي
probable (adj)	muḥtamal	محتمل
próximo (cercano)	qarīb	قريب
público (adj)	'āmm	عامّ
puntual (adj)	daqīq	دقيق
rápido (adj)	sarī'	سريع
raro (adj)	nādir	نادر
recto (línea ~a)	mustaqīm	مستقيم
sabroso (adj)	laðīð	لذيذ
salado (adj)	māliḥ	مالح
satisfecho (cliente)	rāḍi	راض
seco (adj)	ʒāff	جافّ
seguro (no peligroso)	'āmin	آمن
siguiente (avión, etc.)	muqbil	مقبل
similar (adj)	ʃabīh	شبيه
simpático, amable (adj)	laṭīf	لطيف
simple (adj)	basīṭ	بسيط
sin experiencia (adj)	qalīl al xibra	قليل الخبرة
sin nubes (adj)	ṣāfi	صاف
soleado (un día ~)	muʃmis	مشمس
sólido (~a pared)	matīn	متين
sombrío (adj)	muẓlim	مظلم
sucio (no limpio)	wasix	وسخ
templado (adj)	dāfi'	دافئ
tenue (una ~ luz)	bāhit	باهت
tierno (afectuoso)	ḥanūn	حنون
tonto (adj)	ɣabiy	غبي
tranquilo (adj)	hādi'	هادئ
transparente (adj)	ʃaffāf	شفّاف
triste (adj)	ḥazīn	حزين
triste (mirada ~)	ḥazīn	حزين
último (~a oportunidad)	'āxir	آخر
último (~a vez)	māḍi	ماض
único (excepcional)	farīd	فريد
vacío (vaso medio ~)	xāli	خال
vario (adj)	muxtalif	مختلف
vecino (casa ~a)	muʒāwir	مجاور
viejo (casa ~a)	qadīm	قديم

LOS 500 VERBOS PRINCIPALES

252. Los verbos A-C

abandonar (vt)	tarak	ترك
abrazar (vt)	ʻānaq	عانق
abrir (vt)	fataḥ	فتح
aburrirse (vr)	ʃaʻar bil malal	شعر بالملل
acariciar (~ el cabello)	masaḥ	مسح
acercarse (vr)	iqtarab	إقترب
acompañar (vt)	rāfaq	رافق
aconsejar (vt)	naṣaḥ	نصح
actuar (vi)	ʻamal	عمل
acusar (vt)	ittaham	إتّهم
adiestrar (~ animales)	darrab	درّب
adivinar (vt)	χamman	خمّن
admirar (vt)	uʻʒab bi	أعجب بـ
adular (vt)	ʒāmal	جامل
advertir (avisar)	ḥaððar	حذّر
afeitarse (vr)	ḥalaq	حلق
afirmar (vt)	aṣarr	أصرّ
agitar (la mano)	lawwaḥ	لوّح
agradecer (vt)	ʃakar	شكر
ahogarse (vr)	ɣariq	غرق
aislar (al enfermo, etc.)	ʻazal	عزل
alabarse (vr)	tabāha	تباهى
alimentar (vt)	aṭʻam	أطعم
almorzar (vi)	taɣadda	تغدّى
alquilar (~ una casa)	istaʼʒar	إستأجر
alquilar (barco, etc.)	istaʼʒar	إستأجر
aludir (vi)	lamaḥ	لمح
alumbrar (vt)	aḍāʼ	أضاء
amarrar (vt)	rasa	رسا
amenazar (vt)	haddad	هدّد
amputar (vt)	batar	بتر
añadir (vt)	aḍāf	أضاف
anotar (vt)	katab mulāḥaẓa	كتب ملاحظة
anular (vt)	alɣa	ألغي
apagar (~ la luz)	aṭfaʼ	أطفأ
aparecer (vi)	ẓahar	ظهر
aplastar (insecto, etc.)	faʻaṣ	فعص
aplaudir (vi, vt)	ṣaffaq	صفّق

apoyar (la decisión)	ayyad	أَيَّد
apresurar (vt)	a'ʒʒal	عَجَّل
apuntar a …	ṣawwab	صَوَّب
arañar (vt)	xadaʃ	خَدَش
arrancar (vt)	qaṭa'	قَطَع
arrepentirse (vr)	nadim	نَدِم
arriesgar (vt)	xāṭar	خَاطَر
asistir (vt)	sā'ad	سَاعَد
aspirar (~ a algo)	sa'a	سَعَى
atacar (mil.)	haʒam	هَجَم
atar (cautivo)	rabaṭ	رَبَط
atar a …	rabaṭ bi …	رَبَط بِـ….
aumentar (vt)	zayyad	زَيَّد
aumentarse (vr)	izdād	إزداد
autorizar (vt)	samaḥ	سَمَح
avanzarse (vr)	taqaddam	تَقَدَّم
avistar (vt)	lamaḥ	لَمَح
ayudar (vt)	sā'ad	سَاعَد
bajar (vt)	anzal	أنزَل
bañar (~ al bebé)	ḥammam	حَمَّم
bañarse (vr)	sabaḥ	سَبَح
beber (vi, vt)	ʃarib	شَرِب
borrar (vt)	masaḥ	مَسَح
brillar (vi)	lam'	لَمَع
bromear (vi)	mazaḥ	مَزَح
bucear (vi)	ɣāṣ	غَاص
burlarse (vr)	saxar	سَخَر
buscar (vt)	baḥaθ	بَحَث
calentar (vt)	saxxan	سَخَّن
callarse (no decir nada)	sakat	سَكَت
calmar (vt)	ṭam'an	طَمْأَن
cambiar (de opinión)	ɣayyar	غَيَّر
cambiar (vt)	ṣaraf	صَرَف
cansar (vt)	at'ab	أتعَب
cargar (camión, etc.)	ʃaḥan	شَحَن
cargar (pistola)	ḥaʃa	حَشَا
casarse (con una mujer)	tazawwaʒ	تَزَوَّج
castigar (vt)	'āqab	عَاقَب
cavar (fosa, etc.)	ḥafar	حَفَر
cazar (vi, vt)	iṣṭād	إصطاد
ceder (vi, vt)	istaslam	إستَسلَم
cegar (deslumbrar)	a'ma	أعمى
cenar (vi)	ta'aʃʃa	تَعَشَّى
cerrar (vt)	aɣlaq	أغلَق
cesar (vt)	tawaqqaf	تَوَقَّف
citar (vt)	istaʃhad	إستَشهَد
coger (flores, etc.)	qaṭaf	قَطَف

coger (pelota, etc.)	amsak	أمسك
colaborar (vi)	ta'āwan	تعاون
colgar (vt)	'allaq	علّق
colocar (poner)	wada'	وضع
combatir (vi)	qātal	قاتل
comenzar (vt)	bada'	بدأ
comer (vi, vt)	akal	أكل
comparar (vt)	qāran	قارن
compensar (vt)	'awwad	عوّض
competir (vi)	nāfas	نافس
compilar (~ una lista)	ʒamma'	جمّع
complicar (vt)	'aqqad	عقّد
componer (música)	laḥḥan	لحّن
comportarse (vr)	taṣarraf	تصرّف
comprar (vt)	iʃtara	إشترى
comprender (vt)	fahim	فهم
comprometer (vt)	faḍah	فضح
comunicar (algo a algn)	axbar	أخبر
concentrarse (vr)	tarakkaz	تركّز
condecorar (vt)	manaḥ	منح
conducir el coche	qād sayyāra	قاد سيّارة
confesar (un crimen)	i'taraf	إعترف
confiar (vt)	waθiq	وثق
confundir (vt)	ixtalaṭ	إختلط
conocer (~ a alguien)	'araf	عرف
consultar (a un médico)	istaʃār ...	إستشار...
contagiar (vt)	a'da	أعدى
contagiarse (de ...)	in'ada	إنعدى
contar (dinero, etc.)	'add	عدّ
contar (una historia)	ḥaddaθ	حدّث
contar con ...	i'tamad 'ala ...	إعتمد على...
continuar (vi)	istamarr	إستمرّ
contratar (~ a un abogado)	wazzaf	وظّف
controlar (vt)	taḥakkam	تحكّم
convencer (vt)	aqna'	أقنع
convencerse (vr)	iqtana'	إقتنع
coordinar (vt)	nassaq	نسّق
corregir (un error)	ṣaḥḥaḥ	صحّح
correr (vi)	ʒara	جرى
cortar (un dedo, etc.)	qaṭa'	قطع
costar (vt)	kallaf	كلّف
crear (vt)	xalaq	خلق
creer (vt)	i'taqad	إعتقد
cultivar (plantas)	anbat	أنبت
curar (vt)	'ālaʒ	عالج

253. Los verbos D-E

dar (algo a alguien)	a'ṭa	أعطى
darse prisa	istaʻʒal	إستعجل
darse un baño	istaḥamm	إستحم
datar de ...	raʒaʻ tarīxuhu ila	رجع تاريخه إلى
deber (v aux)	kān yaʒib ʻalayh	كان يجب عليه
decidir (vt)	qarrar	قرر
decir (vt)	qāl	قال
decorar (para la fiesta)	zayyan	زين
dedicar (vt)	karras	كرّس
defender (vt)	dāfaʻ	دافع
defenderse (vr)	dāfaʻ ʻan nafsih	دافع عن نفسه
dejar caer	awqaʻ	أوقع
dejar de hablar	sakat	سكت
denunciar (vt)	waʃa	وشى
depender de ...	taʻallaq bi ...	تعلّق بـ...
derramar (líquido)	dalaq	دلق
desamarrar (vt)	aqlaʻ	أقلع
desaparecer (vi)	ixtafa	إختفى
desatar (vt)	fakk	فكّ
desayunar (vi)	afṭar	أفطر
descansar (vi)	istarāḥ	إستراح
descender (vi)	nazil	نزل
descubrir (tierras nuevas)	iktaʃaf	إكتشف
desear (vt)	raɣib	رغب
desparramarse (azúcar)	saqaṭ	سقط
despedir (olor)	fāḥ	فاح
despegar (el avión)	aqlaʻ	أقلع
despertar (vt)	ayqaẓ	أيقظ
despreciar (vt)	iḥtaqar	إحتقر
destruir (~ las pruebas)	atlaf	أتلف
devolver (paquete, etc.)	aʻād	أعاد
diferenciarse (vr)	ixtalaf	إختلف
difundir (panfletos)	wazzaʻ	وزّع
dirigir (administrar)	adār	أدار
dirigirse (~ al jurado)	xāṭab	خاطب
disculpar (vt)	ʻaðar	عذر
disculparse (vr)	iʻtaðar	إعتذر
discutir (vt)	nāqaʃ	ناقش
disminuir (vt)	qallal	قلّل
distribuir (comida, agua)	wazzaʻ ʻala	وزّع على
divertirse (vr)	istamtaʻ	إستمتع
dividir (~ 7 entre 5)	qasam	قسم
doblar (p.ej. capital)	ḍāʻaf	ضاعف

dudar (vt)	ʃakk fi	شكَّ في
elevarse (alzarse)	irtafaʻ	إرتفع
eliminar (obstáculo)	azāl	أزال
emerger (submarino)	saʻid ilas saṭh	صعد إلى السطح
empaquetar (vt)	laff	لفَّ
emplear (utilizar)	istaxdam	إستخدم
emprender (~ acciones)	qām bi	قام بـ
empujar (vt)	dafaʻ	دفع
enamorarse (de …)	aḥabb	أحبَّ
encabezar (vt)	raʼs	رأس
encaminar (vt)	waʒʒah	وجَّه
encender (hoguera)	aʃʻal	أشعل
encender (radio, etc.)	fataḥ, ʃaɣɣal	فتح, شغَّل
encontrar (hallar)	waʒad	وجد
enfadar (vt)	azʻal	أزعل
enfadarse (con …)	zaʻal	زعل
engañar (vi, vt)	xadaʻ	خدع
enrojecer (vi)	iḥmarr	إحمرَّ
enseñar (vi, vt)	ʻallam	علَّم
ensuciarse (vr)	tawassax	توسَّخ
entrar (vi)	daxal	دخل
entrenar (vt)	darrab	درَّب
entrenarse (vr)	tadarrab	تدرَّب
entretener (vt)	salla	سلَّى
enviar (carta, etc.)	arsal	أرسل
envidiar (vt)	ḥasad	حسد
equipar (vt)	ʒahhaz	جهَّز
equivocarse (vr)	axtaʼ	أخطأ
escoger (vt)	ixtār	إختار
esconder (vt)	xabaʼ	خبأ
escribir (vt)	katab	كتب
escuchar (vt)	istamaʻ	إستمع
escuchar a hurtadillas	tanaṣṣat	تنصَّت
escupir (vi)	bazaq	بزق
esperar (aguardar)	intazar	إنتظر
esperar (anticipar)	tawaqqaʻ	توقَّع
esperar (tener esperanza)	tamanna	تمنَّى
estar (~ sobre la mesa)	kān mawʒūdan	كان موجودًا
estar acostado	raqad	رقد
estar basado (en …)	iʻtamad	إعتمد
estar cansado	taʻib	تعب
estar conservado	baqiya	بقي
estar de acuerdo	ittafaq	إتفق
estar en guerra	ḥārab	حارب
estar perplejo	iḥtār	إحتار

estar sentado	ʒalas	جلس
estremecerse (vr)	irta'aʃ	إرتعش
estudiar (vt)	daras	درس
evitar (peligro, etc.)	taʒannab	تجنّب
examinar (propuesta)	baḥas fi	بحث في
excluir (vt)	faṣal	فصل
exigir (vt)	ṭālib	طالب
existir (vi)	kān mawʒūd	كان موجودًا
explicar (vt)	ʃaraḥ	شرح
expresar (vt)	'abbar	عبّر
expulsar (ahuyentar)	ṭarad	طرد

254. Los verbos F-M

facilitar (vt)	sahhal	سهّل
faltar (a las clases)	ɣāb	غاب
fascinar (vt)	fatan	فتن
felicitar (vt)	hanna'	هنّأ
firmar (~ el contrato)	waqqa'	وقّع
formar (vt)	ʃakkal	شكّل
fortalecer (vt)	'azzaz	عزّز
forzar (obligar)	aʒbar	أجبر
fotografiar (vt)	ṣawwar	صوّر
garantizar (vt)	ḍaman	ضمن
girar (~ a la izquierda)	in'aṭaf	إنعطف
golpear (la puerta)	daqq	دقّ
gritar (vi)	ṣaraχ	صرخ
guardar (cartas, etc.)	iḥtafaẓ	إحتفظ
gustar (el tenis, etc.)	aḥabb	أحبّ
gustar (vi)	a'ʒab	أعجب
habitar (vi, vt)	sakan	سكن
hablar con ...	takallam ma'a ...	تكلّم مع...
hacer (vt)	'amal	عمل
hacer conocimiento	ta'arraf	تعرّف
hacer copias	ṣawwar	صوّر
hacer la limpieza	rattab	رتّب
hacer una conclusión	istantaʒ	إستنتج
hacerse (vr)	aṣbaḥ	أصبح
hachear (vt)	qaṭa'	قطع
heredar (vt)	wariθ	ورث
imaginarse (vr)	taṣawwar	تصوّر
imitar (vt)	qallad	قلّد
importar (vt)	istawrad	إستورد
indignarse (vr)	istā'	إستاء
influir (vt)	aθθar	أثّر
informar (vt)	aχbar	أخبر

informarse (vr)	istafsar	إستفسر
inquietar (vt)	aqlaq	أقلق
inquietarse (vr)	qalaq	قلق
inscribir (en la lista)	saʒʒal	سجّل
insertar (~ la llave)	adxal	أدخل
insistir (vi)	aṣarr	أصرّ
inspirar (vt)	alham	ألهم
instruir (enseñar)	ʻallam	علّم
insultar (vt)	ahān	أهان
intentar (vt)	ḥāwal	حاول
intercambiar (vt)	tabādal	تبادل
interesar (vt)	hamm	همّ
interesarse (vr)	ihtamm	إهتمّ
interpretar (actuar)	maθθal	مثّل
intervenir (vi)	tadaxxal	تدخّل
inventar (máquina, etc.)	ixtaraʻ	إخترع
invitar (vt)	daʻa	دعا
ir (~ en taxi)	sāfar	سافر
ir (a pie)	maʃa	مشى
irritar (vt)	azʻaʒ	أزعج
irritarse (vr)	inzaʻaʒ	إنزعج
irse a la cama	nām	نام
jugar (divertirse)	laʻib	لعب
lanzar (comenzar)	aṭlaq	أطلق
lavar (vt)	ɣasal	غسل
lavar la ropa	ɣasal	غسل
leer (vi, vt)	qaraʼ	قرأ
levantarse (de la cama)	qām	قام
liberar (ciudad, etc.)	ḥarrar	حرّر
librarse de …	taxallaṣ min …	تخلّص من...
limitar (vt)	ḥaddad	حدّد
limpiar (~ el horno)	naẓẓaf	نظّف
limpiar (zapatos, etc.)	naẓẓaf	نظّف
llamar (le llamamos …)	samma	سمّى
llamar (por ayuda)	istaɣāθ	إستغاث
llamar (vt)	nāda	نادى
llegar (~ al Polo Norte)	waṣal	وصل
llegar (tren)	waṣal	وصل
llenar (p.ej. botella)	malaʼ	ملأ
llevarse (~ consigo)	ðahab bi	ذهب بـ
llorar (vi)	baka	بكى
lograr (un objetivo)	balaɣ	بلغ
luchar (combatir)	qātal	قاتل
luchar (sport)	ṣāraʻ	صارع
mantener (la paz)	ḥafaẓ	حفظ
marcar (en el mapa, etc.)	ʻallam	علّم

matar (vt)	qatal	قتل
memorizar (vt)	ḥafaẓ	حفظ
mencionar (vt)	ðakar	ذكر
mentir (vi)	kaðib	كذب
merecer (vt)	istaḥaqq	إستحقّ
mezclar (vt)	xalaṭ	خلط
mirar (vi, vt)	naẓar	نظر
mirar a hurtadillas	waṣwaṣ	وصوص
molestar (vt)	azʻaʒ	أزعج
mostrar (~ el camino)	aʃār	أشار
mostrar (demostrar)	ʻaraḍ	عرض
mover (el sofá, etc.)	ḥarrak	حرّك
multiplicar (mat)	ḍarab	ضرب

255. Los verbos N-R

nadar (vi)	sabaḥ	سبح
negar (rechazar)	rafaḍ	رفض
negar (vt)	ankar	أنكر
negociar (vi)	aʒra mubāḥaθāt	أجرى مباحثات
nombrar (designar)	ʻayyan	عيّن
notar (divisar)	lāḥaẓ	لاحظ
obedecer (vi, vt)	ṭāʻ	طاع
objetar (vt)	iʻtaraḍ	إعترض
observar (vt)	rāqab	راقب
ofender (vt)	asāʼ	أساء
oír (vt)	samiʻ	سمع
oler (despedir olores)	fāḥ	فاح
oler (percibir olores)	iʃtamm	إشتمّ
olvidar (dejar)	nasiya	نسي
olvidar (vt)	nasiy	نسي
omitir (vt)	ḥaðaf	حذف
orar (vi)	ṣalla	صلّى
ordenar (mil.)	amar	أمر
organizar (concierto, etc.)	naẓẓam	نظّم
osar	aqdam	أقدم
pagar (vi, vt)	dafaʻ	دفع
pararse (vr)	waqaf	وقف
parecerse (vr)	kān ʃabīhan	كان شبيهًا
participar (vi)	iʃtarak	إشترك
partir (~ a Londres)	ɣādar	غادر
pasar (~ el pueblo)	marr bi	مرّ بـ
pecar (vi)	aðnab	أذنب
pedir (ayuda, etc.)	ṭalab	طلب
pedir (en restaurante)	ṭalab	طلب
pegar (golpear)	ḍarab	ضرب

Español	Transliteración	العربية
peinarse (vr)	tamaššaṭ	تمشّط
pelear (vi)	ta'ārak	تعارك
penetrar (vt)	daxal	دخل
pensar (creer)	i'taqad	إعتقد
pensar (vi, vt)	zann	ظنّ
perder (paraguas, etc.)	faqad	فقد
perdonar (vt)	'afa	عفا
permitir (vt)	samaḥ	سمح
pertenecer a ...	xaṣṣ	خصّ
pesar (tener peso)	wazan	وزن
pescar (vi)	iṣṭād as samak	إصطاد السمك
planchar (vi, vt)	kawa	كوى
planear (vt)	xaṭṭaṭ	خطّط
poder (v aux)	istaṭā'	إستطاع
poner (colocar)	waḍa'	وضع
poner en orden	naẓẓam	نظّم
poseer (vt)	malak	ملك
predominar (vi)	ɣalab	غلب
preferir (vt)	faḍḍal	فضّل
preocuparse (vr)	qalaq	قلق
preparar (la cena)	ḥaḍḍar	حضّر
preparar (vt)	a'add	أعدّ
presentar (~ a sus padres)	'arraf	عرّف
presentar (vt) (persona)	qaddam	قدّم
presentar un informe	qaddam taqrīr	قدّم تقريرًا
prestar (vt)	istalaf	إستلف
prever (vt)	tanabba'	تنبّأ
privar (vt)	ḥaram	حرم
probar (una teoría, etc.)	aθbat	أثبت
prohibir (vt)	mana'	منع
prometer (vt)	wa'ad	وعد
pronunciar (vt)	naṭaq	نطق
proponer (vt)	iqtaraḥ, 'araḍ	إقترح , عرض
proteger (la naturaleza)	ḥama	حمى
protestar (vi, vt)	iḥtaʒʒ	إحتجّ
provocar (vt)	istafazz	إستفزّ
proyectar (~ un edificio)	ṣammam	صمّم
publicitar (vt)	a'lan	أعلن
quedar (una ropa, etc.)	nāsab	ناسب
quejarse (vr)	ʃaka	شكا
quemar (vt)	ḥaraq	حرق
querer (amar)	aḥabb	أحبّ
querer (desear)	arād	أراد
quitar (~ una mancha)	azāl	أزال
quitar (cuadro de la pared)	naza'	نزع
quitar (retirar)	ʃāl	شال

rajarse (vr)	tafaqqaq	تشقّق
realizar (vt)	ḥaqqaq	حقّق
recomendar (vt)	naṣaḥ	نصح
reconocer (admitir)	i'taraf	إعترف
reconocer (una voz, etc.)	'araf	عرف
recordar (tener en mente)	taðakkar	تذكّر
recordar algo a algn	ðakkar	ذكّر
recordarse (vr)	taðakkar	تذكّر
recuperarse (vr)	ʃufiy	شفي
reflexionar (vi)	ʃaṭaḥ bi muχayyilatih	شطح بمخيّلته
regañar (vt)	wabbaχ	وبّخ
regar (plantas)	saqa	سقى
regresar (~ a la ciudad)	'ād	عاد
rehacer (vt)	a'ād	أعاد
reírse (vr)	ḍaḥik	ضحك
reparar (arreglar)	aṣlaḥ	أصلح
repetir (vt)	karrar	كرّر
reprochar (vt)	lām	لام
reservar (~ una mesa)	ḥaʒaz	حجز
resolver (~ el problema)	ḥall	حلّ
resolver (~ la discusión)	sawwa	سوّى
respirar (vi)	tanaffas	تنفّس
responder (vi, vt)	aʒāb	أجاب
retener (impedir)	mana'	منع
robar (vt)	saraq	سرق
romper (mueble, etc.)	kasar	كسر
romperse (la cuerda)	inqaṭa'	إنقطع

256. Los verbos S-V

saber (~ algo mas)	'araf	عرف
sacudir (agitar)	hazz	هزّ
salir (libro)	ṣadar	صدر
salir (vi)	χaraʒ	خرج
saludar (vt)	sallam 'ala	سلّم على
salvar (vt)	anqað	أنقذ
satisfacer (vt)	arḍa	أرضى
secar (ropa, pelo)	ʒaffaf	جفّف
seguir ...	taba'	تبع
seleccionar (vt)	iχtār	إختار
sembrar (semillas)	baðar	بذر
sentarse (vr)	ʒalas	جلس
sentenciar (vt)	ḥakam	حكم
sentir (peligro, etc.)	ʃa'r bi	شعر بـ
ser causa de ...	sabbab	سبّب

ser indispensable	kān maṭlūb	كان مطلوبًا
ser necesario	kānat hunāk ḥāʒa ila	كانت هناك حاجة إلى
ser suficiente	kafa	كفى
ser, estar (vi)	kān	كان
servir (~ a los clientes)	χadam	خدم
significar (querer decir)	ʿana	عنى
significar (vt)	ʿana	عنى
simplificar (vt)	bassaṭ	بسّط
sobreestimar (vt)	bāliχ fit taqdīr	بالغ في التقدير
sofocar (un incendio)	aṭfaʾ	أطفأ
soñar (durmiendo)	ḥalam	حلم
soñar (fantasear)	ḥalam	حلم
sonreír (vi)	ibtasam	إبتسم
soplar (viento)	habb	هبّ
soportar (~ el dolor)	taḥammal	تحمّل
sorprender (vt)	adhaʃ	أدهش
sorprenderse (vr)	indahaʃ	إندهش
sospechar (vt)	iʃtabah fi	إشتبه في
subestimar (vt)	istaχaff	إستخفّ
subrayar (vt)	waḍaʿ χaṭṭ taḥt	وضع خطًا تحت
sufrir (dolores, etc.)	ʿāna	عانى
suplicar (vt)	tawassal	توسّل
suponer (vt)	iftaraḍ	إفترض
suspirar (vi)	tanahhad	تنهّد
temblar (de frío)	irtaʿaʃ	إرتعش
tener (vt)	malak	ملك
tener miedo	χāf	خاف
terminar (vt)	atamm	أتمّ
tirar (cuerda)	ʃadd	شدّ
tirar (disparar)	aṭlaq an nār	أطلق النار
tirar (piedras, etc.)	rama	رمى
tocar (con la mano)	lamas	لمس
tomar (vt)	aχað	أخذ
tomar nota	katab	كتب
trabajar (vi)	ʿamal	عمل
traducir (vt)	tarʒam	ترجم
traer (un recuerdo, etc.)	ata bi	أتي بـ
transformar (vt)	ḥawwal	حوّل
tratar (de hacer algo)	ḥāwal	حاول
unir (vt)	waḥḥad	وحّد
unirse (~ al grupo)	inḍamm ila	إنضمّ إلى
usar (la cuchara, etc.)	istanfaʿ	إستنفع
vacunar (vt)	laqqaḥ	لقّح
vender (vt)	bāʿ	باع
vengar (vt)	intaqam	إنتقم